水利部公益性行业科研专项经费项目

桃汛洪水冲刷降低潼关高程关键技术研究

侯素珍　林秀芝　田　勇　常温花　等著

黄河水利出版社
·郑州·

内 容 提 要

本书以河流泥沙基本理论为基础，主要介绍了潼关高程降低的措施及实施的效果。全书研究了桃汛期潼关高程演变机制，提出了潼关高程冲刷下降的临界条件；研究了潼关高程有效冲刷的桃汛洪水过程，提出了优化洪水过程特征值；分析了利用桃汛洪水冲刷降低潼关高程原型试验的效果，探索了桃汛洪水对汛末潼关高程的累计影响；提出了有利于潼关高程冲刷的万家寨水库出库控制指标；分析了万家寨水库凌汛期调度运用原则，提出了典型桃汛洪水过程优化运行方式等。

本书可供从事黄河治理规划、河床演变、河流泥沙和工程泥沙、水库调度、水资源配置等方面的科研人员和管理人员参考使用，也可供有关大专院校的师生阅读参考。

图书在版编目(CIP)数据

桃汛洪水冲刷降低潼关高程关键技术研究/侯素珍等著.
郑州:黄河水利出版社,2010.12
ISBN 978-7-80734-948-8

Ⅰ.①桃… Ⅱ.①侯… Ⅲ.①水库淤积-技术-研究-潼关县 Ⅳ.①TV145

中国版本图书馆 CIP 数据核字(2010)第 245882 号

组稿编辑:岳德军　电话:13838122133　E-mail:983375628@qq.com

出 版 社:黄河水利出版社
地址:河南省郑州市顺河路黄委会综合楼 14 层　邮政编码:450003
发行单位:黄河水利出版社
发行部电话:0371-66026940、66020550、66028024、66022620(传真)
E-mail:hhslcbs@126.com
承印单位:河南省瑞光印务股份有限公司
开本:787 mm×1 092 mm　1/16
印张:12
字数:277 千字　印数:1—1 000
版次:2010 年 12 月第 1 版　印次:2010 年 12 月第 1 次印刷

定价:60.00 元

前　言

黄河是中华民族的母亲河，她以博大的胸襟孕育了五千年光辉灿烂的华夏文明。但由于其频繁的洪水灾害，长期以来又是一条闻名于世的灾难河流。历代治河名人、治河专家和广大人民群众在长期治河实践中积累了丰富的经验，为推动黄河的治理和治河技术的发展作出了重要贡献。1946 年中国共产党领导人民治理黄河以来，特别是新中国成立以后，党和国家对黄河治理开发十分重视，1955 年第一届全国人民代表大会审议通过了《黄河综合利用规划技术经济报告》，这是我国第一部江河综合治理与开发的规划，三门峡水利枢纽是其中的第一期工程，也是在黄河干流上兴建的第一座以防洪为主的综合利用水库工程。但是，由于黄河多泥沙的特点，在三门峡水利枢纽初期蓄水运用时，水库淤积严重。为解决水库淤积问题，于 1964 年及 1969 年分别对排沙设施进行了增建和改建，增大了泄流能力。于 1973 年 12 月开始采用“蓄清排浑”的控制运用方式，即在非汛期来水较清的情况下，抬高水位进行防凌、发电、春灌等综合运用，汛期降低水位控制运用，进行防洪排沙。这样，既减轻了水库的淤积，又发挥了其重要的防洪作用。

潼关位于黄河和渭河汇流区下游，距三门峡水库大坝 113.5 km，潼关河床高程对渭河下游和小北干流起着局部侵蚀基准面的作用。在三门峡水库运用初期，库区淤积严重，潼关高程迅速抬升；“蓄清排浑”控制运用后，潼关高程呈汛期冲刷、非汛期淤积、桃汛期冲刷的演变特点。潼关河床的升降对渭河下游和小北干流的冲淤及防洪产生着重要的影响。因此，潼关高程一直为人们所关注，围绕这一问题开展过大量的研究工作，寻求降低潼关高程的有效途径则成为一项十分重要的任务。

大量研究表明，潼关高程升降是来水来沙过程、水库运用水位、河道边界条件及河势等多种因素综合作用的结果，只有通过多种措施才能达到降低潼关高程的目的。黄河水利委员会高度重视潼关高程问题，明确提出把降低潼关高程作为治理黄河工作的重要目标之一，采取了多项工程和非工程措施。如 1996～2003 年实施的潼关河段射流清淤工程，2003 年开始采取的三门峡水库非汛期最高运用水位不超过 318 m 控制措施，小北干流放淤试验，2003 年实施的东垆湾裁弯工程等措施，都对控制和降低潼关高程发挥了重要作用。但是，有利的边界条件也只有通过有利的洪水过程作用，才能实现潼关高程的冲刷。近年来，黄河的来水来沙条件发生了很大变化，流域径流量骤减，洪水场次减少，洪峰流量减小，有的年份在潼关断面由宁蒙河段解冻开河形成的桃汛洪水已成为年内的最大峰值流量，充分利用桃汛洪水对潼关高程的冲刷作用，是控制潼关高程抬升的重要措施之一。在 1998 年万家寨水库投入运用之前，潼关桃汛洪峰流量一般为 2 000～3 100 m^3/s，对冲刷、降低潼关高程有一定作用，但是万家寨水库运用后，桃汛期洪峰流量削减，严重削弱了对潼关高程的冲刷作用。

基于对潼关高程演变及影响因素的研究和认识，鉴于目前潼关高程居高不下的情况，同时考虑到黄河汛期水量偏枯等因素，2003 年 6 月黄河水利科学研究院向黄河水利委员会上报了《关于充分利用桃汛洪水冲刷降低潼关高程的建议》,提出:①根据上游桃汛来水情况,希望万家寨水库合理调度运用,使潼关形成具有较大峰值的单峰流量过程,洪峰流量不小于1 900 m^3/s,最好能达到多年平均值,保持桃汛洪水对潼关高程的一定冲刷作用,洪量尽量能恢复到10亿 m^3 左右;②三门峡水库桃汛起调水位降到313 m,在加强洪水冲刷降低潼关高程的同时,改善库区淤积分布,洪峰过后再逐渐抬高水位到318 m,以供春灌期库周工农业用水。建议能合理调整三门峡水库运用水位和万家寨水库凌汛期调度方式,充分发挥桃汛洪水对潼关高程的作用。同时,翟家瑞在2005年《泥沙研究》第2期"万家寨水库运用对桃汛降低潼关高程的影响"一文中,分析了万家寨水库投入运用前后潼关站桃汛洪峰流量和最大10日洪量的变化,指出了万家寨水库运用减少了桃汛洪水对潼关高程的冲刷作用,建议在保证防凌安全的前提下,改善万家寨水库开河期的防凌运用方式。

2005年8~9月,黄河水利委员会主任李国英对黄河中游及宁蒙河段进行综合考察,在考察结束后的总结座谈会上提出"要做好桃汛对潼关高程影响规律的深入分析",要求做好万家寨水库与宁蒙河道槽蓄增量释放的联合调度,对利用桃汛洪水冲刷潼关高程进行科学的方案设计。经过前期准备和国家防汛抗旱总指挥部批准,于2006年春首次开展了"利用桃汛洪水冲刷降低潼关高程的试验"。

该项试验由黄河水利委员会、黄河防汛抗旱总指挥部统一部署,组织实施,黄河水利委员会各级部门、地方各级部门给予全力配合,特别是防汛办公室、水文局、黄河水利科学研究院、黄河万家寨水利枢纽有限公司,山西省防汛抗旱指挥部、陕西省防汛抗旱指挥部、运城市防汛抗旱指挥部、渭南市防汛抗旱指挥部、山西电力调度中心、内蒙古电力调度中心、山西天桥水电有限公司、黄河小北干流陕西河务局、黄河小北干流山西河务局等单位给予了积极配合和支持。

基于试验过程中涉及的关键技术问题,如:潼关高程冲刷的最优桃汛洪水过程、试验指标的优化、万家寨水库控泄流量过程、洪水沿程演进过程、水库调度方式调整与防凌的结合,对发电的影响等,采用实测资料分析、数学模型计算和实体模型模拟等研究手段开展了相关研究。该项目得到了水利部公益性行业科研专项经费项目的资助,研究提出了有效冲刷潼关高程的优化桃汛洪水过程和万家寨水库控制指标,以及相应凌汛期万家寨水库运用原则和优化调度运用方式。

本项目的开展来源于生产的需求,属于直接服务于生产的应急性基础研究,研究成果可以直接应用和指导生产实践,无论是对黄河干流河段冲刷、渭河下游的安危,还是对将来流域水库群的联合调度和综合效益的发挥,都具有十分重大的社会效益和经济效益。为此,我们对相关的研究成果、原型试验效果等进行总结、整理、归纳和提炼,编著成书。

全书共分9章:第1章为绪论,第2章为模型设计原理,第3章为桃汛洪水演进及潼关高程演变机制,第4章为有效冲刷潼关高程的优化桃汛洪水过程研究,第5章为利用桃汛洪水冲刷降低潼关高程原型试验效果分析,第6章为桃汛期潼关高程变化对汛期潼关河床冲淤的影响,第7章为万家寨水库控制指标,第8章为桃汛期万家寨水库运行方式优化研究,第9章为主要成果和应用前景。

各章具体撰写分工如下:第1章由侯素珍撰写;第2章由王艳平、王普庆、田勇撰写;

第3章由侯素珍、常温花、王平撰写；第4章由侯素珍、田勇、王普庆、王平撰写；第5章由林秀芝、常温花、田勇撰写；第6章由田勇、林秀芝、王普庆撰写；第7章由林秀芝撰写；第8章由林秀芝、王艳平、侯素珍撰写；第9章由侯素珍撰写。全书由侯素珍统稿。参加本项目的研究人员还有：胡恬、李婷、楚卫斌、窦身堂、马涛、李旭东、田世民、伊晓燕、张超、张晓丽等。江恩惠、曲少军、余欣、张原锋、赵连军等给予了直接指导和帮助。本书成果源于生产并服务于实践，是集体智慧的结晶。在此，我们对给予支持和帮助的有关部门和单位的各级领导，表示深深的感谢。

由于影响潼关高程的因素众多，演变规律复杂，本书只是从利用桃汛洪水的角度研究了控制潼关高程的措施，但桃汛洪水资源量有限、万家寨水库调控能力有限，本书的研究只是探索了今后的治理方向，并对黄河中游调控体系的建设提出了更高的要求。

由于作者水平所限，加之黄河问题研究的复杂性，难免出现疏漏和错误，不当之处谨请批评指正。

作　者

2010 年 7 月

目　录

第1章　绪　论

1.1　研究背景及意义

潼关位于黄河和渭河汇流区下游，距三门峡水库大坝113.5 km，对渭河下游和小北干流起着局部侵蚀基准面的作用。潼关河床的升降对渭河下游和小北干流的冲淤及防洪产生着重要的影响。

三门峡水利枢纽工程是在黄河干流上兴建的第一座以防洪为主要目标的综合利用水利工程，1960年9月开始蓄水运用。由于泄流规模不足、水库运用方式不当，运用初期库区发生严重淤积，潼关高程（潼关（六）断面1 000 m^3/s流量相应的水位）急剧抬升，至1962年3月上升了4.67 m。后经两次改建扩大泄流规模，于1973年底水库开始采取“蓄清排浑”调水调沙控制运用方式[1]。1974～1985年水沙条件与水库运用方式比较适应，潼关高程保持相对稳定。1986年以来，由于龙羊峡和刘家峡水库联合运用、工农业用水量增加及降雨量偏少等原因，水沙关系恶化，潼关高程再次呈上升趋势，1995年以后潼关高程基本在328.1～328.3 m变化[2,3]（见图1-1）。潼关高程的抬升给渭河下游防洪带来了一定影响。因此，潼关高程一直为人们所关注，围绕这一问题开展过大量研究工作，寻求降低潼关高程的有效途径则成为一项十分重要的任务。

图1-1　历年潼关高程变化过程

研究表明，三门峡水库“蓄清排浑”控制运用以来，潼关高程具有汛期冲刷、非汛期淤积、桃汛期冲刷的演变特点，并与来水来沙过程、水库运用水位、河道边界条件以及河势等有关[4,5]。可见，潼关高程的抬升是多种因素综合作用的结果，只有通过多种措施才能达到降低潼关高程的目的。在降低潼关高程方面黄河水利委员会做了大量工作。20世纪90年代中期以来，相继实施了潼关河段射流清淤工程、三门峡水库非汛期最高运用水位318 m控制原型试验、小北干流放淤试验、东垆湾裁弯工程等措施[2,6-9]。同时，组织开展了渭河口整治和北洛河下游入黄口改道前期研究工作,力求为渭河下游的冲刷和潼关高程的降低创造有利条件[10,11]。但是,有利的边界条件也只有通过有利的洪水过程作用,才能实现潼关高程的冲刷。

桃汛洪水是宁蒙河道解冻开河形成,具有较大的洪峰,到潼关河段一般为3~4月,洪峰流量一般为2 000~3 100 m^3/s,对冲刷降低潼关高程有一定作用。但是1998年万家寨水库运用以来,桃汛期洪峰削减,严重削弱了对潼关高程的冲刷作用[12,13]。近期持续枯水年份桃汛洪峰已成为年内的最大峰值流量。优化调整万家寨水库桃汛期运用方式,恢复桃汛洪水过程,充分发挥桃汛洪水对潼关高程的冲刷作用,对于降低潼关高程有重要现实意义。

2006年桃汛期进行了优化桃汛洪水过程原型试验,以冲刷效果较好的实测桃汛过程为基础,提出了基于自然洪水过程的设计控制指标。试验结果表明,潼关高程冲刷基本达到了预期效果[14]。但是,天然的洪水过程不一定是冲刷效率最高的,为充分利用水库的调控能力、发挥水库的综合效益,迫切需要研究桃汛期冲刷潼关高程的最优洪水过程,以较少的水量、较短的时间达到最大的冲刷效果。

为此,"利用桃汛洪水冲刷降低潼关高程的试验研究"被列为首批水利部公益性行业科研专项经费项目,主要以黄河中游河道演变和桃汛洪水演进为研究对象,对桃汛期潼关高程冲刷条件开展研究,通过综合分析提出有利于潼关高程冲刷的最优桃汛洪水过程,进一步论证并提出实现该洪水过程的万家寨水库控制指标,提出万家寨等水库凌汛期的优化调度运用方式。本项目的开展来源于生产的需求,属于直接服务于生产的应急性基础研究,研究成果可以直接应用和指导生产实际,无论是对黄河干流河段冲刷、渭河下游的安危,还是对将来流域水库群的联合调度和综合效益的发挥,都具有十分重大的社会效益和经济效益。

1.2 研究目标及研究内容

1.2.1 研究目标

项目研究目标为提出现状条件下有效冲刷潼关高程的优化桃汛洪水过程,相关指标包括洪峰、洪量、持续时间等,建立小北干流洪水演进数学模型框架,提出万家寨水库控制指标。

1.2.2 研究内容

本项目重点研究桃汛期潼关高程演变机制,有效冲刷潼关高程的优化桃汛洪水过程、北干流桃汛洪水演进特点和机制、万家寨水库桃汛期优化运行方式,研制开发水沙演进模型、水库排沙模型,研究范围包括头道拐到三门峡区间的水库及河道,研究手段包括实测资料分析、数学模型计算和实体模型模拟等。

1.2.2.1 桃汛期潼关高程演变机制研究

通过对历史实测资料分析和原型试验,研究桃汛期潼关高程变化的影响因子,提出冲

刷条件及敏感影响因子,研究不司桃汛洪水过程对汛期潼关高程变化的累计影响。主要包括以下几方面的内容:

(1)桃汛期潼关高程变化影响因子分析。

(2)利用桃汛洪水冲刷潼关高程原型试验效果分析。

(3)万家寨水库运用对降低潼关高程的影响。

(4)桃汛期潼关高程变化对汛期洪水期潼关河床冲淤的影响。

1.2.2.2 桃汛洪水演进机制分析

研究桃汛洪水在北干流的演进过程和特点,分析洪水沿程变化的原因,研究开发与水沙演进相关的水库排沙模型和水沙演进模型,主要包括以下几方面的内容:

(1)桃汛期洪水演进特点及小北干流过洪能力分析。

(2)北干流桃汛洪水水沙演进模型研发。

(3)万家寨水库排沙调度模型。

(4)天桥水库排沙调度模型。

1.2.2.3 有效冲刷潼关高程的优化桃汛洪水过程研究

以桃汛期潼关高程冲刷的基本条件为基础,通过不同峰值、峰型、不同沙峰与洪峰对应关系的多方案对比分析,提出优化桃汛洪水过程的特征,进一步提出相应的万家寨水库控制指标,主要包括以下几方面的内容:

(1)实测资料的对比分析。

(2)不同方案的分析研究。

(3)万家寨水库控制指标。

1.2.2.4 桃汛期万家寨水库运行方式优化研究。

以头道拐典型频率洪水过程为例,研究尽可能满足调控指标的水库调度运用方式,分析优化调度的效果,以及在水库发电和河道防洪安全等方面存在的风险。主要包括以下几方面的内容:

(1)桃汛洪水过程设计。

(2)水库调节方式研究。

(3)洪水过程的沿程传播。

(4)不同方案效果及风险分析。

1.3 技术关键点及技术路线

1.3.1 技术关键点

本项目需解决的主要技术关键包括:

(1)桃汛期潼关高程演变机制,潼关高程变化与影响因子的关系,提出桃汛期潼关高程冲刷条件及敏感影响因子。

(2)研究桃汛洪水对汛期潼关高程变化的影响,不仅要分析、优化桃汛洪水对桃汛期潼关高程冲刷下降的作用，而且要分析对汛期潼关高程的影响。

（3）黄河中游桃汛期洪水演进机制，提出洪峰和洪量从头道拐到潼关的变化阈值。

（4）有效冲刷潼关高程的优化桃汛洪水过程，提出优化桃汛洪水过程的特点，包括洪峰、洪量、峰型、沙峰与洪峰的关系等。

（5）桃汛期万家寨水库运行方式优化，确定桃汛期万家寨水库控制指标，万家寨出库水沙过程优化技术。

1.3.2 技术路线

影响潼关高程的因素非常复杂，不仅包括黄河干流及渭河水沙条件，同时还受三门峡水库运用水位及上下游河床演变的影响，潼关高程问题备受关注。桃汛期洪水对潼关高程具有一定的冲刷作用，根据本项目的特点和研究目标，需采用实测资料分析、数学模型计算和实体模型试验三种手段开展研究，就重大技术问题、关键技术环节及重要的阶段性成果向有关专家进行咨询。

（1）实测资料分析。利用三门峡水库蓄清排浑运用以来（即1974～2005年）的实测资料，以已有相关研究成果为基础，充分利用和吸收最新理论成果，对万家寨水库建库前（即1998年以前）桃汛洪水过程和变化特点、三门峡水库桃汛期运用水位、潼关高程相应的冲淤变化进行分析，研究桃汛期不同类型洪水过程、不同的三门峡水库运用水位对潼关高程的影响。针对1998年10月以来万家寨水库蓄水运用削减桃汛洪峰、造成桃汛期间潼关站水沙条件发生变异、严重影响潼关高程的冲刷，进一步分析万家寨水库防凌调度运用对桃汛期洪水流量、洪量及潼关高程变化的影响。分析不同时期桃汛洪水从头道拐到潼关演进过程、水沙量沿程变化，以及影响洪水演进的因素。

对2006～2009年原型试验过程及效果进行全面总结，进一步提出影响潼关高程变化的敏感因子。

（2）数学模型研究。到目前为止，北干流河段的洪水演进数学模型还是空白，本项目利用GIS数据采集系统，采用fortran、C++、Vb等语言进行可视化编程，初步建立北干流洪水演进数学模型，实现万家寨水库、天桥水库排沙模型和洪水演进的对接，以预报洪水流量过程及含沙量的沿程变化。同时，以多方案模拟为重点，通过不同方案计算，给出有效冲刷潼关河床的优化洪水过程，包括潼关站洪峰、洪量、流量过程和洪水持续时间等；对2006～2008年原型试验效果进行验证计算，与不试验方案进行对比，分析原型试验对桃汛期潼关高程变化以及汛期和汛后潼关高程的影响。

（3）实体模型试验。通过三门峡水库库区实体模型试验，研究桃汛期不同水沙过程、峰型、洪量等对潼关高程的影响，给出现状条件下有效冲刷潼关河床的优化洪水过程。

（4）综合资料分析、实体模型和数学模型的研究结果，提出现状条件下最有利于冲刷降低潼关高程的桃汛洪水过程，包括潼关站洪峰、洪量、流量过程、洪水持续时间等重要指标，提出三门峡水库桃汛期间合理的控制水位；给出满足有效冲刷潼关高程的万家寨水库控制指标。

项目总体技术路线和研究过程框图见图1-2。

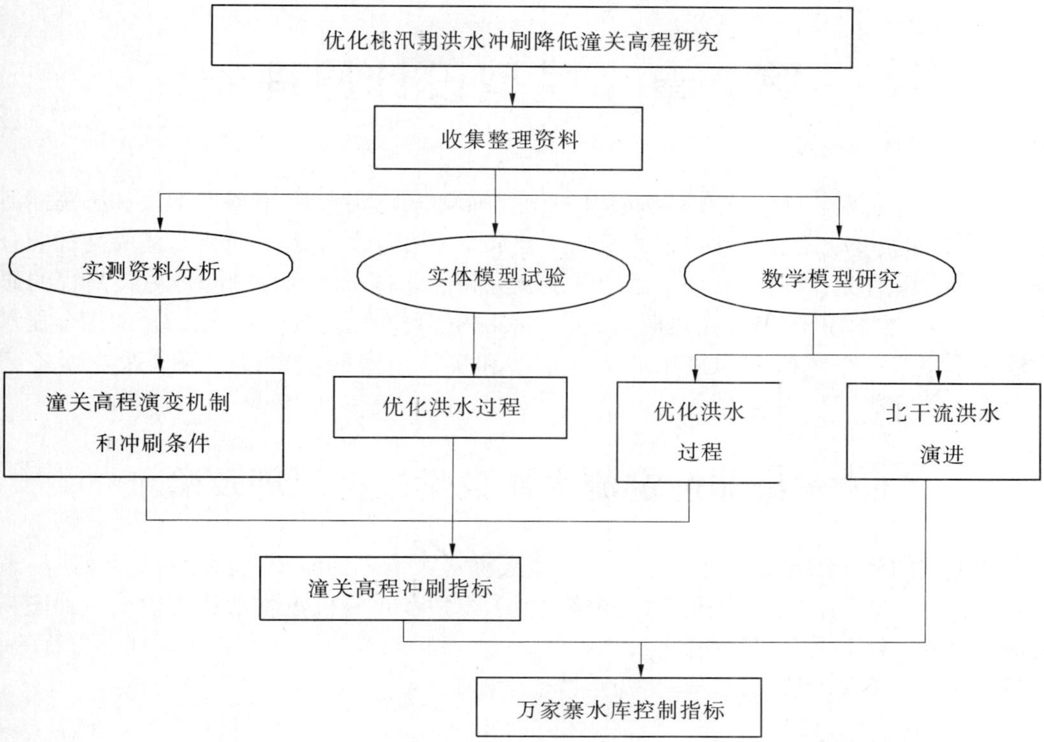

图 1-2　技术路线和研究过程框图

参 考 文 献

[1] 杨庆安,等．黄河三门峡水利枢纽运用与研究[M]．郑州:河南人民出版社,1995.

[2] 姜乃迁,等．潼关河段清淤关键技术研究[M]．郑州:黄河水利出版社,2004.

[3] 侯素珍,姜乃迁,等．潼关高程的演变特性及成因分析[J]．人民黄河,2004(6):27-28.

[4] 焦恩泽．三门峡潼关以下库区泥沙冲淤的基本规律总结[C]//黄河三门峡水利枢纽运用研究文集．郑州:河南人民出版社,1994.

[5] 姜乃迁,侯素珍.水沙条件对潼关高程作用分析[J]．人民黄河,2000(7):16-18.

[6] 王平,姜乃迁,等．三门峡水库原型试验冲淤效果分析[J].人民黄河,2007(7):22-24.

[7] 林秀芝,张翠萍,侯素珍,等．2003 年汛期东垆湾裁弯效果分析[J]．人民黄河,2005(10):37-38.

[8] 姜乃迁,刘斌,王自英,等．2004 年黄河小北干流连伯滩放淤试验效果[J]．人民黄河,2005(7):43-44.

[9] 武彩萍,李远发.黄河小北干流放淤模型试验研究[M].郑州:黄河水利出版社,2007.

[10] 王普庆,姜乃迁,常温花,等．渭河口改道对潼关高程的影响[J].人民黄河,2007(11):34-35.

[11] 侯素珍,王平,等．北洛河下游改道新河道稳定性及影响分析[J]．人民黄河,2009(9):28-29.

[12] 侯素珍,王平．桃汛洪水对潼关高程作用分析[J]．泥沙研究,2005(1):53-56.

[13] 翟家瑞,任伟．万家寨水库运用对桃汛降低潼关高程的影响[J]．泥沙研究,2005(2):1-4.

[14] 侯素珍,林秀芝,常温花,等．利用并优化桃汛洪水冲刷潼关高程试验研究[J]．泥沙研究,2008(4):54-57.

第 2 章　模型设计原理

黄河中游研究区域涉及万家寨水库、天桥水库和三门峡水库、峡谷型河段和游荡性河道，河道的冲淤变化既有水沙过程的影响又有水库运用方式的影响，特别是潼关高程的升降与多种因素有关，因此在开展桃汛期洪水演进和优化桃汛洪水冲刷降低潼关高程的研究中，采用了数学模型计算、实体模型试验和实测资料分析等多种手段相结合的综合技术方法。本章重点介绍研究中采用的数学模型和实体模型的主要设计原理及模型验证情况。

2.1　一维非恒定流水沙数学模型原理及验证

头道拐的桃汛洪水过程经万家寨水库和天桥水库演进到潼关，受区间不同河段河道边界条件的影响，水沙过程进行自动调整。为了模拟和预测桃汛洪水从天桥出库到潼关的演进过程，根据非恒定流水流连续方程和动量方程、泥沙连续方程和河床变形方程等，构建了府谷—潼关河段一维非恒定流水沙数学模型。

2.1.1　水流构件设计

水流构件是一维非恒定水流－泥沙－水质模型的基础构件，该构件设计功能的完备性和可扩展性、数值模拟精度等对模型持续发展具有重要意义。基于上述考虑，水流构件设计中整合了已有模型的水流计算构件的 Preissmann 四点隐格式模块，扩充了近年来实用性较好的 MC 算法及侧向通量算法模块。这些模块可以根据实际情况加以调用。

2.1.1.1　Preissmann 四点隐格式

1）*基本方程*

一维非恒定流方程包括水流连续方程和动量方程。

$$\begin{cases} B\dfrac{\partial Z}{\partial t} + \dfrac{\partial Q}{\partial x} = 0 \\ \dfrac{\partial Q}{\partial t} + \dfrac{\partial (Q^2/A)}{\partial x} = -gA\left(\dfrac{\partial Z}{\partial x} + S_f\right) \end{cases} \tag{2-1}$$

式中：Z 为水位，m；Q 为流量，m^3/s；A 为面积，m^2；B 为水面宽度，m；g 为重力加速度，m/s^2；S_f 为摩阻坡度；t 为时间，s；x 为流程，m。

2）*数值方法及求解*

Preissmann 四点隐格式是求解一维非恒定流方程的经典算法，其基本思想就是对相邻的四点平均的向前差分。对 t 的微商取相邻节点上向前时间差商的平均值，对 x 的微商则取相邻两向前空间差商的平均值或加权平均值。具体形式如下

$$\begin{cases} f = \dfrac{(f_{i-1}^{n+1} + f_i^{n+1})}{2} \\ \dfrac{\partial f}{\partial x} = \theta(\dfrac{f_{i+1}^{n+1} - f_i^{n+1}}{\Delta x}) + (1 - \theta)(\dfrac{f_{i+1}^{n} - f_i^{n}}{\Delta x}) \\ \dfrac{\partial f}{\partial t} = \dfrac{f_{i+1}^{n+1} + f_i^{n+1} - f_{i+1}^{n} - f_i^{n}}{2\Delta t} \end{cases} \tag{2-2}$$

式中：f 为任一函数；θ 为权重因子，其值为小于或等于 1 的整数。

相应水流连续方程 $B\dfrac{\partial Z}{\partial t} + \dfrac{\partial Q}{\partial x} = 0$ 可离散为

$$C_i Z_i + C_i Z_{i+1} - Q_i + Q_{i+1} = D_i$$

其中

$$C_i = \frac{B_{i+1/2}\Delta x_i}{2\theta\Delta t}$$

$$D_i = \frac{(1-\theta)}{\theta}(Q_i^n - Q_{i+1}^n) + C_i(Z_i^n + Z_{i+1}^n)$$

动量方程 $\dfrac{\partial Q}{\partial t} + \dfrac{\partial\left(\dfrac{Q^2}{A}\right)}{\partial x} = -gA\left(\dfrac{\partial Z}{\partial x} + S_f\right)$ 可离散为

$$E_i Q_{i+1} + G_i Q_i + F_i Z_{i+1} - F_i Z_i = \phi_i$$

其中

$$E_i = \frac{\Delta x_i}{2\theta\Delta t} - (\beta u)_i^n + n^2\left(\frac{g|u|}{2\theta R^{4/3}}\right)_i^n \Delta x_i$$

$$F_i = (gA)_{i+1/2}^n$$

$$G_i = \frac{\Delta x_i}{2\theta\Delta t} + (\beta u)_{i+1}^n + n^2\left(\frac{g|u|}{2\theta R^{4/3}}\right)_{i+1}^n \Delta x_i$$

$$\phi_i = \frac{\Delta x_i}{2\theta\Delta t}(Q_{i+1}^n + Q_i^n) - \frac{1-\theta}{\theta}[(\beta uQ)_{i+1}^n - (\beta uQ)_i^n] - \frac{1-\theta}{\theta}(gA)_{i+1/2}^n(Z_{i+1}^n - Z_i^n)$$

对于流量型边界条件，有如下的追赶系数

$$\begin{cases} Z_i = S_{i+1} - T_{i+1}Z_{i+1} \\ Q_{i+1} = P_{i+1} - V_{i+1}Z_{i+1} \end{cases} \qquad i = 1,2,\cdots,NC-1$$

$$\begin{cases} S_{i+1} = \dfrac{G_i Y_3 - Y_4}{Y_1 G_j + Y_2} \\ T_{i+1} = \dfrac{G_i C_i - F_i}{Y_1 G_j + Y_2} \\ P_{i+1} = Y_3 - Y_1 S_{i+1} \\ V_{i+1} = C_i - Y_1 T_{i+1} \end{cases}$$

$$Y_1 = V_i + C_i$$

$$Y_2 = F_i + E_i V_i$$

$$Y_3 = D_i + P_i$$

$$Y_4 = \phi_i - E_i P_i$$

2.1.1.2 MacCormack 格式

对于一般的水流流态采用 Preissmann 四点隐格式模块，对于急流和跌水等复杂流态采用 MacCormack 格式。

1）基本方程

水流连续及动量方程组采用守恒变量（A，Q）的形式

$$\begin{cases} \dfrac{\partial A}{\partial t} + \dfrac{\partial Q}{\partial x} = q_L \\ \dfrac{\partial Q}{\partial t} + \dfrac{\partial\left(\dfrac{Q^2}{A}\right)}{\partial x} = -gA\left(\dfrac{\partial Z}{\partial x} + S_f\right) + u_l q_l \end{cases} \tag{2-3}$$

式中：q_L 为区间水量变化值；q_l、u_l 分别为单位流程上的侧向入流量和流速；其他符号含义同前。

2）控制方程的离散与求解

采用 MacCormack 格式求解控制方程，分两步实现：①预测步用空间后差

$$\widetilde{U}_i = U_i^n - \frac{\Delta t}{\Delta x}(f_i^n - f_{i-1}^n) + Sou_i \Delta t \tag{2-4}$$

②校正步对平均解按通量前差校正

$$U_i^{n+1} = \frac{U_i^n + \widetilde{U}_i}{2} - \frac{\Delta t}{2\Delta x}(\tilde{f}_{i+1} - \tilde{f}_i) + Sou_i \Delta t \tag{2-5}$$

也可预测步用前差而校正步用后差，或者奇偶时间步轮流执行以上两种方案。分析结果表明，虽然每一步采用一阶单侧差分，但两步各自的截断误差的主部抵消，只剩下三阶截断误差。

（1）连续方程离散与求解。

$$A_i^{n+1} = A_i^n - \frac{\Delta t}{\Delta x}(Q_L^n - Q_R^n) \tag{2-6}$$

其中

$$Q_L^n = Q_{i-1}^n, Q_R^n = Q_i^n, \Delta x = \frac{x_{i+1} - x_{i-1}}{2}$$

（2）运动方程离散与求解。

预估步（物理通量后差分）

$$Q_i^{n+1'} = Q_i^n - \frac{\Delta t}{\Delta x}\left(\frac{Q_i^n Q_i^n}{A_m^n} - \frac{Q_{i-1}^n Q_{i-1}^n}{A_i^n}\right) - gA_m^n\left(\frac{\Delta Z}{\Delta x}\bigg|^{n+1} + S_f(H_m^{n+1}, u_i^n)\right)\Delta t \tag{2-7}$$

其中

$$A_m^n = \frac{A_i^n + A_{i+1}^n}{2}$$

$$\Delta x = x_i - x_{i-1}$$

$$\left.\frac{\Delta Z}{\Delta x}\right|^{n+1} = \frac{Z_{i+1}^{n+1} - Z_i^{n+1}}{\Delta x}$$

$$S_f = \frac{(n_i^n + n')^2 u_i^n |u_i^n|}{(H_m^{n+1})^{\frac{4}{3}}}$$

$$H_m^{n+1} = (H_i^{n+1} + H_{i+1}^{n+1})/2$$

$$u_i^n = Q_i^n / A_m^n$$

$$n' = (H_m^{n+1})^{2/3} \sqrt{\frac{\Delta H}{\Delta x}} / u_i^n$$

$$\Delta H = \alpha \frac{u_i^n}{2g}$$

$$\alpha = \begin{cases} \dfrac{1 - (\dfrac{A_i^n}{A_{i+1}^n})^2}{2} & A_i^n \geqslant A_{i+1}^n \\ \dfrac{1 - (\dfrac{A_{i+1}^n}{A_i^n})^2}{2} & A_i^n < A_{i+1}^n \end{cases}$$

校正步(物理通量前差分)

$$Q_i^{n+1} = Q_i^{n+1'} - \frac{1}{2\Delta x}\left(\frac{Q_{i+1}^{n+1} Q_{i+1}^{n+1}}{A_{i+1}^n} - \frac{Q_i^{n+1} Q_i^{n+1}}{A_m^n}\right)\Delta t - \frac{gA_m^n}{2}\left(\left.\frac{\Delta Z}{\Delta x}\right|^{n+1} + S_f(H_m^{n+1}, u_i^{n+1})\right)\Delta t \tag{2-8}$$

其中

$$u_i^{n+1} = Q_i^{n+1} / A_m^n$$

2.1.1.3 侧向通量格式

对于控制方程

$$\begin{cases} \dfrac{\partial A}{\partial t} + \dfrac{\partial Q}{\partial x} = 0 \\ \dfrac{\partial Q}{\partial t} + \dfrac{\partial}{\partial x}(\dfrac{Q^2}{A} + gI_1) = gA(S_0 - S_f) + gI_2 \end{cases} \tag{2-9}$$

式中:S_0 为河底坡降,$S_0 = -\dfrac{\partial Z_0}{\partial x}$;$I_1$ 为过水断面相对于水面高程的面积矩,$I_1 = \int_0^h (h - \eta) b(x,\eta) \mathrm{d}\eta$;$I_2$ 为单位长度河床对水体的反作用力在 x 方向的投影(由断面沿程变化而引起的),$I_2 = \int_0^h (h - \eta) \dfrac{\partial b(x,\eta)}{\partial x} \mathrm{d}\eta$。

经过简化处理,动量方程可变成如下形式

$$\frac{\partial Q}{\partial t} + \frac{\partial}{\partial x}\left(\frac{Q^2}{A} + gI_1 - gI_1\Big|_{\bar{Z}}\right) = -gAS_f$$

$$A_i^{n+1} = A_i^n + \frac{\Delta t}{\Delta x_i}(Q_{i-1/2}^* - Q_{i+1/2}^*)$$

$$Q_i^{n+1} = Q_i^n + \frac{\Delta t}{\Delta x_i}\left(\sum\nolimits_{i-1/2}^{*,\mathrm{right}} - \sum\nolimits_{i+1/2}^{*,\mathrm{left}}\right) - (gAS_f)_i^n \Delta t$$

对于急流情况($\overline{Fr} > 1$),则有

$$\begin{cases} Q_{i+1/2}^{*} = Q_i^n - \dfrac{\overline{C}}{2}\left(A_i^n\big|_{\bar{z}} - A_{i+1}^n\big|_{\bar{z}}\right) \\ \sum\nolimits_{i+1/2}^{*,\mathrm{left}} = \dfrac{Q_i^{n2}}{A_i^n} \\ \sum\nolimits_{i+1/2}^{*,\mathrm{right}} = \dfrac{Q_i^{n2}}{A_i^n} + g(I_1)_i^n - \left(gI_1\big|_{z_{i+1}^n}\right)_i \end{cases}$$

对于缓流和临界流情况($\overline{Fr} \leqslant 1$),则有

$$\begin{cases} Q_{i+1/2}^{*} = \dfrac{1+\overline{Fr}}{2}Q_i^n + \dfrac{1-\overline{Fr}}{2}Q_{i+1}^n + \dfrac{\overline{C}(1-\overline{Fr}^2)}{2}(A_i^n - A_{i+1}^n) - \dfrac{C^*}{2}\left(A_i^n\Big|_{\bar{z}} - A_{i+1}^n\Big|_{\bar{z}}\right) \\ \sum\nolimits_{i+1/2}^{*,\mathrm{left}} = \dfrac{1+\overline{Fr}}{2}\left(\dfrac{Q_i^{n2}}{A_i^n}\right) + \dfrac{1-\overline{Fr}}{2}\left[\dfrac{Q_{i+1}^{n2}}{A_{i+1}^n} + g(I_1)_{i+1}^n - \left(gI_1\Big|_{z_i^n}\right)_{i+1}\right] + \dfrac{\overline{C}(1-\overline{Fr}^2)}{2}(Q_i^n - Q_{i+1}^n) \\ \sum\nolimits_{i+1/2}^{*,\mathrm{right}} = \dfrac{1+\overline{Fr}}{2}\left[\dfrac{Q_i^{n2}}{A_i^n} + g(I_1)_i^n - \left(gI_1\Big|_{z_{i+1}^n}\right)_i\right] + \dfrac{1-\overline{Fr}}{2}\left(\dfrac{Q_{i+1}^{n2}}{A_{i+1}^n}\right) + \dfrac{\overline{C}(1-\overline{Fr}^2)}{2}(Q_i^n - Q_{i+1}^n) \end{cases}$$

其中

$$\overline{Fr} = \frac{U_i^n + U_{i+1}^n}{C_i^n + C_{i+1}^n}$$

$$\overline{C} = \frac{1}{2}(C_i^n + C_{i+1}^n)$$

$$\overline{Z} = \frac{1}{2}(Z_i^n + Z_{i+1}^n)$$

2.1.1.4 进出口边界处理

差分格式采用黎曼不变量的特征边界格式,即联立求解沿外边界处的输入特征线成立的相容关系和已知的流动变量过程,可得外边界断面的未知变量过程。进口边界处理如图 2-1 所示,具体计算步骤如下:

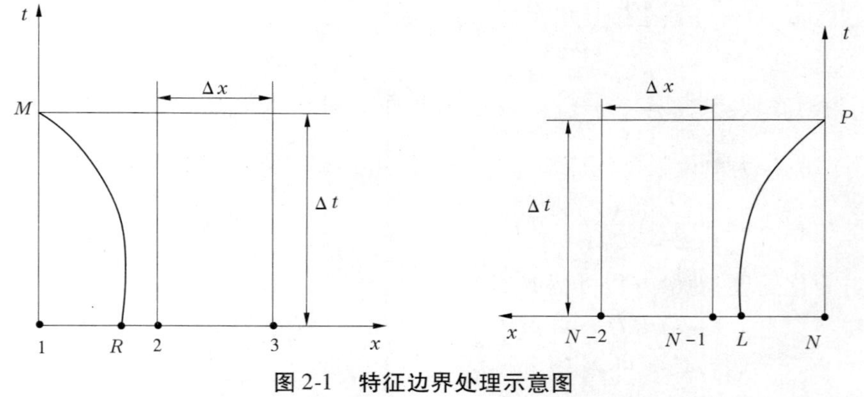

图 2-1 特征边界处理示意图

(1)估计特征线起点 R 的位置、水力参数及黎曼不变量。

$$x_R = x_M - (u - c)_1^n \Delta x$$

$$Q_R = Q_2^n - (Q_2^n - Q_1^n)\frac{(x_2 - x_R)}{\Delta x}$$

$$A_R = A_2^n - (A_2^n - A_1^n)\frac{(x_2 - x_R)}{\Delta x}$$

(2)根据特征方程推求 M 点水力参数。

$$A_M = A_R + \frac{Q_M - Q_R - \Delta t[ga(S_0 - S_f)]_R}{(u + c)_R}$$

(3)为了能够更为精确地推求 M 点水力参数,通过差值重新估计特征线起点 R 的位置,进行迭代求解 M 点水力参数。

$$x_R = x_M - \frac{\Delta t}{2}[(u - c)_M - (u - c)_R]$$

$$A_M = A_R + \frac{2Q_M - 2Q_R - \Delta t[(ga(S_0 - S_f))_R + (ga[(S_0 - S_f))_M]}{(u + c)_R + (u + c)_M}$$

同样,可以处理出口边界。

2.1.2 泥沙构件设计

2.1.2.1 泥沙连续方程和河床变形方程

一维非恒定泥沙连续方程和河床变形方程如下

$$\begin{cases} \dfrac{\partial(AS)}{\partial t} + \dfrac{\partial}{\partial x}(QS) = K_s\alpha_*\omega B(S_* - f_sS) + q_{ls} \\ \gamma'\dfrac{\partial Z_b}{\partial t} = K_s\alpha_*\omega(f_sS - S_*) \end{cases} \tag{2-10}$$

式中:t 为时间,s;x 为流程,m;A 为断面面积,m^2;Q 为断面平均流量,m^3/s;S 为断面平均含沙量,kg/m^3;S_* 为断面平均水流挟沙力,kg/m^3;ω 为泥沙沉速,m/s;Z_b 为河床高程,m;q_{ls} 为单位流程上的侧向输沙率(出为正,入为负);γ' 为泥沙干密度,kg/m^3;α_* 为平衡含沙量分布系数;f_s 为泥沙非饱和系数;K_s 为附加系数(主要考虑紊流脉动在水平方向产生的扩散作用及泥沙存在产生的附加影响),$K_s = \dfrac{1}{2.65}\kappa^{4.5}\left(\dfrac{u_*^{1.5}}{u^{0.5}\omega}\right)^{1.14}$。

2.1.2.2 数值方法

泥沙连续方程经过简化处理,结合 MacCormack 算法可以得到如下离散形式

$$S = \frac{S^*}{f_1}\left(1 - e^{-\frac{f_1k_1\alpha_*\omega\Delta t}{2h}}\right) + \left[S - \frac{\Delta t}{2A\Delta x}(Q_{i+1}S_{i+1} - Q_{i-1}S_{i-1})\right]e^{-\frac{f_1k_1\alpha_*\omega\Delta t}{2h}} \tag{2-11}$$

该离散方程适用于泥沙各个粒径组。河床变形方程可以采用直接差分格式。

2.1.3 水流泥沙关键问题处理

2.1.3.1 非均匀沙沉速

1)单颗粒沉速

单颗粒泥沙自由沉降公式一般采用水电部 1975 年水文测验规范中推荐的沉速公式

$$\omega_{0k}=\begin{cases}\dfrac{\gamma_s-\gamma_0}{18\mu_0}{d_k}^2 & (d_k<0.1\ \text{mm})\\ (\lg S_a+3.79)^2+(\lg\varphi_a-5.777)^2=39 & (0.1\ \text{mm}\leqslant d_k<1.5\ \text{mm})\end{cases}\tag{2-12}$$

式中：粒径判数 $\varphi_a=\dfrac{g^{1/3}\left(\dfrac{\gamma_s-\gamma_0}{\gamma_0}\right)^{1/3}d_k}{v_0^{2/3}}$，沉速判数 $S_a=\dfrac{\omega_{0k}}{g^{1/3}\left(\dfrac{\gamma_s-\gamma_0}{\gamma_0}\right)^{1/3}{v_0}^{1/3}}$；$\gamma_s$、$\gamma_0$ 分别为泥沙和水的重率，分别取为 2.65 t/m³ 和 1.0 t/m³，μ_0、v_0 分别为清水动力黏滞性系数（kg·s/m²）和运动黏滞性系数（m²/s）。

2）挟沙水流单颗粒沉速

考虑到黄河水流含沙量高、细沙含量多，颗粒间的相互影响大，浑水黏性作用较强，故需对单颗粒泥沙的自由沉降速度作修正。代表性的相应修正公式如下：

（1）夏震寰、汪岗公式。

$$\frac{\omega_s}{\omega_0}=(1-S_v)^7$$

式中：ω_0 为清水中的沉速，cm/s；ω_s 为浑水中的沉速，cm/s；S_v 为体积含沙量，kg/m³，下同。

（2）张淑英、白咏梅公式。

$$\frac{\omega_s}{\omega_0}=(1-S_v)^{6\exp(-d_{50}/2)}$$

其中，d_{50}的单位为 mm，下同。

（3）张红武公式。

$$\omega_s=\omega_0(1-1.25S_v)\left(1-\frac{S_v}{2.25\sqrt{d_{50}}}\right)^{3.5}$$

模型中同时采用了以上三个公式供选择，同样条件下，各公式修正系数$\dfrac{\omega_s}{\omega_0}$有一定变化，相比较而言，张红武公式对结果的修正较其他公式为大一些。对于黄河泥沙，多采用张红武公式。

3）非均匀沙混合沉速

非均匀沙代表沉速采用下式进行计算

$$\omega=\sum_{k=1}^{NFS}p_k\omega_{sk}$$

式中：NFS 为泥沙粒径组数，模型中取为 8；p_k 为悬移质泥沙级配；ω_{sk}为分组泥沙的沉速。

2.1.3.2　水流挟沙力及挟沙力级配

水流挟沙力是反映河床处于冲淤平衡状态下，水流挟带泥沙能力的综合性指标。模型中先计算全沙挟沙力，尔后乘以挟沙力级配，求得分组挟沙力。

对于全沙挟沙力，模型中选用有一定理论基础和较好实用性的张红武公式

$$S_* = 2.5\left[\frac{(0.0022 + S_v)U^3}{\kappa \dfrac{\gamma_s - \gamma_m}{\gamma_m} gh\omega_s}\ln\left(\frac{h}{6D_{50}}\right)\right]^{0.62} \tag{2-13}$$

式中：D_{50}为床沙中径，m；U 为断面平均流速，m^3/s；h 为水深，m；浑水卡门常数 $\kappa = 0.4[1-4.2\sqrt{S_v}(0.365-S_v)]$。

挟沙力级配主要采用韩其为公式。根据判数 $Z=\dfrac{P_{4.1}S}{S^*(\omega_1)}+\dfrac{P_{4.2}S}{S^*(\omega_{1.1}^*)}$的大小，分组挟沙能力 $P_{4.k}^*S^*(\omega^*)$、挟沙能力 $S^*(\omega^*)$、挟沙能力级配 $P_{4.k}^*$、有效床沙级配 $P_{1.k}$的普遍表达式分别如下。

(1)若 $Z<1$，河床处于冲刷或微淤状态，则有

$$\begin{cases} P_{4.k}^*S^*(\omega^*) = P_{4.1}P_{4.k.1}S + P_{4.2}P_{4.k.2}S\dfrac{S^*(k)}{S^*(\omega_{1.1}^*)} + (1-Z)P_1P_{4.k.1.1}^*S^*(\omega_{1.1}^*) \\ S^*(\omega^*) = P_{4.1}S + P_{4.2}S\dfrac{S^*(\omega_2^*)}{S^*(\omega_{1.1}^*)} + (1-Z)P_1S^*(\omega_{1.1}^*) \\ P_{4.k}^* = P_{4.1}P_{4.k.1}\dfrac{S}{S^*(\omega^*)} + P_{4.2}P_{4.k.2}\dfrac{S}{S^*(\omega^*)}\dfrac{S^*(k)}{S^*(\omega_{1.1}^*)} + (1-Z)P_1P_{4.k.1.1}^*\dfrac{S^*(\omega_{1.1}^*)}{S^*(\omega^*)} \\ P_{1.k} = P_{4.1}P_{4.k.1}\dfrac{S}{S^*(k)} + P_{4.2}P_{4.k.2}\dfrac{S}{S^*(\omega_{1.1}^*)} + (1-Z)P_1P_{1.k.1.1}^* \end{cases}$$

(2)若 $Z\geqslant 1$，河床处于单向淤积状态，那么有

$$\begin{cases} P_{4.k}^*S^*(\omega^*) = P_{4.1}P_{4.k.1}S + \left[1-\dfrac{P_{4.1}S}{S^*(\omega_1)}\right]P_{4.k.2}S^*(k) \\ S^*(\omega^*) = P_{4.1}S + \left[1-\dfrac{P_{4.1}S}{S^*(\omega_1)}\right]S^*(\omega_2^*) \\ P_{4.k}^* = P_{4.1}P_{4.k.1}\dfrac{S}{S^*(\omega^*)} + \left[1-\dfrac{P_{4.1}S}{S^*(\omega_1)}\right]P_{4.k.2}\dfrac{S^*(k)}{S^*(\omega^*)} \\ P_{1.k} = P_{4.1}P_{4.k.1}\dfrac{S}{S^*(k)} + \left[1-\dfrac{P_{4.1}S}{S^*(\omega_1)}\right]P_{4.k.2} \end{cases}$$

式中：$S^*(k)$为均匀沙挟沙能力（假定第k粒径组泥沙充满水流）；$P_{4.1}=\sum_{k=1}^{k_d}P_{4.k}$为冲泻质部分累计沙重百分数；$P_{4.k}$为悬移质某粒径组沙重百分数；$k_d$为冲泻质与床沙质分界粒径组编号；$P_{4.k.1}=\begin{cases}P_{4.k}/P_{4.1} & k\leqslant k_d\\ 0 & k>k_d\end{cases}$为标准化后冲泻质各粒径组沙重百分数；$P_{4.2}=\sum_{k=k_d+1}^{ks_max}P_{4.k}$为床沙质部分累计沙重百分数；$ks_max$为悬沙中最大粒径组数（即其沙重百分数不为0）；$P_{4.k.2}=\begin{cases}0 & k\leqslant k_d\\ P_{4.k}/P_{4.2} & k>k_d\end{cases}$为标准化后床沙质各粒径组沙重百分数；$P_1=\sum_{k=1}^{ks_max}P_{1.k.1}$为参与交换的河床质累计沙重百分数；$P_{1.k.1}$为河床质某粒径组沙重百分数；

$P_{4.k.1.1}^{*} = \dfrac{S^{*}(k)}{S^{*}(\omega_{1.1})}P_{1.k.1.1}$ 为河床质部分挟沙能力级配；$P_{1.k.1.1} = \begin{cases} P_{1.k.1}/P_1 & k \leqslant nfs \\ 0 & k > nfs \end{cases}$ 为标准化后河床质各粒径组沙重百分数；$S^{*}(\omega_1) = 1/\sum\limits_{k=1}^{k_d} \dfrac{P_{4.k.1}}{S^{*}(k)}$ 为冲泻质混合挟沙能力；$S^{*}(\omega_2^{*}) = \sum\limits_{k=k_d+1}^{nfs} P_{4.k.2}S^{*}(k)$ 为床沙质混合挟沙能力；$S^{*}(\omega_{1.1}^{*}) = \sum\limits_{k=1}^{nfs} P_{1.k.1.1}S^{*}(k)$ 为河床质混合挟沙能力。

2.1.3.3　**平衡含沙量分布系数**

平衡含沙量分布系数代表底部含沙量与平均含沙量的比值，由含沙量沿水深分布公式和垂向流速分布公式联合求得。

$$\alpha_{*} = \frac{1}{N_0}\exp(8.21\frac{\omega}{\kappa u_{*}})$$

$$N_0 = \int_0^1 f(\frac{\sqrt{g}}{\kappa C},\eta)\exp\left(5.333\frac{\omega_s}{\kappa u_{*}}\arctan\sqrt{\frac{1}{\eta}-1}\right)\mathrm{d}\eta$$

$$f(\frac{\sqrt{g}}{\kappa C},\eta) = 1 - \frac{\pi\sqrt{g}}{\kappa C} + \frac{2.667\sqrt{g}}{\kappa C}(\sqrt{\eta-\eta^2} + \arcsin\sqrt{\eta})$$

$$C = \frac{1}{n}R^{1/6}$$

$$\kappa = 0.4[1 - 4.2\sqrt{S_v}(0.365 - S_v)]$$

为方便求解，α_{*} 简易的表达式如下：

当 $\dfrac{\omega}{\kappa u_{*}} \leqslant 0.15$ 时　　$\alpha_{*} = 0.9238(\dfrac{\sqrt{g}}{\kappa C})^{0.06}\exp(4.4\dfrac{\omega}{\kappa u_{*}})$

当 $0.15 < \dfrac{\omega}{\kappa u_{*}} \leqslant 0.6$ 时　　$\alpha_{*} = 14.38\dfrac{\omega}{\kappa u_{*}}(\dfrac{\sqrt{g}}{\kappa C})^{0.08}$

当 $0.6 < \dfrac{\omega}{\kappa u_{*}} \leqslant 1.0$ 时　　$\alpha_{*} = 32.14(\dfrac{\omega}{\kappa u_{*}})^{1.5}(\dfrac{\sqrt{g}}{\kappa C})^{0.25}$

当 $1.0 < \dfrac{\omega}{\kappa u_{*}} \leqslant 2.0$ 时　　$\alpha_{*} = 51.33(\dfrac{\omega}{\kappa u_{*}})^{2}(\dfrac{\sqrt{g}}{\kappa C})^{0.45}$

当 $2.0 < \dfrac{\omega}{\kappa u_{*}} \leqslant 4.0$ 时　　$\alpha_{*} = 64(\dfrac{\omega}{\kappa u_{*}})^{3}\dfrac{\sqrt{g}}{\kappa C}$

2.1.3.4　**泥沙非饱和系数**

$$f_s = \left(\frac{S}{S_{*}}\right)^{\left[\frac{0.1}{\arctan(\frac{S}{S_{*}})}\right]}$$

初步分析认为：

当 $\dfrac{S}{S_{*}} > 1$ 时，河床处于淤积状态，$f_s > 1$，一般不会超过 1.5；当 $\dfrac{S}{S_{*}} < 1$ 时，河床处于冲刷状态，$f_s < 1$；当含沙量小、挟沙力大时，f_s 是一个较小的数。

2.1.3.5 动床阻力变化

动床阻力是反映水流条件和河床形态的综合系数，取值的合理与否直接影响到水沙演变的计算精度。

对于冲积性河道，随着河道的冲淤变化、床沙级配的粗化调整，糙率也会作相应的调整。当河道淤积时，糙率减小；当河道冲刷时，糙率增大。基于此，计算中需根据冲淤情况对糙率进行修正和改进。

糙率随冲淤变化的关系式如下

$$n = n_0\left(1 - \frac{k_1 - k_2}{\Delta Z_{b\_dep\_\max} - \Delta Z_{b\_sco\_\max}}\right) \sum \Delta Z_{bi}$$

式中：n_0 为初始糙率；k_1、k_2 为经验常数，一般情况下取 $k_1 = 1.5$、$k_2 = 0.65$；$\Delta Z_{b\_dep\_\max}$、$\Delta Z_{b\_sco\_\max}$ 分别为单元累计最大淤积和最大冲刷厚度；$\sum \Delta Z_{bi}$ 为单元累计冲淤厚度。

初始糙率 n_0 尚需根据河道内土地利用情况、地物地貌以及植物生长情况等综合确定。初步考虑树丛、旱田、水田、道路糙率分别为 0.065、0.06、0.05、0.045；空地糙率为 0.025 ~ 0.035；有、无芦苇和水草的水域糙率分别为 0.05、0.035；旱地加村庄糙率为 0.062 ~ 0.07。

2.1.3.6 床沙级配调整

把河床淤积物概化为表、中、底三层，各层厚度和平均粒配分别为 h_u、h_m、h_b，p_{uk}、p_{mk}、p_{bk}。表层为交换层，中层为过渡层，底层为冲刷极限层。规定在每一计算时段内，各层间界面固定不变，泥沙交换限制在表层内进行。时段末，根据床面冲淤移动表层和中层，但各自厚度不变，而令底层厚度随冲淤厚度的大小而变化，其厚度为 $h_b = h_b^{(0)} + \Delta Z_b$。见图 2-2。

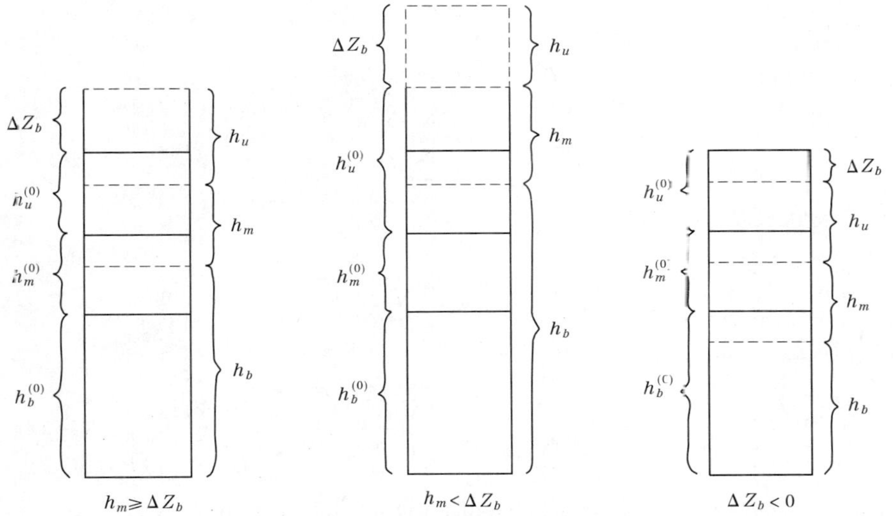

图 2-2　河床淤积物分层及调整示意图

设在某一时段初表层粒配为 $P_{uk}^{(0)}$，则时段末表层底面以上粒配

$$P' = \frac{h_u P_{uk}^{(0)} + \Delta Z_{bk}}{h_u + \Delta Z_b}$$

相应各层粒配组成调整变化如下：

1）淤积情况

表层 $P_{uk} = P'$

中层 $\begin{cases} P_{mk} = P' & \Delta Z_b > h_m \\ P_{mk} = \dfrac{\Delta Z_b P' + (h_m - \Delta Z_b) P_{mk}^{(0)}}{h_m} & \Delta Z_b \leqslant h_m \end{cases}$

底层 $\begin{cases} P_{bk} = \dfrac{(\Delta Z_b - h_m) P' + h_m P_{mk}^{(0)} + h_b^{(0)} P_{bk}^{(0)}}{h_b} & \Delta Z_b > h_m \\ P_{bk} = \dfrac{\Delta Z_b P_{mk}^{(0)} + h_b^{(0)} P_{bk}^{(0)}}{h_b} & \Delta Z_b \leqslant h_m \end{cases}$

2）冲刷情况

表层 $P_{uk} = \dfrac{(\Delta Z_b + h_u) P' - \Delta Z_b P_{mk}^{(0)}}{h_u}$

中层 $P_{mk} = \dfrac{(\Delta Z_b + h_m) P_{mk}^{(0)} - \Delta Z_b P_{bk}^{(0)}}{h_m}$

底层 $P_{bk} = P_{bk}^{(0)}$

以上各式中，右上角标 0 表示该变量修改前的值。

2.1.3.7 含沙量横向分布

$$\frac{S_{k,i,j}}{S_{k,i}} = \frac{Q_i S_{*k,i}^{\beta}}{\sum_j Q_{i,j} S_{*k,i,j}^{\beta}} \left(\frac{S_{*k,i,j}}{S_{*k,i}}\right)^{\beta} = \frac{Q_i S_{*k,i,j}^{\beta}}{\sum_j Q_{i,j} S_{*k,i,j}^{\beta}}, \tag{2-14}$$

证明其可以保证断面沙量守恒：

由式（2-14）得

$$S_{k,i,j} = S_{k,i} Q_i \frac{S_{*k,i,j}^{\beta}}{\sum_j Q_{i,j} S_{*k,i,j}^{\beta}}$$

等式两边同乘以 $Q_{i,j}$，则有

$$Q_{i,j} S_{k,i,j} = S_{k,i} Q_i \frac{Q_{i,j} S_{*k,i,j}^{\beta}}{\sum_j Q_{i,j} S_{*k,i,j}^{\beta}}$$

将两边求和

$$\sum_j Q_{i,j} S_{k,i,j} = \sum_j \left(S_{k,i} Q_i \frac{Q_{i,j} S_{*k,i,j}^{\beta}}{\sum_j Q_{i,j} S_{*k,i,j}^{\beta}} \right) = S_{k,i} Q_i \left(\frac{\sum_j Q_{i,j} S_{*k,i,j}^{\beta}}{\sum_j Q_{i,j} S_{*k,i,j}^{\beta}} \right) = S_{k,i} Q_i$$

式中：i 为断面编号；j 为子断面编号；k 为粒径组编号；$S_{k,i}$ 为全断面含沙量；$S_{k,i,j}$ 为子断面含沙量；$S_{*k,i,j}$ 为子断面分组挟沙力；β 为指数，由实测资料求得。

2.1.3.8 挟沙力横向分布

类似于含沙量横向分布计算

$$\frac{S_{*k,i,j}}{S_{*k,i}} = \frac{Q_i S_{*k,i,j}^{(1)^\gamma}}{\sum_j Q_{i,j} S_{*k,i,j}^{(1)^\gamma}} \tag{2-15}$$

证明其可以保证断面挟沙力守恒：

由式(2-15)得

$$S_{*k,i,j} = S_{*k,i} Q_i \frac{S_{*k,i,j}^{(1)^\gamma}}{\sum_j Q_{i,j} S_{*k,i,j}^{(1)^\gamma}}$$

等式两边同乘以 $Q_{i,j}$，则有

$$Q_{i,j} S_{*k,i,j} = S_{*k,i} Q_i \frac{Q_{i,j} S_{*k,i,j}^{(1)^\gamma}}{\sum_j Q_{i,j} S_{*k,i,j}^{(1)^\gamma}}$$

将两边求和

$$\sum_j Q_{i,j} S_{*k,i,j} = \sum_j \left(S_{*k,i} Q_i \frac{Q_{i,j} S_{*k,i,j}^{(1)^\gamma}}{\sum_j Q_{i,j} S_{*k,i,j}^{(1)^\gamma}} \right) = S_{*k,i} Q_i \left(\frac{\sum_j Q_{i,j} S_{*k,i,j}^{(1)^\gamma}}{\sum_j Q_{i,j} S_{*k,i,j}^{(1)^\gamma}} \right) = S_{*k,i} Q_i$$

式中：i 为断面编号；j 为子断面编号；k 为粒径组编号；$S_{k,i}$ 为全断面含沙量；$S_{k,i,j}$ 为子断面含沙量；$\gamma = 1.0$ 为指数。

其中

$$S_{*k,i,j}^{(1)} = 2.5 \left[\frac{(0.002\,2 + S_{v_{i,j}}) U_{i,j}^3}{\kappa_{i,j} \left(\frac{\gamma_s - \gamma_m}{\gamma_m} \right)_{i,j} g h_{i,j} \omega_{k,i,j}} \ln\left(\frac{h_{i,j}}{6D_{50i}} \right) \right]^{0.62}$$

2.1.3.9 断面冲淤修正计算

如图 2-3 所示，假设断面上每一节点的淤积厚度为

$$\frac{\Delta Z_{bnd,j}}{\Delta Z_{bj}} = \frac{B_j h_{nd,j}^{\beta_j}}{\sum_j B_{nd,j} h_{nd,j}^{\beta}}$$

从而得

$$\Delta Z_{bnd,j} = \frac{\Delta Z_{bj} B_j h_{nd,j}^{\beta_j}}{\sum_j B_{nd,j} h_{nd,j}^{\beta}} = \frac{h_{nd,j}^{\beta_j}}{\sum_j B_{nd,j} h_{nd,j}^{\beta}} \Delta A_j$$

式中：nd 为断面上任一节点；j 为子断面编号；$\Delta Z_{bnd,j}$ 为节点冲淤高程；ΔZ_{bj}、ΔA_j 分别为子断面平均冲淤厚度和面积；B_j 为子断面宽度；$B_{nd,j}$ 为节点对应特征宽度；β_j 为子断面可调因子。其不同值代表不同的淤积模式，如 $\beta = 0$ 为等厚淤积。

断面高程修改的约束条件为：由于高程变化引起的各子断面面积变化值应等于该时刻计算的该子断面冲淤面积 ΔA_j。由此推导各节点特征宽度 $B_{nd\,j}$ 过程如下：

原始面积为

$$A_{1,2} = \frac{1}{2}(B_1 + B_2)(Z_{b2} - Z_{b1})$$

$$A_{2,3} = \frac{1}{2}(B_2 + B_3)(Z_{b3} - Z_{b2})$$

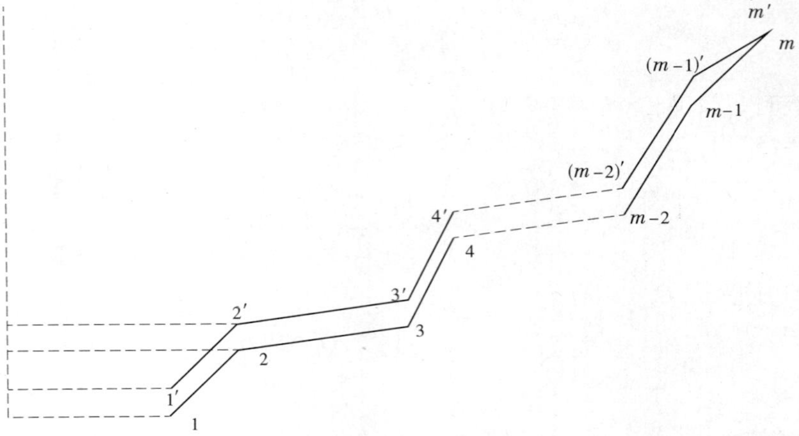

图 2-3　断面修正示意图

$$A_{3,4} = \frac{1}{2}(B_3 + B_4)(Z_{b4} - Z_{b3})$$

$$\vdots$$

$$A_{m-3,m-2} = \frac{1}{2}(B_{m-3} + B_{m-2})(Z_{bm-2} - Z_{bm-3})$$

$$A_{m-2,m-1} = \frac{1}{2}(B_{m-2} + B_{m-1})(Z_{bm-1} - Z_{bm-2})$$

$$A_{m-1,m} = \frac{1}{2}(B_{m-1} + B_m)(Z_{bm} - Z_{bm-1})$$

高程修改后面积为

$$A_{1,2}' = \frac{1}{2}(B_1 + B_2)(Z_{b2} + \Delta Z_{b2} - Z_{b1} - \Delta Z_{b1}) = A_{1,2} + \frac{1}{2}(B_1 + B_2)(\Delta Z_{b2} - \Delta Z_{b1})$$

$$A_{2,3}' = A_{2,3} + \frac{1}{2}(B_2 + B_3)(\Delta Z_{b3} - \Delta Z_{b2})$$

$$A_{3,4}' = A_{3,4} + \frac{1}{2}(B_3 + B_4)(\Delta Z_{b4} - \Delta Z_{b3})$$

$$\vdots$$

$$A_{m-3,m-2}' = A_{m-3,m-2} + \frac{1}{2}(B_{m-3} + B_{m-2})(\Delta Z_{bm-2} - \Delta Z_{bm-3})$$

$$A_{m-2,m-1}' = A_{m-2,m-1} + \frac{1}{2}(B_{m-2} + B_{m-1})(\Delta Z_{bm-1} - \Delta Z_{bm-2})$$

$$A_{m-1,m}' = A_{m-1,m} + \frac{1}{2}(B_{m-1} + B_m)(\Delta Z_{bm} - \Delta Z_{bm-1})$$

则冲淤面积为

$$\Delta A_{1,2} = A_{1,2} - A'_{1,2} = \frac{1}{2}(B_1 + B_2)(\Delta Z_{b1} - \Delta Z_{b2})$$

$$\Delta A_{2,3} = \frac{1}{2}(B_2 + B_3)(\Delta Z_{b2} - \Delta Z_{b3})$$

$$\Delta A_{3,4} = \frac{1}{2}(B_3 + B_4)(\Delta Z_{b3} - \Delta Z_{b4})$$

$$\vdots$$

$$\Delta A_{m-3,m-2} = \frac{1}{2}(B_{m-3} + B_{m-2})(\Delta Z_{bm-3} - \Delta Z_{bm-2})$$

$$\Delta A_{m-2,m-1} = \frac{1}{2}(B_{m-2} + B_{m-1})(\Delta Z_{bm-2} - \Delta Z_{bm-1})$$

$$\Delta A_{m-1,m} = \frac{1}{2}(B_{m-1} + B_m)(\Delta Z_{bm-1} - \Delta Z_{bm})$$

相应地,有

$$\begin{aligned}
\Delta A = \sum_{i=1}^{m-1} \Delta A_{i,i+1} &= \frac{1}{2}(B_1 + B_2)(\Delta Z_{b1} - \Delta Z_{b2}) + \frac{1}{2}(B_2 + B_3)(\Delta Z_{b2} - \Delta Z_{b3}) \\
&+ \frac{1}{2}(B_3 + B_4)(\Delta Z_{b3} - \Delta Z_{b4}) + \cdots + \frac{1}{2}(B_{m-3} + B_{m-2})(\Delta Z_{bm-3} - \Delta Z_{bm-2}) \\
&+ \frac{1}{2}(B_{m-2} + B_{m-1})(\Delta Z_{bm-2} - \Delta Z_{bm-1}) + \frac{1}{2}(B_{m-1} + B_m)(\Delta Z_{bm-1} - \Delta Z_{bm}) \\
&= \frac{1}{2}(B_1 + B_2)\Delta Z_{b1} + \frac{1}{2}(B_3 - B_1)\Delta Z_{b2} + \frac{1}{2}(B_4 - B_2)\Delta Z_{b3} + \frac{1}{2}(B_5 - B_3)\Delta Z_{b4} + \\
&\cdots + \frac{1}{2}(B_{m-1} - B_{m-3})\Delta Z_{bm-2} + \frac{1}{2}(B_m - B_{m-2})\Delta Z_{bm-1} - \frac{1}{2}(B_{m-1} + B_m)\Delta Z_{bm} \\
&= \frac{1}{2}(B_1 + B_2)\Delta Z_{b1} + \sum_{nd=2}^{m-1} \frac{1}{2}(B_{nd+1} - B_{nd-1})\Delta Z_{nd} - \frac{1}{2}(B_{m-1} + B_m)\Delta Z_{bm}
\end{aligned}$$

则各节点特征宽度为

$$B_{m,j} = \begin{cases} \frac{1}{2}(B_1 + B_2) & nd = 1 \\ \frac{1}{2}(B_{nd+1} - B_{nd-1}) & nd = 2, m-1 \\ -\frac{1}{2}(B_{m-1} + B_m) & nd = m \end{cases}$$

2.1.4 模型验证

模型计算条件:进口水沙条件为洪水要素整编资料,计算步长为 120 s,验证时段为 2008 年桃汛期。

由于壶口瀑布存在较大的水位落差,现开发的一维非恒定流模型尚不能模拟急流(间断)问题,因此府谷—潼关河段分为府谷—壶口、壶口—潼关两个河段进行模拟计算。壶口—潼关河段直接采用壶口上游断面计算的水沙过程作为该河段的进口条件,这样做的目的是能完整地模拟整个河段,但精度尚有待提高。

2.1.4.1 府谷—壶口河段模型验证

1)计算条件

目前,府谷—壶口河段还没有系统的河道断面观测资料,本次计算地形数据采用从万分之一地形图截取断面,并参照府谷、吴堡水文站断面形态进行概化而成。河道糙率根据府谷、吴堡水文站水位资料推求,约为 0. 025。

模型进口水沙过程采用府谷水文站 2008 年桃汛期洪水要素资料(见图 2-4)。模型出口(壶口瀑布上游)水位流量关系根据曼宁公式进行设计。计算步长为 120 s。

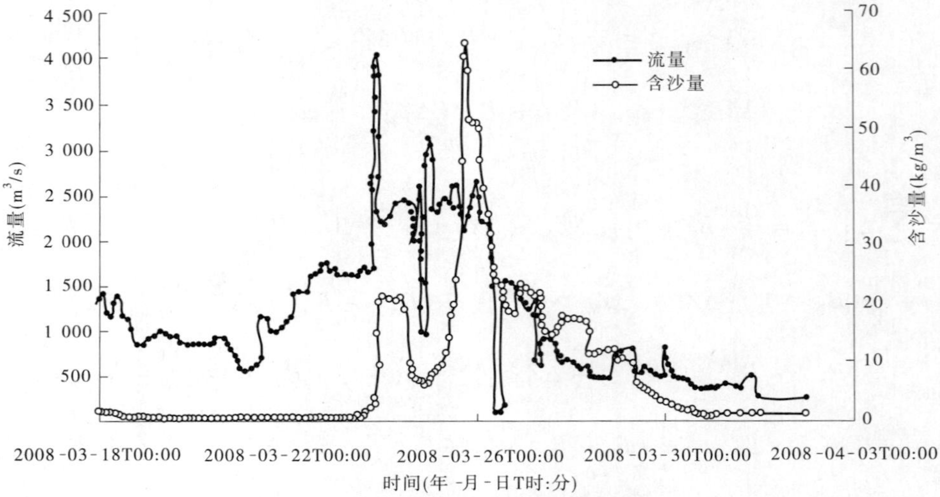

图 2-4　府谷水文站流量、含沙量过程

2)验证计算结果分析

府谷—壶口河段之间有吴堡水文站,吴堡水文站实测流量过程与模拟计算结果对比见图 2-5。吴堡水文站实测瞬时最大流量为 3 460 m^3/s,计算最大流量为 2 984 m^3/s,洪水过程形态基本一致,但计算洪峰最大值出现时间较实测值提前 10 h。而计算地形不能较准确地获得是造成这种差异的主要原因。

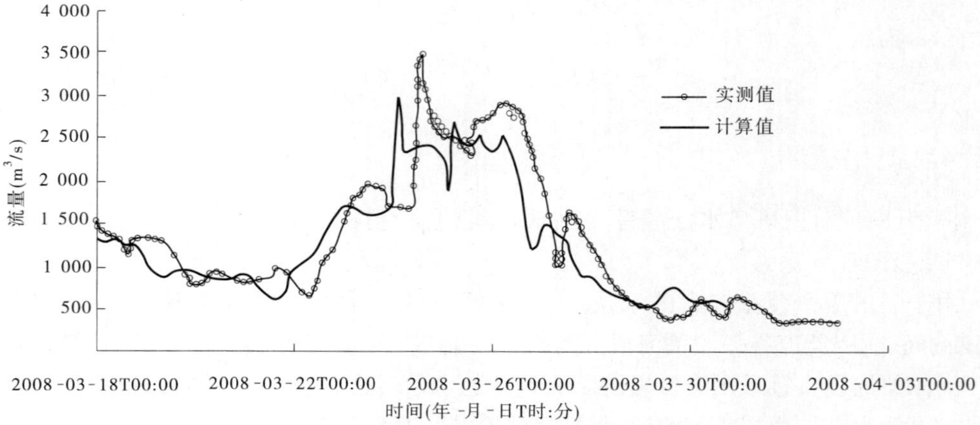

图 2-5　吴堡水文站实测流量与计算流量过程对比

吴堡水文站实测含沙量过程与计算值对比结果见图 2-6。从图 2-6 中可以看出,计算沙峰过程与实测值基本一致,由于该站计算洪峰流量过程较实测值出现早,从而使得最大含沙量也较实测值出现早,但计算最大沙峰值和实测沙峰值相差 5 h,也能基本反映沙峰较洪峰滞后的基本规律。

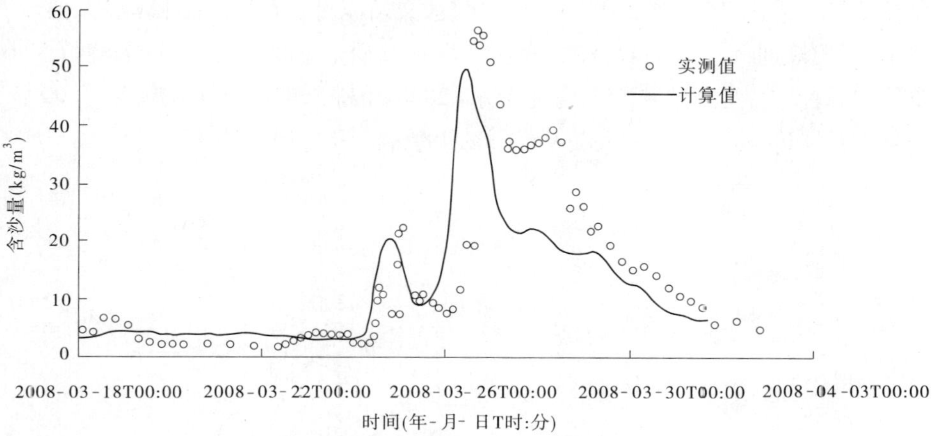

图 2-6　吴堡水文站实测含沙量与计算值对比

2.1.4.2　壶口—潼关河段模型验证

1)计算条件

壶口—龙门河段没有实测大断面资料,该河段计算地形获取方法与府谷—壶口河段相同。龙门—潼关河段采用 2007 年汛后地形,由于该河段属于典型的游荡型河段,断面形态宽浅散乱,因此对该河段计算地形进行了适当的概化处理。

府谷—壶口河段模型验证计算的出口水沙过程作为本段模型进口条件(见图 2-7),模型出口条件由潼关(八)断面的水位流量关系曲线控制。

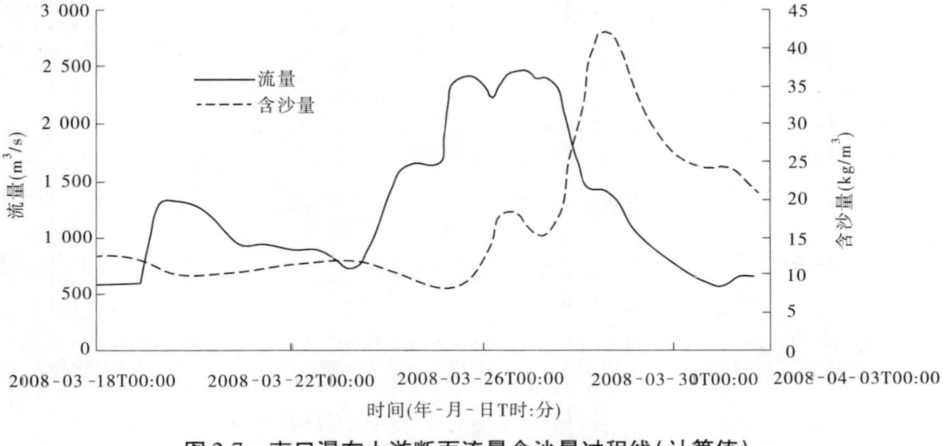

图 2-7　壶口瀑布上游断面流量含沙量过程线(计算值)

2)验证计算结果分析

壶口—潼关河段,采用龙门水文站和潼关水文站实测流量、含沙量过程(洪水要素)与模拟计算结果进行对比,对比过程见图 2-8 ~ 图 2-11。由于本段模拟直接采用了壶口上游断面的计算流量、含沙量过程作为河段的进口计算条件，前期计算流量、含沙量传播引起的误差将向下游继续延续，因此龙门、潼关水文站流量、含沙量的峰型及峰值和实测过程存在差异。由图2-8～图2-11可见，龙门水文站流量、含沙量的计算最大值较实测最大值偏小，但出现时间基本一致；潼关水文站洪水过程十分相似，但计算的峰值偏小，除延续误差外，与计算过程中没有考虑渭河来水（2008年桃汛期华县平均流量达90 m^3/s，平均含沙量为0.9 kg/m^3）也有较大关系，洪峰期的含沙量过程和峰值计算结果与实际过程吻合较好。

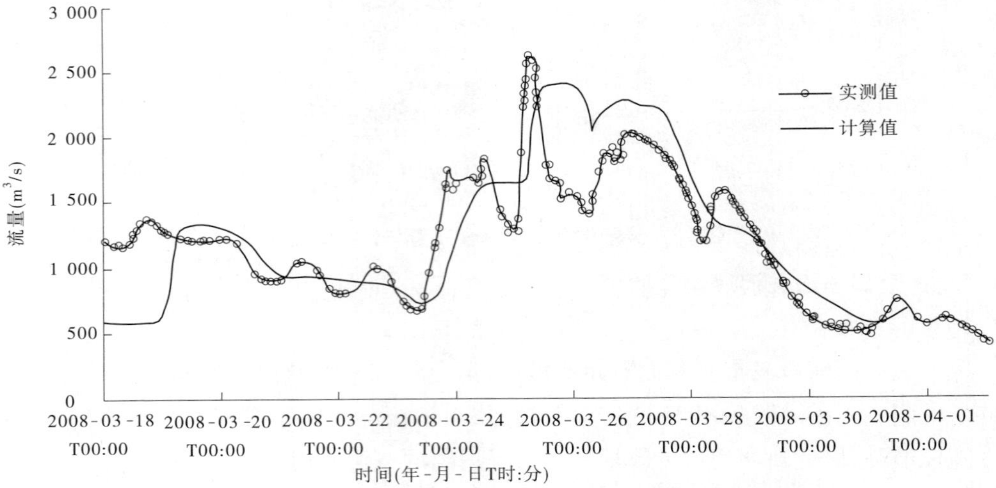

图2-8　龙门水文站实测流量、计算流量过程对比

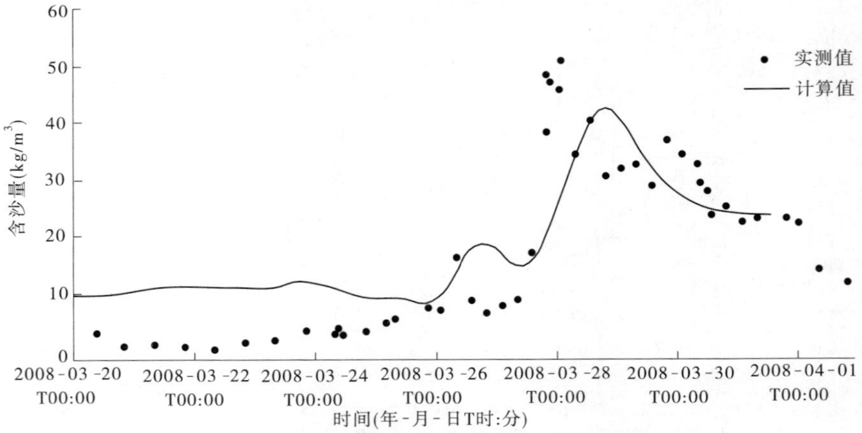

图2-9　龙门水文站实测含沙量与计算值对比

根据府谷断面流量、含沙量过程（洪水要素），通过分段模拟计算，得到潼关断面的流量、含沙量过程与实测过程定性上完全一致，基本能够反映流量、含沙量沿程变化特点，但定量精度还有待在较精确地形和其他水沙边界条件细化的支持下进一步提高。

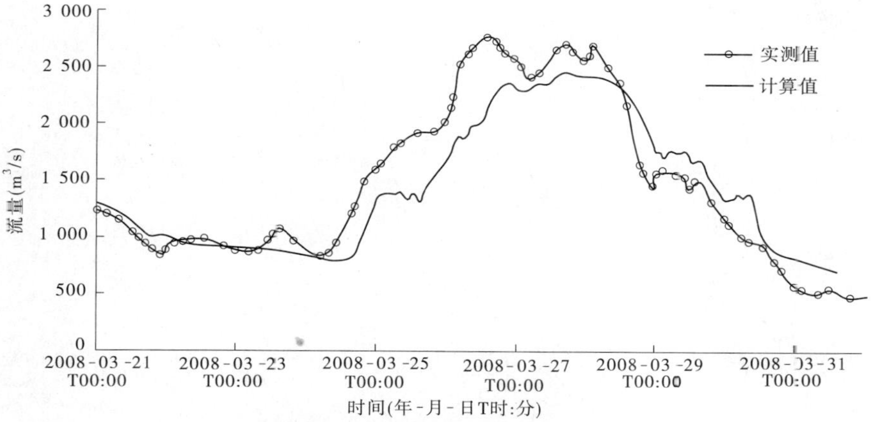

图 2-10　潼关(八)水文站实测流量、计算流量过程对比

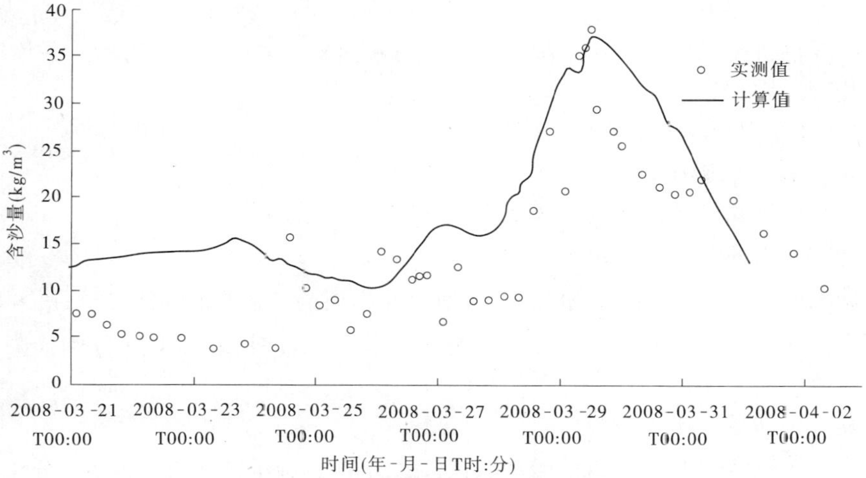

图 2-11　潼关(八)水文站实测含沙量与计算值对比

2.2　一维恒定流泥沙数学模型原理及验证

一维恒定流泥沙数学模型包括三门峡库区一维恒定流泥沙数学模型、万家寨水库和天桥水库排沙模型。由于各模型的目的不同,对一些具体问题的处理有所不同。

2.2.1　三门峡库区模型

以水动力学、泥沙运动力学和河床演变学的基本原理为基础,建立上源头以下(指黄淤 45 断面,下距潼关断面 14.3 km)三门峡库区一维恒定流泥沙数学模型,通过相关参数率定和模型验证,可用于计算该范围内水沙因子的沿程变化和河床冲淤变化。

2.2.1.1　基本方程

本模型是一维恒定流泥沙数学模型,基本方程包括水流连续方程、水流运动方程、泥沙连续方程(或称悬移质扩散方程)及河床变形方程,方程中暂不考虑侧向入汇。

水流连续方程

$$\frac{\mathrm{d}Q}{\mathrm{d}x} = 0 \tag{2-16}$$

水流运动方程

$$\frac{\mathrm{d}}{\mathrm{d}x}\left(\frac{Q^2}{A}\right) + gA\left(\frac{\mathrm{d}z}{\mathrm{d}x} + J\right) = 0 \tag{2-17}$$

泥沙连续方程

$$\frac{\partial}{\partial x}(QS) + \gamma' \frac{\partial A_d}{\partial t} = 0 \tag{2-18}$$

河床变形方程

$$\gamma' \frac{\partial Z_b}{\partial t} = \alpha\omega(S - S_*) \tag{2-19}$$

式中：x 为流程；t 为时间；Q 为流量；A 为过水断面面积；z 为水位；J 为能坡；A_d 为断面冲淤面积；g 为重力加速度；α 为恢复饱和系数；S 为断面平均含沙量；S_* 为断面平均挟沙力；γ' 为淤积物干容重；Z_b 为河床高程；ω 为颗粒沉速。

2.2.1.2 补充方程和若干问题的处理

1）泥沙颗粒沉速计算

泥沙颗粒沉速计算采用2.1.3.1中的计算方法。

2）冲泻质与床沙质的划分

根据王尚毅方法[21]，以指标 VJ 作为划分冲泻质与床沙质的判据，当 $\omega_{sk} > VJ$ 时该组泥沙为床沙质，否则为冲泻质。这里 ω_{sk} 为第 k 粒径组泥沙沉速，V、J 分别为断面平均流速及水面坡降。

3）非均匀沙挟沙力的计算

非均匀沙挟沙力的计算包括床沙质挟沙力计算和分组沙挟沙力计算，分组沙挟沙力计算又包括床沙质分组沙部分挟沙力和冲泻质分组沙部分挟沙力的计算。严格地讲，挟沙力的概念仅适用于床沙质，对于冲泻质，我们将挟沙力概念加以延伸，以便对各粒径组统一采用式(2-19)进行计算。

（1）床沙质挟沙力计算。

采用张瑞瑾挟沙力公式[20]

$$S_* = K\left(\frac{V^3}{gh\omega}\right)^m \tag{2-20}$$

式中：S_* 为以质量计的水流挟沙力；V 为断面平均流速；ω 为颗粒沉速；K 和 m 为待定参数。

（2）分组沙挟沙力计算。

从泥沙来源讲，主要是上游随水流而来和由于水流紊动扩散从床面扩散而来两个渠道，水流挟沙力作为输沙平衡时的含沙量，它的级配应与这两者的级配有关，综合考虑确定如下：

床沙质分组沙部分为（$k \geq k_d$）

$$S_{*k} = \left(\frac{P_{uk}h_u S_{*k}^{(1)} + S_k}{\sum_{k=k_d}^{nfs} (P_{uk}h_u S_{*k}^{(1)} + S_k)} \right) S_* \tag{2-21}$$

采用水流挟沙力公式计算 $S_{*k}^{(1)}$ 和 S_* 时，对应的沉速为各分组沙沉速及混合沙平均沉速。k_d 为床沙质最小粒径组编号，h_u 为交换层厚度（一般取 1 m），P_{uk} 为参与交换的床沙级配。

冲泻质分组沙部分（$k < k_d$）

$$S_{*k} = \min\left(\frac{S_{*k_d}\omega_{k_d}}{\omega_k}, \frac{P_{uk}h_u\gamma'}{\omega_k \Delta t} + S_k \right) \tag{2-22}$$

式中各符号含义同前。

4）断面概化

根据各个断面河床形态的变化情况，通过“同一高程对应的河宽相同”原则对实测断面资料进行概化，对主槽部分高程差应以能反映主槽形态及变化来控制（见图 2-12）。各断面的子断面个数并不相同，每个子断面的宽度固定不变，每一计算时段末，通过修改各节点高程来反映该时段内的断面变化情况。

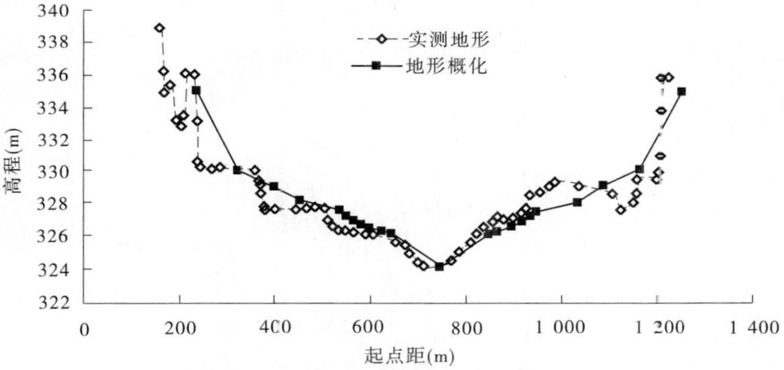

图 2-12　横断面概化示意图

5）子断面含沙量与断面平均含沙量的关系

子断面含沙量与断面平均含沙量的经验关系式为

$$\frac{S_{k,i,j}}{S_{k,i}} = \frac{Q_i S_{*k,i}^{\beta}}{\sum_j Q_{i,j} S_{*k,i,j}^{\beta}} \left(\frac{S_{*k,i,j}}{S_{*k,i}} \right)^{\beta} \tag{2-23}$$

其中，i、j、k 分别代表断面、子断面和粒径组。综合参数 β 的大小与河槽断面形态、流速分布等因素有关，β 值增大，主槽含沙量增大；β 值减小，主槽含沙量减小。在水库运用的不同时期、库区的不同河段 β 值应有所不同，一般情况下取 0.3。

6）流量变化处理

在洪水演进至坝前的过程中，由于水库调蓄或因泄流规模的限制，不能及时出库，容易出现进、出库流量差别较大的情形，随之带来一个流量差沿程分配的问题。模型中将进、出库流量差沿程均匀分配，即对于库区任一断面流量有

$$Q_i = Q_{out} + \frac{Q_{in} - Q_{out}}{DIS_{td}} DIS_{id}$$

式中：Q_{in}、Q_{out} 分别为进、出库流量；DIS_{td}、DIS_{id} 分别为潼关断面距坝里程和第 i 断面距坝里程。

7)能坡的计算

将能坡公式 $J = \frac{Q^2}{K^2}$ 直接应用于各个子断面 j，再进一步假定各子断面的能坡均近似等于断面平均能坡，则有

$$Q = \sum_j Q_j = \sum_j K_j J_j^{\frac{1}{2}} = J^{\frac{1}{2}} \sum_j K_j$$

因而有全断面流量模数 $K = \sum_j K_j$、$Q_j = \frac{K_j}{K} Q$，其中 $K_j = \frac{A_j H_j^{\frac{2}{3}}}{n_j}$。

8)糙率计算

在水库冲淤变化过程中，糙率的变化是非常复杂的，基于淤积河床细化糙率变小、冲刷河床粗化糙率变大的认识，作以下处理

$$n_{t,i,j} = n_{t-1,i,j} - \alpha \frac{\Delta A_{i,j}}{A_0}$$

式中：α 为糙率调整系数；A_0 为参数，取 2 000 ~ 2 600；$\Delta A_{i,j}$ 为某时刻各子断面之冲淤面积；t 为时间。

9)恢复饱和系数的计算

恢复饱和系数是一个经验参数，一般的处理方法是根据实测资料进行率定的。本模型则从水沙变化过程的连续性着手，采用以下处理方法

$$\alpha_k = \begin{cases} 0.5\alpha_k^* & S_k \geq 1.5S_{*k} \\ \left(1 - \frac{S_k - S_{*k}}{S_{*k}}\right)\alpha_k^* & S_{*k} \leq S_k < 1.5S_{*k} \\ \left(1 - 2\frac{S_k - S_{*k}}{S_{*k}}\right)\alpha_k^* & 0.5S_{*k} \leq S_k < 1.5S_{*k} \\ 2\alpha_k^* & S_k < 0.5S_{*k} \end{cases}$$

式中：S_{*k}、S_k 分别为分组沙挟沙力和含沙量；α_k^* 为平衡条件下的恢复饱和系数，对于不同粒径组应有所不同，模型中采用 $\alpha_k^* = \frac{\alpha^*}{d_k^{0.8}}$。

10)床沙级配的调整模式

将床沙分层储存可以记录下床沙变化的历史过程，更重要的是通过水流挟沙力的响应，来充分反映河床对水流的反馈作用。水流挟沙力的响应从采用的挟沙力公式中的床沙中径 D_{50} 中得到体现。

分层储存时，除最上一层外，每层均采用相等的厚度 ΔH，但当层数超过分配的储存单元时，则将多余的层数归并到最下层(保持次序不变)，因此最下一层的淤积厚度可能是 ΔH 的整数倍，计算取 $\Delta H = 1$ m。淤积和冲刷是对全断面全沙而言，虚淤积厚度 $\Delta h'_{t,i} = \sum_{k=1}^{nfs} \Delta h'_{t,i,k}$。

(1)淤积状态。

分层淤积物厚度为

$$\Delta h'_{t,i,m}=\begin{cases}(\Delta h'_{t,i}+\Delta h'_{t-1,i,p})-l\Delta H & (m=m')\\ \Delta H & (m'>m\geqslant 2)\\ \Delta h'_{t-1,i,1}+(p+l-m')\Delta H & (m=1\text{ 且 }p>1)\end{cases}$$

式中:t 为时段;i 为断面序号;ΔH 表示假定的每层厚度(一般情况下取 1 m);$l\Delta H<\Delta h'_{t,i}+\Delta h'_{t-1,i,p}\leqslant(l+1)\Delta H$,$l$ 为本时段淤积后增加层数;$m'=\min(p+l,m_p)$,m_p 为能够储存的最大层数;p、m'分别为淤积前、后的层数值。

分层淤积物级配为

$$R_{k,t,i,m}=\begin{cases}\dfrac{\sum\limits_{n=1}^{m''}\Delta h'_{t-1,i,n}R'_{k,t-1,i,n}+(\Delta h'_{t,i,l}-\sum\limits_{n=1}^{m''}\Delta h'_{t-1,i,n})}{\Delta h'_{t,i,l}}R_{k,t,i} & (m=1)\\ R_{k,t-1,i,m+(p+l-m')} & (2\leqslant m<m'-l)\\ R_{k,t,i,m'-l}=\begin{cases}\dfrac{R_{k,t,i}\Delta h'_{t,i}+R'_{k,t-1,i,p}}{\Delta h'_{t,i}+\Delta h'_{t-1,i,p}}\Delta h'_{t-1,i,p} & (m=m'-l\quad l=0)\\ R_{k,t,i}(1-\Delta h'_{t-1,i,p})+\Delta h'_{t-1,i,p}R'_{k,t-1,i,p} & (m=m'-l\quad l\geqslant 1)\end{cases}\\ R_{k,t,i} & (m'-l<m\leqslant m')\end{cases}$$

其中

$$R_{k,t,i}=\frac{Q_{t,i-1}S_{t,i-1}P_{4,k,t,i-1}-Q_{t,i}S_{t,i}P_{4,k,t,i}}{Q_{t,i-1}S_{t,i-1}-Q_{t,i}S_{t,i}}$$

$$m''=\min\{1+p+l-m',p\}$$

(2)冲刷状态。

分层淤积厚度为

$$\Delta h'_{t,i,m}=\begin{cases}\Delta h'_{t,i,m'-l}=l\Delta H+\Delta h'_{t-1,i,p}+\Delta h'_{t,i} & (m=m'-l)\\ \Delta H & (m'-l>m\geqslant 2)\\ (1+p+\phi-m')\Delta H & (m=1\text{ 且 }m'-l>1)\end{cases}$$

由式 $l\Delta H<|\Delta h'_{t,i}|+1-\Delta h'_{t-1,t,p}\leqslant(l+1)\Delta H$ 确定,$m'=\min(p+l,p+\phi)$,ϕ 为时段初最下一层合并的层数减 1,即 $\phi=\Delta h'_{t-1,i,1}-1$,$p$ 和 $m'-l$ 为冲刷前后的层数值。

分层淤积物级配为

$$R_{k,t,i,m}=\begin{cases}R_{k,t,i,m'-1}=R_{k,t,i} & (m=m'-l)\\ R_{k,t,i,m'-l-1}=R_{k,t,i}(1-\Delta h'_{t,i,m'-l})+R'_{k,t-1,i,m''}\Delta h'_{t,i,m'-l} & (m=m'-l-1)\\ R_{k,t,i,m-(m'-p)} & (m'-l-2\geqslant m>m'-p+1)\\ R_{k,t-1,i,l} & (1\leqslant m\leqslant m''')\end{cases}$$

冲刷时,$R_{k,t,i}=R_{k,t-1,i}(1-\lambda^*)^{(\frac{\omega_中}{\omega_i})^{\beta}-1}$,其中 $\omega_中$ 由 $\sum\limits_{k=1}^{nfs}R_{k,t,i}=1$ 试算确定;冲刷百分

数 $\lambda^* = \frac{|\Delta h'_{t,i}|}{|\Delta h'_{t,i}|+1}$，$|\Delta h'_{t,i}|+1$ 为参与交换的床沙有效深度，当冲光河底床沙时，冲刷百分数 $\lambda^* = 1$；对于河道型水库，β 取0.75，对于湖泊型水库，β 取0.5；模型中 β 取0.6；$R_{k,t-1,i}$ 为参与交换的床沙级配，其大小由公式 $R_{k,t-1,i} = \frac{[|\Delta h'_{t,i}|+1-(p-m'''')\Delta H-\Delta h_{t,i,p}]}{|\Delta h'_{t,i}|+1}R_{k,t-1,m''''} + \sum_{n=m''''-1}^{p}\Delta h_{k,t-1,n}R_{k,t-1,n}$ 确定。

其中，$m''=\max\{p-(l+1),l\}$；$m'''=\min\{m'-p+1,m'-l-2\}$；当 $\phi=0$ 时，$m''''=m'-l-1$；当 $\phi>0$ 时，$m''''=m''$。

根据调整后的床沙级配，计算表层厚度为 h_u 部分的床沙组成，作为下一时段参与交换的床沙级配（P_{uk}）。

2.2.1.3 基本方程的离散

目前，对于由水流连续方程、水流运动方程、泥沙连续方程及河床变形方程所组成偏微分方程组一般的处理方法是通过方程离散求其数值解，模型中采用如下差分格式进行离散

$$\begin{cases}\dfrac{\mathrm{d}f(x)}{\mathrm{d}x} = \dfrac{f(x_i)-f(x_{i-1})}{\Delta x_i}\\[2ex]\dfrac{\partial f(x)}{\partial t} = \dfrac{f(x_i)+f(x_{i-1})}{2\Delta t}\end{cases}$$

由方程（2-16），考虑流量沿程变化得

$$Q_i = Q_{out} + \frac{Q_{in}-Q_{out}}{DIS_{td}}DIS_{id} \tag{2-24}$$

由方程（2-17）得

$$Z_i = Z_{i-1} + \Delta X_i\overline{J}_i + \frac{(\frac{Q^2}{A})_{i-1}-(\frac{Q^2}{A})_i}{g\overline{A}_i} \tag{2-25}$$

由方程（2-18）得

$$S_{k,i} = \frac{Q_{i+1}S_{k,i+1} - \dfrac{\gamma(\Delta A_{dk,i+1}+\Delta A_{dk,i})}{2\Delta t}\Delta X_i}{Q_i} \tag{2-26}$$

将方程（2-19）直接应用于各粒径组和各子断面，得

$$\Delta Z_{bk,i,j} = \frac{\alpha\omega_k(S_{k,i,j}-S_{*k,i,j})\Delta t}{\gamma} \tag{2-27}$$

以上各式中，$\overline{J}_i$、$\overline{A}_i$ 分别为 $\overline{J}_i = \frac{J_i+J_{i-1}}{2}$，$\overline{A}_i = \frac{A_i+A_{i-1}}{2}$；断面编号自潼关至大坝依次减小，其余符号含义同前。

2.2.1.4 模型的率定与验证

1）重要参数的率定

选用潼关水文站和三门峡水文站1974～2005年实测水沙系列、三门峡库区1974年

汛前实测大断面资料和河床质级配资料，对以上建立的一维恒定流泥沙数学模型参数如挟沙力系数和指数、泥沙恢复饱和系数、各河段初始河床糙率进行率定。有关参数验证结果为：$k=0.45$，$m=0.60$；滩地糙率一般取0.02～0.035，主槽糙率一般取0.013～0.016；恢复饱和系数 $\alpha_*=0.02\sim0.07$，冲刷时取上限值，淤积时取下限值。

2）模型的验证计算

（1）验证计算基本资料。

模型验证范围为黄淤45（上塬头）断面—三门峡大坝，验证水沙系列为2005年11月1日至2008年10月31日，河床条件为2005年汛后三门峡库区实测大断面资料及相应床沙组成，进口水沙资料为潼关水文站实测日均流量、含沙量及悬移质级配过程；出口按对应史家滩实测水位变化过程控制。

（2）验证计算结果分析。

A. 潼关高程变化

图2-13为2005年汛后至2008年汛后潼关高程变化验证计算结果。可以看出，潼关高程数学模型计算值与实测值变化过程基本一致，数学模型很好地模拟了潼关高程非汛期淤积抬升、汛期和桃汛期冲刷下降的特点，其冲淤变化幅度也基本接近。2008年汛后，数学模型计算值为327.70 m，实测值为327.72 m，两者相差0.02 m。

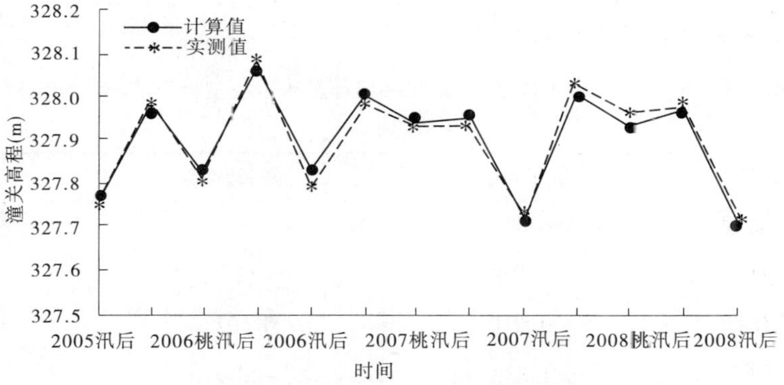

图2-13　2005年汛后至2008年汛后潼关高程变化过程

B. 冲淤量及分布

a. 桃汛期沿程冲淤分布

桃汛期三门峡库区一般不进行大断面测量，2006年桃汛期为配合“利用并优化桃汛洪水冲刷降低潼关高程试验”对部分断面进行了加测，利用该资料对对应时段数学模型计算的冲淤分布进行验证，图2-14为桃汛期黄淤41以下断面冲淤面积沿程分布情况。

从图2-14可以看出，2006年桃汛期黄淤41以下断面冲淤面积沿程变化数模计算值与实测值基本一致。该图说明桃汛期三门峡库区距坝60 km以上以冲刷为主，距坝60 km以下断面则是以淤积为主，桃汛期库区冲淤调整的主要特点是前期淤积物向坝前推进。

b. 非汛期、汛期冲淤分布

表2-1给出了2006～2008年黄淤41断面—坝址淤积量变化过程。可以看出，各时

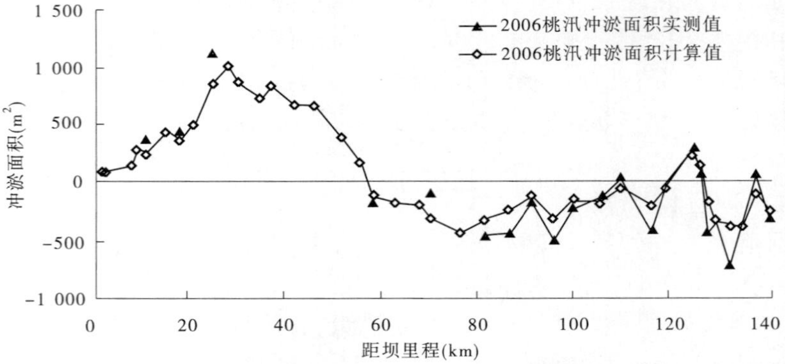

图 2-14　2006 年桃汛期黄淤 41 以下断面冲淤面积沿程变化

段模型计算值与实测值总体上比较接近,2007 年冲淤量计算值和实测值相差较大,其中 2007 年非汛期黄淤 41 断面—坝址淤积量实测值为 0.921 亿 t,计算值为 0.592 亿 t,两者相差 0.329 亿 t。对比分析 2007 年非汛期潼关水文站来沙量为 0.631 亿 t,比实测淤积量少 0.290 亿 t,可见即使入库沙量全部淤积下来也远远小于黄淤 41 断面—坝址淤积量实测值,由此认为可能是该时段测量误差较大导致模型计算值和实测值差异较大。至 2008 年汛后,黄淤 41—坝址累计淤积量模型计算值是 0.562 亿 t,实测值是 0.670 亿 t,两者相差 0.108 亿 t,模型计算结果比较合理。

表 2-1　2006 ~ 2008 年黄淤 41 断面—坝址淤积量模型计算值与实测值对比

(单位:亿 t)

时段	潼关沙量	计算冲淤量	实测冲淤量
2006 年非汛期	0.873	0.787	0.871
2006 年汛期	1.698	-0.586	-0.685
2007 年非汛期	0.631	0.592	0.921
2007 年汛期	1.833	-0.497	-0.720
2008 年非汛期	0.684	0.597	0.626
2008 年汛期	0.712	-0.331	-0.343
累计		0.562	0.670

图 2-15 ~ 图 2-17 进一步给出了不同时期各河段冲淤变化。可以看出,黄淤 30 以下河段非汛期的淤积量和汛期的冲刷量其计算值多小于实测值,黄淤 36—黄淤 41 冲淤变化量值很小,计算值和实测值也存在误差,其差异受时间节点控制和测验方法影响:模型计算时段按非汛期和汛期划分,实测值为断面法,测验时间为 4 月和 9 月。总体来看,各河段冲淤分布模型计算值与实测值符合较好,能够反映库区的冲淤变化规律。

对潼关高程变化、桃汛期沿程冲淤分布及非汛期、汛期冲淤分布等方面的验证结果表明,本模型基本能够反映三门峡水库冲淤变化规律,可用于研究桃汛洪水对潼关高程的影响。

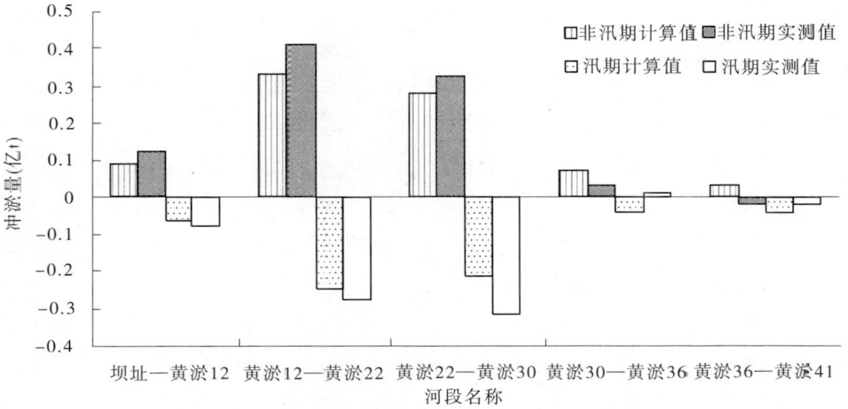

图 2-15　2006 年汛期、非汛期不同河段冲淤量变化

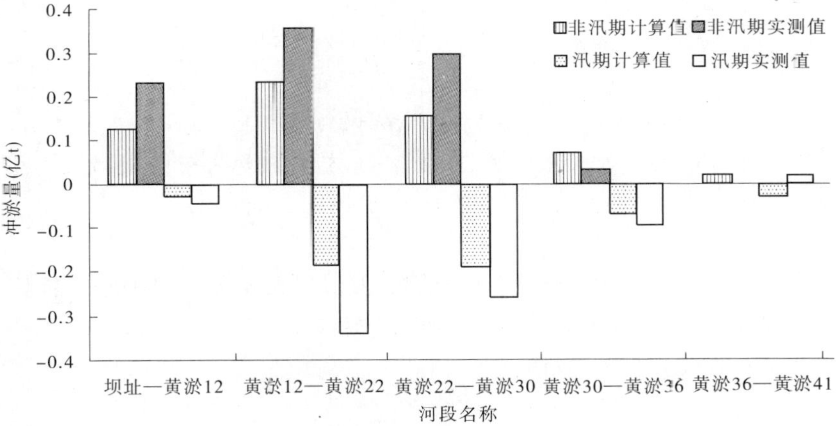

图 2-16　2007 年汛期、非汛期不同河段冲淤量变化

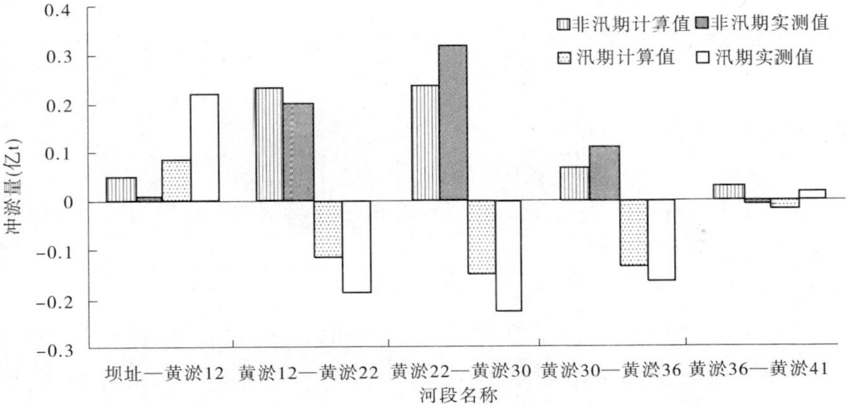

图 2-17　2008 年汛期、非汛期不同河段冲淤量变化

2.2.2 万家寨水库和天桥水库排沙模型

该部分内容是在三门峡水库一维恒定流水沙数学模型基础上开展的拓展应用研究。鉴于万家寨水库、天桥水库的水沙和库区地形等基础水文资料匮乏，模型暂未开展详细的长系列验证计算，目前进行了特定水沙条件下的库区排沙预测等。

2.2.2.1 模型介绍

该数学模型的基本方程包括水流连续方程、水流运动方程、泥沙连续方程（或称悬移质扩散方程）及河床变形方程，不考虑侧向入汇。

方程形式与恢复饱和系数和糙率计算、泥沙颗粒沉速计算与修正、床沙级配调整模式、子断面含沙量与断面平均含沙量的关系、断面概化与冲淤修正等，以及基本方程的离散均与2.2.1节相同，只有非均匀沙分组挟沙力和流量变化及蓄水量采用的计算方法不同，分别如下。

1）非均匀沙分组挟沙力计算公式

$$S_{*k} = S_*(P_{uk}h_u S_{*k}^{(1)} + S_k)/\sum_{k=k_d}^{nfs}(P_{uk}S_{*k}^{(1)} + S_k) \quad (k \geqslant k_d)$$

$$S_{*k} = \min(S_{*k_d}\omega_{k_d}/\omega_k, S_k + P_{uk}h_u\gamma'/(\omega_k\Delta t)) \quad (k < k_d)$$

水流挟沙力计算采用张红武水流挟沙力公式，式中的 k 为粒径组，k_d 为床沙质最小粒径组编号，P_{uk} 为表层床沙级配，h_u 为交换层厚度。

2）流量变化及蓄水量计算

洪水演进至坝前，由于水库调蓄或因泄流规模的限制，不能及时出库，出现进、出库流量差别较大的情形，流量沿程分配采用以下处理方法：

对于水库水平回水以上任一断面流量，有

$$Q_i = Q_{out}$$

对于水库水平回水区，有

$$Q_i = Q_{out} + (Q_{in} - Q_{out})\sum A_i/A_{水平}$$

式中：Q_{in}、Q_{out} 分别为入、出库流量；$A_{水平}$ 为水库平面面积；$\sum A_i$ 为第 i 库段以下平面面积。

在冲淤过程中，水库蓄水量为

$$V_t = V_0 + 0.5(Q_{in} - Q_{out}) - \beta\Delta Ws_t$$

式中：β 为淤积物干容重的函数；ΔWs_t 为任一时刻 t 的冲淤量，淤积为“+”，冲刷为“-”。

2.2.2.2 模型验证

1）万家寨水库排沙验证

（1）计算条件。计算地形采用2007年汛后地形，计算库段范围为WD00～WD65断面，总长度为72.3 km；验证时段采用2008年桃汛期；入库流量、含沙量均采用头道拐站日均值，出库流量过程为河曲站日均流量，坝前水位为根据实测水位过程整编的日均水位。河床级配及入库悬沙级配根据实测资料进行了适当内插。库区沿程糙率根据实测水位推定（变化范围为0.018～0.025）。

(2)验证计算结果分析。2008 年 3 月 18 ~27 日,万家寨水库出库含沙量验证计算结果见表 2-2,计算出库沙量为 0.164 亿 t,排沙比为 1.48;实测出库沙量 0.195 亿 t,排沙比为 1.77,计算值较实测值偏小 16.4%,基本可以满足计算精度要求。从表 2-2 中可以看出,计算含沙量过程与实测含沙量相差较大,初步分析造成这种差异的原因为:头道拐站距 WD65 断面尚有一段距离,其间的含沙量沿程变化不能较准确的预测;头道拐站悬沙级配及河床床沙级配受测验条件限制,不能准确给出,这将对模型的挟沙力计算产生较大影响;由于水库开启闸门造成的坝前水流具有较强的非恒定性,目前的恒定流模型尚不能模拟。

表 2-2　2008 年桃汛期间万家寨水库出库含沙量计算结果

日期(年-月-日)	头道拐站日均流量(m^3/s)	头道拐站日均含沙量(kg/m^3)	河曲站流量(m^3/s)	计算出库含沙量(kg/m^3)	河曲站实测含沙量(kg/m^3)
2008-03-18	990	6.15	870	7.42	2.47
2008-03-19	1 240	12.50	742	6.89	0.85
2008-03-20	1 400	12.71	714	5.70	0.85
2008-03-21	1 500	10.27	1 110	6.59	0.80
2008-03-22	1 580	7.72	1 540	8.04	0.73
2008-03-23	1 660	8.01	2 080	10.27	4.72
2008-03-24	1 760	9.77	2 680	16.87	4.03
2008-03-25	1 820	8.90	2 570	21.96	50.97
2008-03-26	1 650	5.66	1 380	20.14	42.68
2008-03-27	1 230	4.09	487	7.29	21.28
水、沙量	12.81 亿 m^3	0.111 亿 t	12.25 亿 m^3	0.164 亿 t	0.195 亿 t

2)天桥水电站排沙验证

(1)计算条件。

计算地形采用 2007 年汛后地形,计算库段长度约为 31 km;验证时段采用 2008 年桃汛期;入库流量、含沙量均采用河曲站日均值,出库流量过程为府谷站日均流量。由于缺乏天桥水电站坝前观测水位,计算过程中,坝前水位采用 2007 年 10 月库容曲线控制。河床级配及入库悬沙级配根据实测资料进行了适当内插。库区沿程糙率根据实测水位推定(变化范围为 0.018 ~0.022)。

(2)验证计算结果分析。

2008 年 3 月 18 ~27 日,天桥水电站出库含沙量验证计算结果见表 2-3,计算出库沙量为 0.184 亿 t,排沙比为 0.94;实测出库沙量为 0.154 亿 t,排沙比为 0.79,计算值较实测值偏大19%，基本可以满足计算精度要求。从表2-3中可以看出，计算出库含沙量与实测含沙量相比，在较大流量时比较接近，且沙峰对应也较好，只有小流量时计算的出库含沙量与实测值相差较大，初步分析造成这种差异的原因主要是天桥水库库容较小，闸门频繁启闭造成的坝前水流具有较强的非恒定性，从而引起库区排沙出现较大的变化，而目前的恒定流模型尚不能模拟。

表2-3　2008年桃汛期间天桥水电站出库含沙量计算结果统计

日期（年-月-日）	河曲站流量（m^3/s）	河曲站含沙量（kg/m^3）	府谷站流量（m^3/s）	计算出库含沙量（kg/m^3）	府谷站实测含沙量（kg/m^3）
2008-03-18	870	2.47	1 090	6.09	1.4
2008-03-19	742	0.85	920	5.41	0.9
2008-03-20	714	0.85	824	5.46	0.8
2008-03-21	1 110	0.80	934	5.20	0.8
2008-03-22	1 540	0.73	1 570	4.78	0.9
2008-03-23	2 080	4.72	1 920	7.18	4.3
2008-03-24	2 680	4.03	2 330	6.58	13.6
2008-03-25	2 570	50.97	2 420	41.02	30.4
2008-03-26	1 380	42.68	1 460	29.95	29.4
2008-03-27	487	21.28	886	13.80	19.1
水、沙量	12.25亿m^3	0.195亿t	12.40亿m^3	0.184亿t	0.154亿t

2.3　实体模型设计原理

为了分析研究不同水沙条件对潼关高程和库区冲淤变化的影响，制作了三门峡库区实体模型。

2.3.1　相似条件

鉴于黄河水沙条件及河床边界条件的复杂性，20世纪80年代末，黄河水利科学研究院在前人研究成果[23-25]的基础上，对黄河动床模型的相似条件进行了深入的探讨和研究，提出了一套完整的模型相似律[26]，并在模型试验中广泛采用，使其日臻完善。相似律主要由以下公式组成：

水流重力相似条件

$$\lambda_V = \lambda_H^{0.5} \tag{2-27}$$

水流阻力相似条件

$$\lambda_n = \frac{\lambda_R^{2/3}}{\lambda_V}\lambda_J^{0.5} \tag{2-28}$$

泥沙悬移相似条件

$$\lambda_\omega = \lambda_V \frac{\lambda_H}{\lambda_{\alpha_*}\lambda_L} \tag{2-29}$$

水流挟沙相似条件

$$\lambda_s = \lambda_{s_*} \tag{2-30}$$

河床冲淤变形相似条件

$$\lambda_{t_2} = \frac{\lambda_{\gamma_0}\lambda_L}{\lambda_s\lambda_V} \tag{2-31}$$

泥沙起动及扬动相似条件

$$\lambda_{V_c} = \lambda_V = \lambda_{V_f} \tag{2-32}$$

河型相似条件

$$\left[\frac{(D_{50}H(\gamma_s - \gamma)/\gamma)^{\frac{1}{3}}}{iB^{\frac{2}{3}}}\right]_{模型} = \left[\frac{(D_{50}H(\gamma_s - \gamma)/\gamma)^{\frac{1}{3}}}{iB^{\frac{2}{3}}}\right]_{原型} \tag{2-33}$$

式中：λ_L 为水平比尺；λ_H 为垂直比尺；λ_V 为流速比尺；λ_n 为糙率比尺；λ_J 为比降比尺；λ_ω 为泥沙沉速比尺；λ_R 为水力半径比尺；λ_{V_c}、λ_{V_f}分别为泥沙起动流速、扬动流速比尺；λ_{α_*} 为平衡含沙量分布系数比尺；λ_s、λ_{s_*} 分别为含沙量及水流挟沙力比尺；λ_{t_2}为河床变形时间比尺；λ_{γ_0} 为淤积物干容重比尺；B 为造床流量下河宽；H 为造床流量下平均水深；J 为河床比降；γ_s、γ 分别为泥沙、水的容重；D_{50}为床沙中值粒径。

对于三门峡水库而言，汛期处于敞泄或者低水位运用，发生异重流的几率很小，故模型设计不考虑异重流相似。

值得说明的是，对于水库模型，河型相似条件并不作为确定具体比尺的依据，而仅用来校核所设计的模型的上段与原型是否处于同一河型。

为保证模型与原型水流流态相似，还需满足如下两个限制条件：

（1）模型水流必须是紊流，故要求模型水流的雷诺数满足

$$Re_{*m} > 8\ 000 \tag{2-34}$$

（2）模型水流不受表面张力的干扰，故模型水深应满足

$$h_m > 1.5\ \text{cm} \tag{2-35}$$

在式（2-34）中，Re_{*m}为模型中浑水有效雷诺数，当含沙量较小时，为一般雷诺数的 4 倍。当用于二维明渠时，有效雷诺数 Re_* 由下式表示

$$Re_* = \frac{4\gamma_m VH}{g\eta_s(1 + \frac{\tau_{BT}H}{2\eta_s V})} \tag{2-36}$$

式中：γ_m 为浑水容重；V 为流速；τ_{BT} 为动水时的宾汉剪切力；η_s 为刚度系数。

2.3.2 模型设计比尺

2.3.2.1 几何比尺

根据试验研究任务要求，模拟范围主要是潼关附近河段。现有的三门峡水库模型包括三门峡大坝至潼关、潼关至上源头（黄淤 45）断面及渭河从黄渭交汇口至华县，模拟范围为坝址以上约 200 km 的范围。据场地条件确定模型水平比尺 $\lambda_L = 420$，取 $\lambda_H = 50$，模型几何变率 $D_t = 420/50 = 8.4$。

根据张红武变态模型相对保证率的概念[27]、窦国仁提出的限制模型变率的关系式[28]及张瑞瑾等[29]提出的河道水流二度性的模型变态指标D_R，对变率的合理性进行检验。检验结果表明，模型采用 $D_t = 8.4$ 在各家公式所限制的变率范围之内，几何变态的影响也有限，可以满足工程实际需要。

该模型在“潼关高程控制及三门峡水库运用方式研究”项目中，进行了验证和多组方案试验，包括不同的水沙过程、不同的三门峡水库运用水位及不同的河道工程条件，较好地模拟了潼关高程及三门峡库区冲淤演变规律。本次研究主要针对不同水沙方案研究潼关高程及库区冲淤调整，在已有三门峡水库模型的基础上开展模拟试验具有较好的基础。

2.3.2.2 模型沙选择

在动床河工模型试验中，模型沙特性对于正确模拟原型泥沙运动规律具有重要作用。特别是对于本次试验需要模拟库区冲淤调整幅度较大的原型情况来说，既要保证淤积相似，又要保证冲刷相似，因此对模型沙的物理、化学等基本特性有更高的要求。例如模型沙在潮湿的环境中固结严重，将使起动流速增加，致使模型河床冲淤相似性明显偏差（特别是影响冲刷过程的相似性）。清华大学水利水电工程系曾于 1990 年开展了 $D_{50} \leqslant 0.038$ mm 的电木粉起动流速试验，结果为：当 $h = 10$ cm 时，初始条件下 $V_c = 10.8$ cm/s；在水下沉积两天后，V_c 增加到 12 cm/s；在水下沉积两个月后，$V_c = 21$ cm/s；而脱水固结两周后，即使流速增至 28 cm/s，电木粉也不能起动。

黄河水利科学研究院也曾进行了郑州热电厂粉煤灰（$\gamma_s = 20.58$ kN/m^3，$D_{50} = 0.035$ mm）及山西煤屑（$\gamma_s = 14.7$ kN/m^3，$D_{50} = 0.05$ mm）两种模型沙的起动流速试验（见图 2-18），可以看出，在相近水深条件下，山西煤屑的起动流速小，但随着沉积时间的增加有大幅度的增加。例如在水深同为 4 cm 的条件下，水下固结 96 h 后，起动流速从初始的 5.95 cm/s 达到 8.4 cm/s，脱水固结 96 h 后可达 13.1 cm/s。而郑州热电厂粉煤灰的起动流速大，但随固结时间增加所受的影响明显较小。

大量研究还表明[26]，郑州热电厂粉煤灰的物理化学性能较为稳定，同时还具备造价低、宜选配加工等优点，在黄河下游游荡型河段模拟试验中取得了成功的经验。因此，选用郑州热电厂粉煤灰作为本动床模型的模型沙，该模型沙土力学特性试验成果见表 2-4。

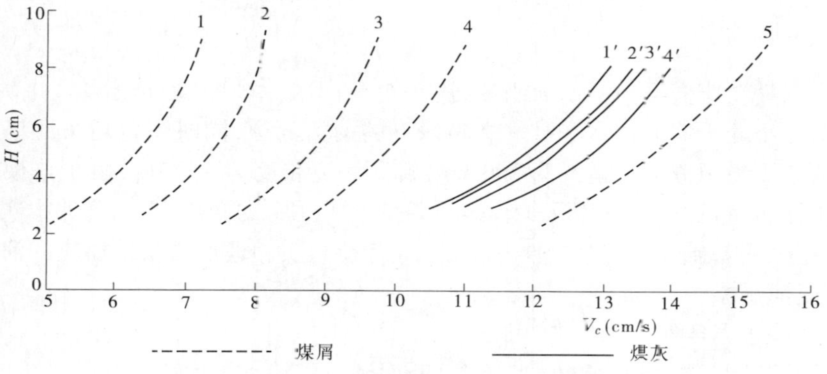

1、1′—初始;2、2′—水下固结;3、3′—水下固结 96 h;4—煤屑脱水固结 48 h;

5—煤屑脱水固结 96 h;4′—煤屑脱水固结 120 h

图 2-18　不同模型沙起动流速试验结果

表 2-4　郑州热电厂粉煤灰土力学特性试验成果

容重 γ_s (kN/m³)	干容重 γ_0 (t/m³)	内摩擦角 (°)	水下休止角 (°)	凝聚力 c (kg/cm)
20.58	0.66	31.2	29.5 ~ 30.5	0.06

2.3.2.3　模型比尺的确定

根据前文所述的模型几何比尺及对模型沙土力学特性的分析结果，把有关的指标代入所遵循的相似条件，计算确定各比尺值，主要比尺汇总结果见表 2-5。

表 2-5　三门峡库区模型主要比尺汇总

比尺名称	比尺数值	依据	说明
水平比尺 λ_L	420	根据试验要求及场地条件	
垂直比尺 λ_H	50		
流速比尺 λ_V	7.07	式(2-28)	
流量比尺 λ_Q	148 492	$\lambda_Q = \lambda_L \lambda_H \lambda_V$	
糙率比尺 λ_n	0.662 3	式(2-29)	
沉速比尺 λ_ω	1.25	$\lambda_\omega = \lambda_V (\frac{\lambda_H}{\lambda_L})^{0.97} \exp\left[4.4(\frac{\omega}{\kappa u_*})_p (\frac{\lambda_V}{\lambda_\omega}\sqrt{\frac{\lambda_E}{\lambda_L}} - 1)\right]$	$\omega/\kappa u_* \leqslant 0.15$ 的细沙
容重差比尺 $\lambda_{\gamma_s-\gamma}$	1.5	模型沙为郑州热电厂煤灰	$\gamma_{sm} = 20.58$ kN/m³
起动流速比尺 λ_{V_c}	7.43	式(2-32)	
含沙量比尺 λ_s	1.80	综合值	
干容重比尺 λ_{γ_0}	1.74	$\lambda_{\gamma_0} = \gamma_{0p}/\gamma_{0m}$	
水流运动时间比尺 λ_{t_1}	59.40	$\lambda_{t_1} = \lambda_L / \lambda_V$	
河床变形时间比尺 λ_{t_2}	57.43	式(2-31)	

2.3.3 模型复演

三门峡水库动床模型由三部分组成,潼关至三门峡大坝库段、黄淤45(上塬头)断面至潼关的黄河小北干流河道及华县水文站以下的渭河河道,同时还包括了北洛河朝邑至其河口的河道。模拟原型河道约为200 km,模型河道长度为477 m。由于该模型较长时间缺乏正常运转,再加上现状库区工程边界条件有了一定的变化,为了确保本次试验的准确性,在原模型的基础上,通过2004年实测水沙资料、实测地形资料及相应的河道工程条件,进行了复演试验。

2.3.3.1 试验边界条件

复演试验范围主要是黄淤45(上塬头)断面到三门峡大坝库段。初始地形为2004年桃汛前地形。模型进口为小北干流上塬头,以及渭河华县水文站;出口为三门峡大坝,按2004年三门峡库区实际坝前水位控制。

复演试验时段为2004年3月16日到10月31日,经历桃汛期、非汛期、汛期,流量和含沙量过程见图2-19。桃汛洪水期潼关站最大流量为1 780 m^3/s,相应渭河华县站流量为83.2 m^3/s;汛期潼关站最大日均流量为1 960 m^3/s、最大含沙量为331 kg/m^3;汛期华县站最大日均流量为803 m^3/s,最大含沙量为544.2 kg/m^3。潼关站总来水量124.7亿 m^3、来沙量为2.540亿t,其中汛期水量为74.8亿 m^3、沙量为2.32亿t,华县站总来水量为25.9亿 m^3、来沙量为1.084亿t,其中汛期水量为18.24亿 m^3、沙量为1.084亿t,详见表2-6。

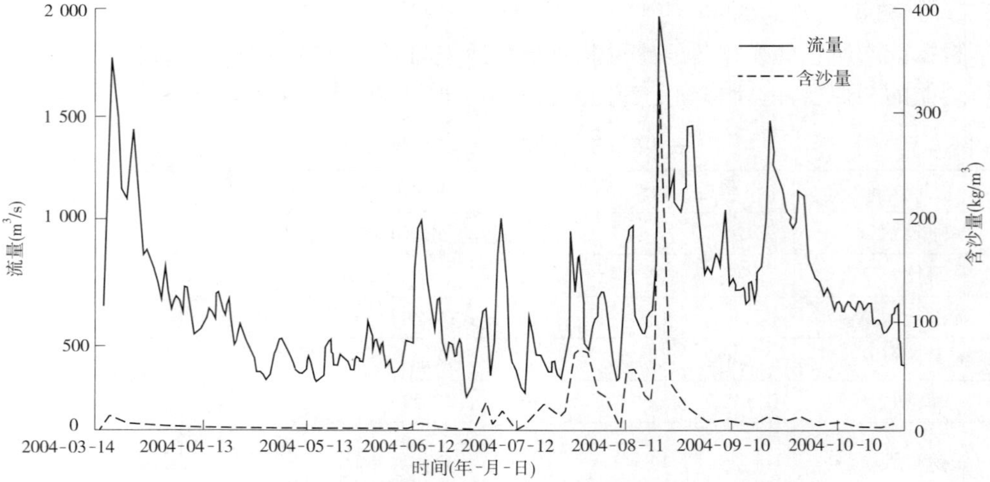

表2-19 复演试验潼关站流量和含沙量过程

表2-6 复演试验过程水沙特征

站名	天数(d)	水量(亿 m^3)	平均流量(m^3/s)	最大流量(m^3/s)	沙量(亿t)	平均含沙量(kg/m^3)	最大含沙量(kg/m^3)
潼关	230	124.7	627	1 960	2.540	20.3	331.1
华县	230	25.9	131	803	1.084	41.8	544.2

2.3.3.2 复演试验结果

1)河势演变

模型试验河段可分为小北干流汇流区河段(黄淤45断面—潼关)和三门峡库区河段(潼关至大坝)两部分。汇流区河段位于小北干流河段末端,受渭河、北洛河汇流影响,为典型的游荡性河道,比降平缓,河床宽浅、散乱,主流摆动频繁。潼关以下库区段河长113.5 km左右,为河道型水库,主槽明显,宽500 m左右,平均比降约为2‰,受水库运用影响较大。其中,库区中下段(黄淤26断面—大坝)滩高槽深,主流被缩束在狭窄的河槽内,河势较为稳定。因此,试验中河势的演变情况,主要针对汇流区河段(黄淤45断面—潼关)及潼关—大禹渡(黄淤30)的河势流路变化进行观测研究。

试验结果表明,经过桃汛洪水、非汛期和汛期洪水过程的作用,试验结束时河势与实际汛后目估河势基本吻合。在汇流区,由于该河段两岸工程相距较远,工程对河道的控导力不够,汇流区河段的河势特点主要表现为宽浅、散乱、游荡。试验初期,河出黄淤45断面后呈东西两股流平稳经过牛毛湾工程,其中右岸一侧为主流,分流比约为60%,两股河在渭河口上游附近汇合。

潼关至坫埼河段洪水时为多股河,洪水过后又为一股河,河势变化较大。

总体来看,复演试验中局部河段河势的上提下挫与原型存在差异,如大禹渡工程靠溜长度、古贤工程靠溜长度略有不同等,大部分河段河势变化结果与2004年汛后河势变化基本一致,见图2-20、图2-21。

2)沿程水位

模型在各级流量下的水面线与原型相似是保证模型与原型阻力相似的基本条件。潼关高程是试验研究的重要内容,是潼关附近水面线变化的直接反映。表2-7为原型实测和模型试验的潼关高程变化情况,试验前(桃汛前)潼关高程初始值相同,桃汛期模型潼关高程下降0.10 m,较原型偏少0.02 m(见图2-22);桃汛后到汛前潼关高程回升值模型为0.23 m,较原型偏高0.03 m;汛期模型下降值为0.34 m,较原型偏低0.01 m;到汛后模型潼关高程为327.96 m,较原型偏高0.06 m。

表2-7 潼关高程变化原型模型对比 (单位:m)

时段	原型		模型		模型与原型高程差
	潼关高程	变化值	潼关高程	变化值	
桃汛前	328.17		328.17		0
桃汛后	328.05	-0.12	328.07	-0.10	0.02
汛前	328.25	0.20	328.30	0.23	0.05
汛后	327.90	-0.35	327.96	-0.34	0.06

不同时期(桃汛期、非汛期、汛期)及不同流量条件下原型与模型的水面线如图2-23~图2-26所示。从中可以看出,模型试验水位的变化过程与原型基本一致,模型与原型水位的差别桃汛期最大不超过0.08 m。汛期洪水期间,仅在洪峰时略有出入,误差值范围小于15%。在洪水过程的起涨阶段、洪峰阶段、落水阶段的水位涨落趋势一致。

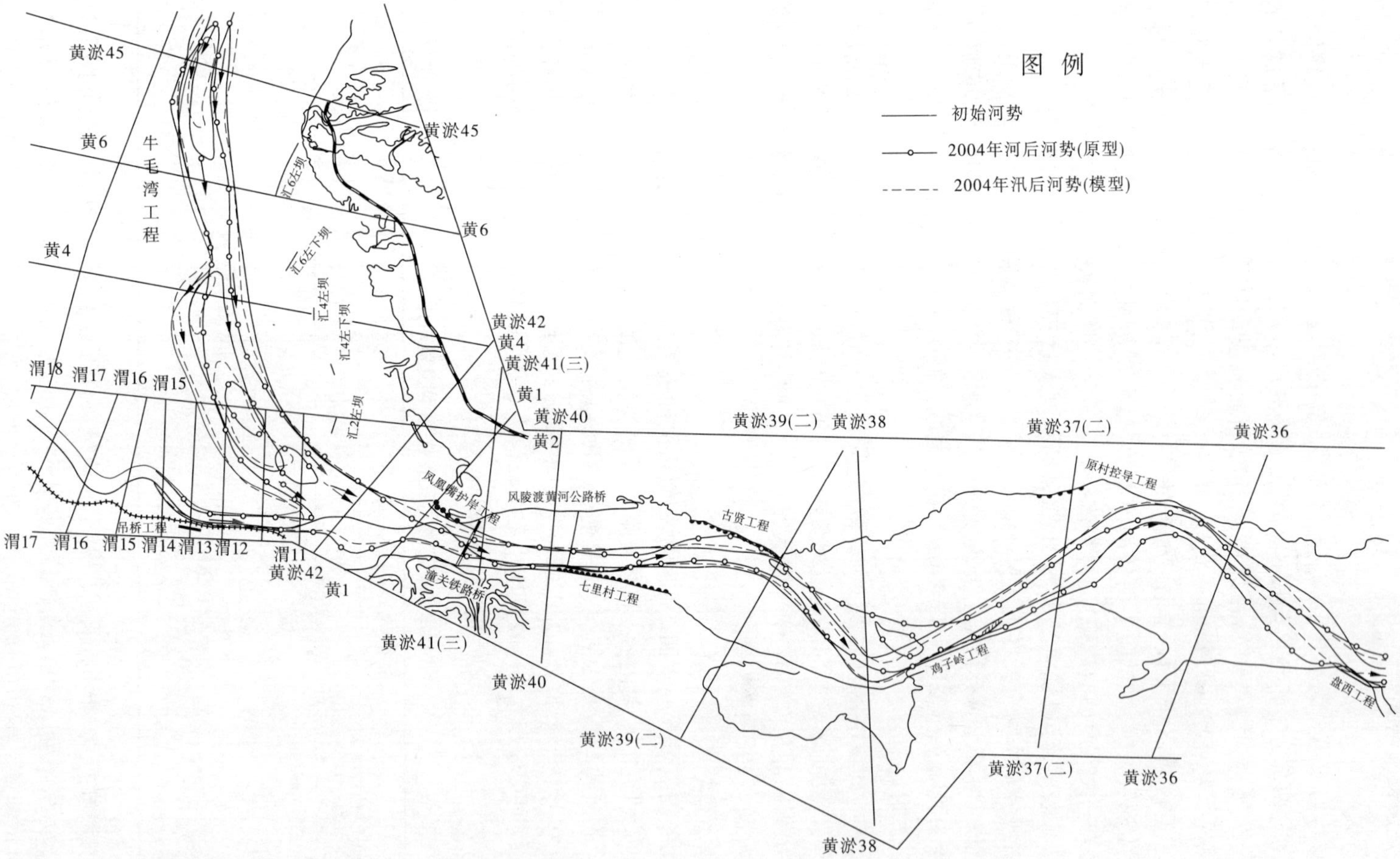

图2-20 复演试验河势(黄淤45—黄淤36)

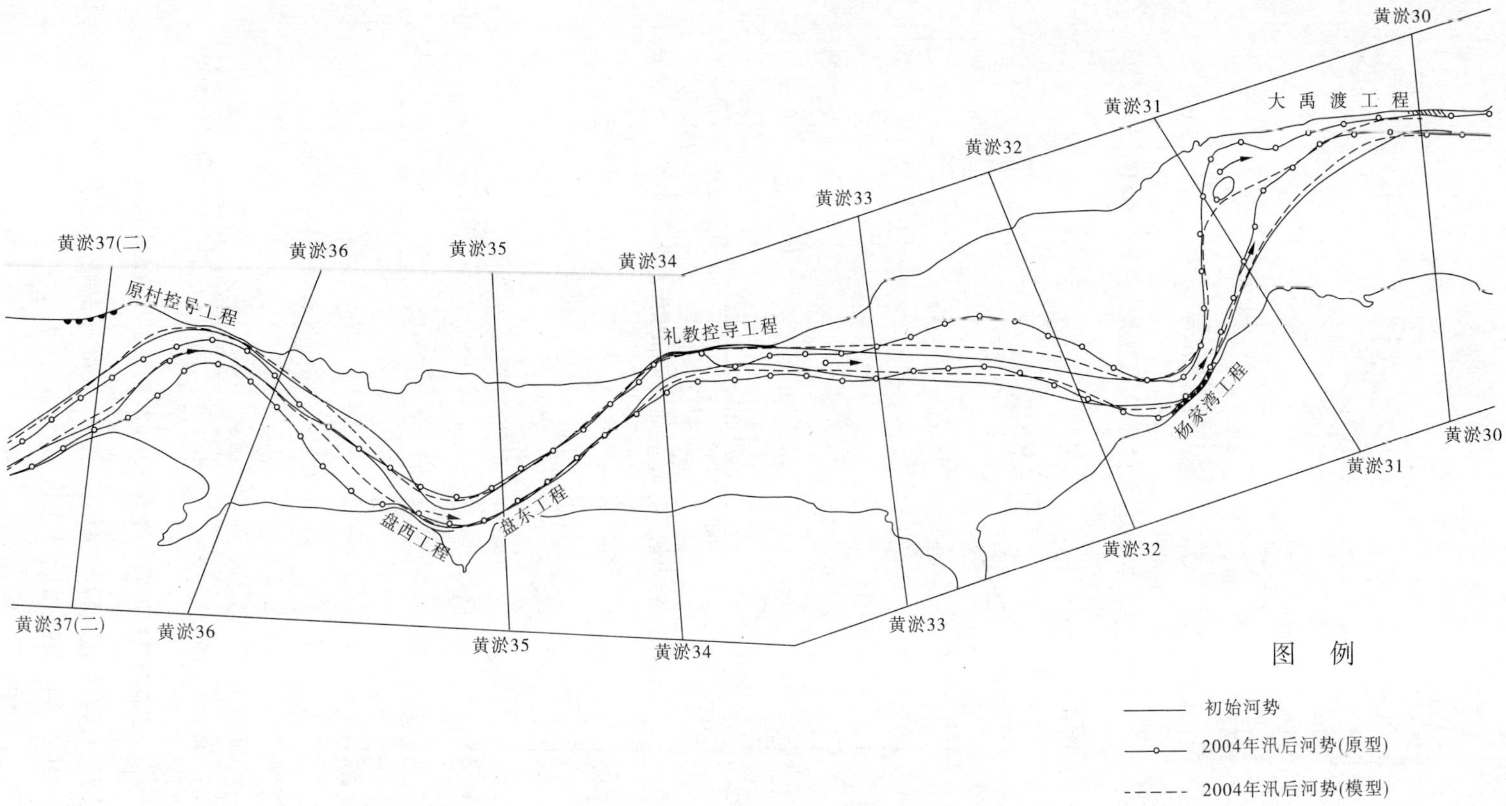

图2-21 复演试验河势(黄淤37—黄淤30)

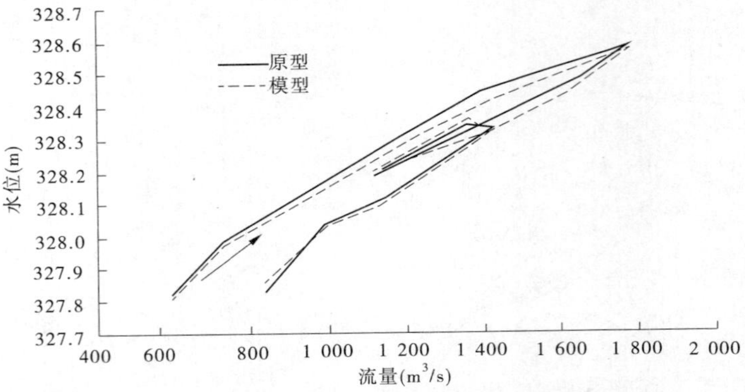

图 2-22　桃汛期潼关(六)原型和模型水位流量关系对比

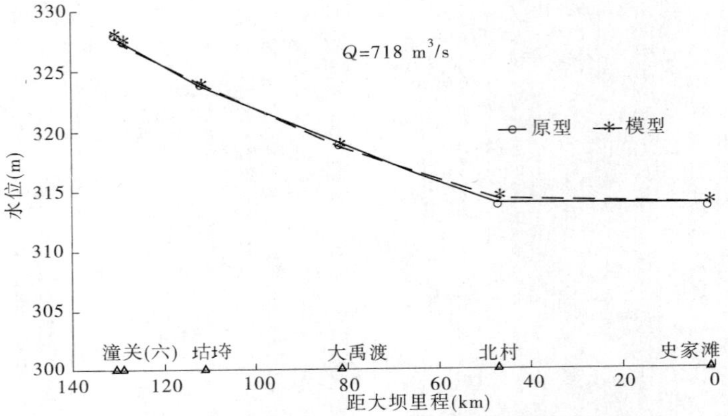

图 2-23　桃汛前 718 m³/s 时原型和模型水面线对比

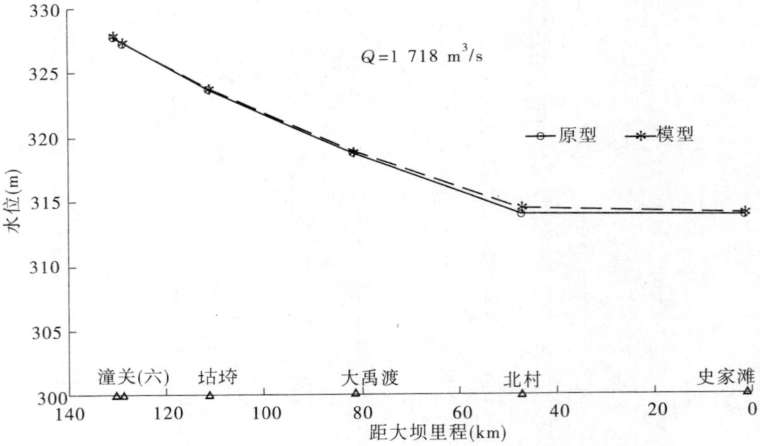

图 2-24　桃汛期洪峰 1 780 m³/s 时原型和模型水面线对比

试验结果表明,定性上模型与原型完全一致,定量上略有差别,对于冲淤变化复杂的潼关河段而言,基本可以满足试验要求。

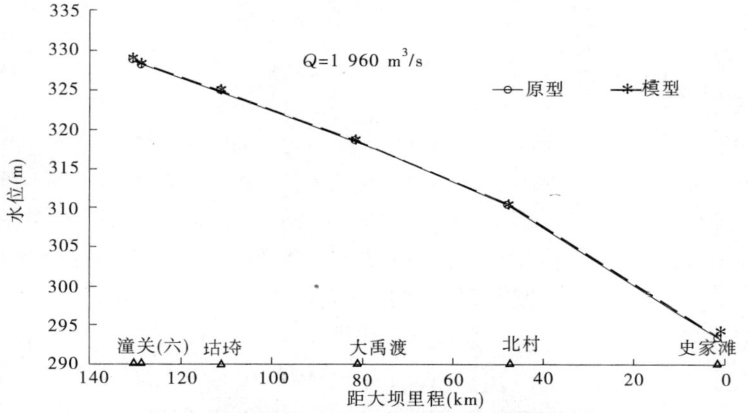

图 2-25　汛期洪峰流量 1 960 m³/s 时原型和模型水面线对比

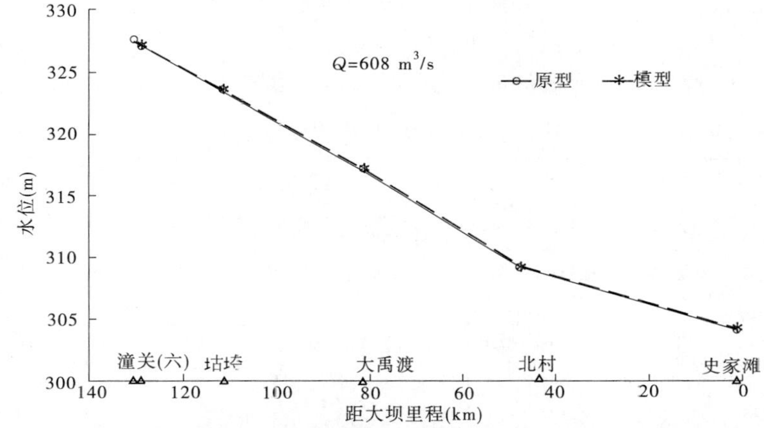

图 2-26　汛期落水阶段流量 608 m³/s 时原型和模型水面线对比

3）含沙量过程

非汛期黄河干流、渭河与北洛河来水的含沙量均很小，同时非汛期水库坝前水位偏高，水库下泄清水。图 2-27 为潼关（八）断面原型及模型含沙量过程对比。

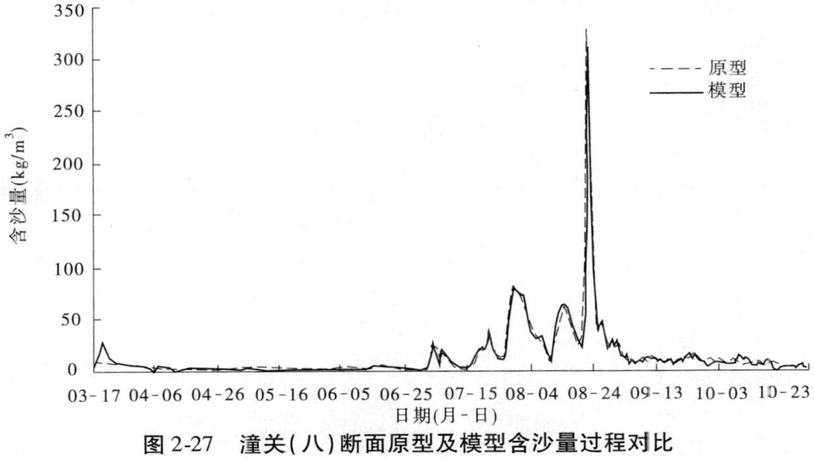

图 2-27　潼关（八）断面原型及模型含沙量过程对比

从潼关站的含沙量过程线可以看出，原型与模型含沙量的变化定量上非常接近，在精度上能够满足试验要求。

4)库区冲淤变化

表2-8为三门峡库区模型和原型冲淤量对比，从库区冲淤总量上来看，试验时段模型冲刷量为0.134亿m^3，较原型偏少0.004亿m^3，占4%；各时期存在差异，桃汛期模型淤积0.137亿m^3，较原型偏多0.004亿m^3，占3%；桃汛后的蓄水运用期模型淤积0.108亿m^3，较原型偏少0.012亿m^3，占10%；汛期模型冲刷0.379亿m^3，较原型偏少0.013亿m^3，占3%。从各河段冲淤量变化看，模型的冲淤分布与原型基本一致，个别河段冲淤量模型与原型差值达30%～40%，但绝对量值小，大部分河段的冲淤还是相近的。

图2-28和图2-29分别为桃汛期和汛期三门峡库区模型和原型冲淤分布对比，可以看出，桃汛期潼关以下的冲淤沿程变化过程模型试验结果与原型基本一致，都以上段冲刷、下段淤积为主，冲淤分界试验结果偏上1个断面；汛期冲刷模型和原型都集中在库区中段黄淤19—黄淤33断面上下，黄淤19断面以下均为淤积，在黄淤19断面以下的淤积量模型试验值略小于原型值，而上段的冲淤分界模型与原型略有不同，但淤积量均较小。

表2-8　三门峡库区原型、模型分段冲淤量　　(单位:亿m^3)

时段	坝前—黄淤22		黄淤22—黄淤30		黄淤30—黄淤36		黄淤36—黄淤41		坝前—黄淤41	
	原型	模型	原型	模型	原型	模型	原型	模型	原型	模型
桃汛期	0.225	0.212	-0.039	-0.034	-0.061	-0.047	0.009	0.006	0.133	0.137
桃汛后-汛前	0.015	0.022	0.066	0.051	0.041	0.034	-0.001	0.001	0.120	0.108
汛期	0.008	0.007	-0.397	-0.360	-0.068	-0.074	0.065	0.048	-0.392	-0.379

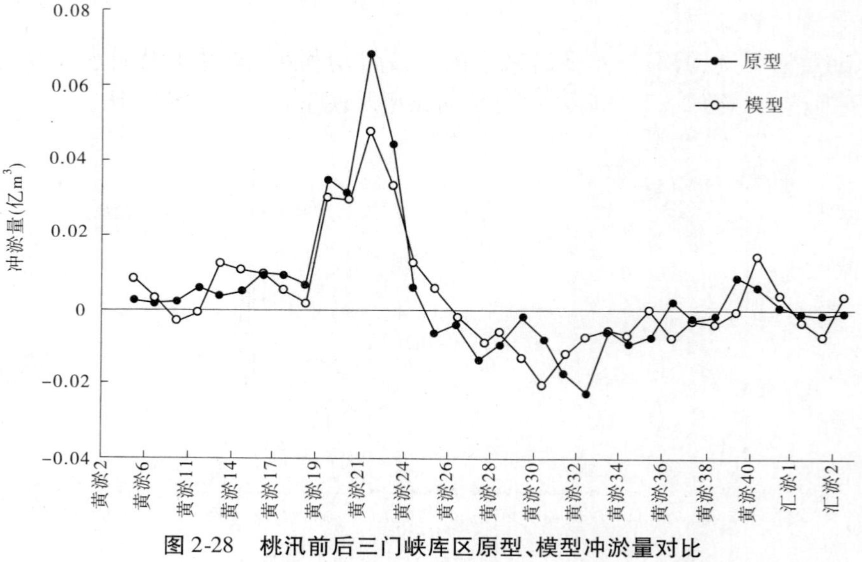

图2-28　桃汛前后三门峡库区原型、模型冲淤量对比

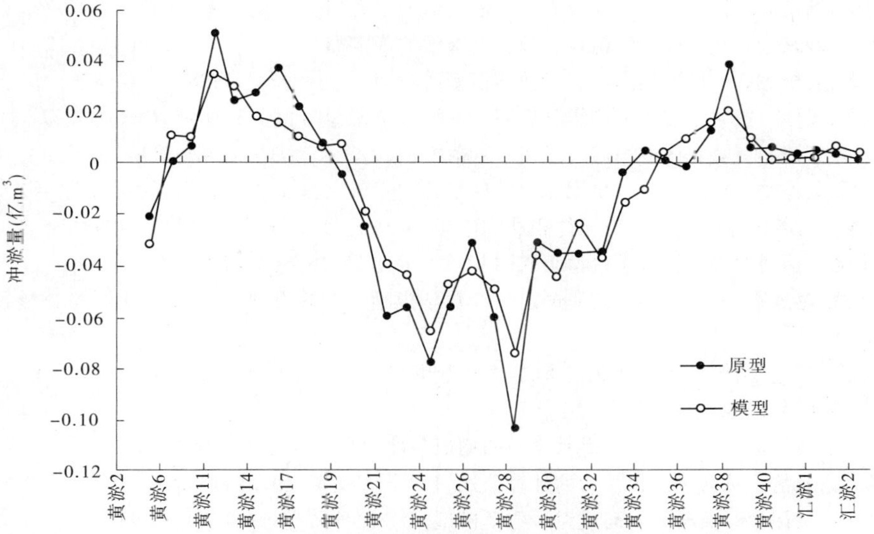

图 2-29　汛前至汛后三门峡库区原型、模型冲淤量对比

总体来看,本次试验结果虽然个别河段或测次与原型有一定差异,但总体冲淤分布及冲淤总量与原型相近,可以满足试验精度要求。

2.4　小　结

(1)建立了黄河北干流府谷—潼关河段一维非恒定流水沙演进数学模型,对2008年桃汛洪水过程进行了验证,结果表明,潼关断面的流量、含沙量计算过程和传播时间与实测资料基本符合,可以反映流量含沙量沿程变化特点,可用于计算分析天桥到潼关洪水演进和含沙量沿程变化。

(2)根据水动力学和泥沙运动学理论及相关公式,建立了三门峡库区一维恒定流泥沙数学模型。对潼关高程变化、桃汛期沿程冲淤分布及非汛期、汛期冲淤分布等方面的验证结果表明,模型基本能够反映三门峡水库冲淤变化规律,可以用于研究桃汛洪水对潼关高程的影响。

(3)构建了万家寨水库和天桥水库水动力学排沙模型,通过实测资料验证分析,与实际测验结果基本符合,可以用于预测水库优化运用后的出库含沙量过程,预测两水库冲淤量。

(4)制作了三门峡库区实体模型,验证结果表明,模型在河床冲淤总量、水位、河势等方面与原型基本相似,库区冲淤分布总体与原型相近,可以满足试验精度要求。

参 考 文 献

[1] H Capart,T I Eldho,S Y Huang,etal. Treatment of Natural Geometry in Finite Volume River Flow Computations[J]. Journal of Hydraulic Engineering,2003,129(5):385-393.

[2] 韩其为. 水量百分数的概念及在非均匀悬移质输沙中的应用[J]. 水科学进展,2007(5):633-640.

[3] 何明民,韩其为．挟沙能力级配及有效床沙级配的概念[J]．水力学报,1989(3):17-26.
[4] 何明民,韩其为．挟沙能力级配及有效床沙级配的确定[J]．水力学报,1990(3):1-12.
[5] 李义天,尚全民．一维不恒定流泥沙数学模型研究[J]．泥沙研究,1998(1):81-87.
[6] 梁国亭,张仁．黄河小北干流一维分组泥沙冲淤数学模型[J]．人民黄河,1996(9):37-39.
[7] 彭杨,张红武．三峡库区非恒定一维水沙数值模拟[J]．水动力学研究与进展,2006(3):285-292.
[8] 曲少军,吴保生．黄河水库一维泥沙数学模型的初步研究[J]．人民黄河,1994(1):1-4.
[9] 谭维炎．计算浅水动力学—有限体积法的应用[M]．北京:清华大学出版社,1998.
[10] 王士强．黄河泥沙冲淤数学模型研究[J]．水科学进展,1996(3):193-199.
[11] 张红武,赵连军,等．黄河下游非恒定输沙数学模型——Ⅱ模型验证[J]．水科学进展,2002(3):271-277.
[12] 张红武,赵连军,等．黄河下游非恒定输沙数学模型——Ⅰ模型方程与数值方法[J]．水科学进展,2002(3):265-270.
[13] 张红武,江恩惠．黄河高含沙洪水模型的相似条件[J]．人民黄河,1995(4):1-3.
[14] 张红武,张清．黄河水流挟沙力的计算公式[J]．人民黄河,1992(11):7-9
[15] 张启卫,吴保生．黄河下游河道泥沙数学模型[J]．泥沙研究,1994(2):85-93.
[16] 张淑英,张红武．黄河非均匀沙沉降规律探讨[J]．人民黄河,1995(3):6-8.
[17] 张耀新,韦直林．赣江万安水电站下游一维非恒定流水沙数学模型[J]．广西电力工程,1999(4):71-76.
[18] 赵连军,张红武．黄河下游河道水流摩阻特性的研究[J]．人民黄河,1997(9):17-20.
[19] 钟德钰,彭杨,等．多沙河流的非恒定一维水沙数学模型及其应用[J]．水科学进展,2004(6):706-710.
[20] 张瑞瑾. 河流泥沙动力学[M]. 2 版. 北京:中国水利水电出版社,1998.
[21] 王尚毅. 冲泻质与床沙质[J]. 泥沙研究,1988(6):29-40.
[22] 黄河防总办公室. 黄河防汛基本资料[Z]. 郑州:黄河防总办公室. 2002 年.
[23] 屈孟浩．黄河动床模型试验相似原理及设计方法[C]//黄科所科学研究论文集(第二集). 郑州:河南科学技术出版社,1990.
[24] 李昌华,金德生．河工模型试验[M]．北京:人民交通出版社,1981.
[25] 谢鉴衡．河流模拟[M]．北京:水利电力出版社,1990.
[26] 张红武,江恩惠,白咏梅,等．黄河高含沙洪水模型的相似律[M]．郑州:河南科学技术出版社,1994.
[27] 张红武．河流力学选讲[R]．郑州:黄河水利科学研究,1987.
[28] 窦国仁,柴挺生,等．丁坝回流及其相似律的研究[R]．南京:南京水利科学研究院,1977.
[29] 张瑞瑾,等．论河道水流比尺模型变态问题[C]//第二次河流泥沙国际学术讨论会论文集. 南京:水利电力出版社,1983.
[30] Khalifa, A M, Theoretical and Experimental Study of the Radial Hydraulic Jump[R]. Windsor: Univ. of Windsor, 1980.

第3章　桃汛洪水演进及潼关高程演变机制

由于黄河流域不同河段地理位置的差异，每年的12月到次年的3月，上游的宁蒙河段发生流凌、封河，河道产生槽蓄水增量。3月随着气温的回升，冰凌融化，河道解冻开河，水流在向下演进的过程中随着沿程槽蓄水增量的释放而流量增加，到出口控制站头道拐形成具有一定洪峰和洪量的凌汛洪水过程。冰凌洪水传播到中下游正值桃花盛开的季节，所以称为桃汛。桃汛洪水从头道拐经北干流河段演进到潼关，不仅受自然河道边界条件的影响，还受天桥水库、万家寨水库滞洪和调蓄，区间支流入汇及河床冲淤调整的影响，到潼关站相应的洪峰、洪量、含沙量过程均发生变化。

潼关河段桃汛洪水一般出现在3～4月，具有发生时间相对固定、洪峰流量较大、含沙量小的特点，对潼关高程冲刷下降有利。1998年万家寨水库运用前，桃汛洪水过程受人为因素影响很小，潼关站桃汛洪水历时和洪量相对稳定[1]，1999年后潼关站洪峰流量较小，相应洪水前后潼关高程下降值减小。

3.1　桃汛洪水演进机制

3.1.1　洪水演进特点

3.1.1.1　桃汛洪水传播时间

统计分析1978～1998年头道拐至潼关各水文站之间桃汛洪水的传播时间，不同流量级传播时间不同，按每个河段进口站流量划分，共划分为4级，分别为1 500～2 000 m^3/s、2 000～3 000 m^3/s、3 000～4 000 m^3/s和大于4 000 m^3/s，不同河段洪水的传播时间见表3-1。

表3-1　头道拐—潼关各河段洪水传播时间

河段名称	河段长度(km)	不同流量级传播时间(h)			
		1 500～2 000 m^3/s	2 000～3 000 m^3/s	3 000～4 000 m^3/s	大于4 000 m^3/s
头道拐—河曲	163	16.5	14.8	12.0	12.0*
河曲—府谷	53	10.0	6.5	6.5*	6.5*
府谷—吴堡	242	16.0	16.0*	15.8	15.6
吴堡—龙门	275	20.0	17.8	14.8	15.0
龙门—潼关	128	20.3*	20.3	15.1	14.5
府谷—潼关	645	56.3	54.1	45.7	45.1
河曲—潼关	698	66.3	60.6	52.2	51.6

注：带*号的表示没有该量级洪水，借用相邻量级洪水传播时间。

从头道拐到河曲不同流量级洪峰传播时间分别为：当头道拐洪峰流量为1 500～2 000 m^3/s时，平均传播时间为16.5 h；当头道拐洪峰流量为2 000～3 000 m^3/s时，平均传播时间为14.8 h；当头道拐洪峰流量为3 000～4 000 m^3/s时，平均传播时间为12.0 h。从河曲到府谷，受天桥水库泄水影响，多数年份难以找到与入库对应的洪峰，少数年份受天桥水库影响较小，经分析统计，河曲—府谷桃汛洪水传播时间为：当河曲流量为1 500～2 000 m^3/s时，传播时间为10 h（出现一次）；当河曲流量为2 000～3 000 m^3/s，平均传播时间为6.5 h。

府谷站流量受天桥水库泄流排沙影响变化幅度较大，桃汛期最大流量为1 940～7 800 m^3/s，但府谷—吴堡桃汛洪水传播时间相差较小，为14～18 h；流量为1 500～2 000 m^3/s出现一次，传播时间为16 h；多数年份洪峰流量为3 000～4 000 m^3/s，平均传播时间为15.8 h；大于4 000 m^3/s的流量，平均传播时间为15.6 h。从吴堡到龙门，当洪峰流量为1 500～2 000 m^3/s时，传播时间为20 h（出现一次）；当流量为2 000～3 000 m^3/s，平均传播时间为17.8 h；当流量为3 000～4 000 m^3/s时，平均传播时间为14.8 h；当流量大于4 000 m^3/s时，传播时间15 h（出现一次）。从龙门到潼关，当洪峰流量为2 000～3 000 m^3/s时，平均传播时间为20.3 h；当洪峰流量为3 000～4 000 m^3/s时，平均传播时间为15.1 h；当洪峰流量大于4 000 m^3/s时，传播时间为14.5 h，不同量级洪水传播时间相差较大。洪峰从河曲传播至潼关，各流量级传播时间在66.3～51.6 h不等，总体为流量较小时传播时间长，流量大时传播时间短。

对于一场桃汛洪水过程，从头道拐传播至潼关，除受区间来水和洪水自身坦化的影响外，受水库蓄泄的影响更大。如天桥水库桃汛初期泄水，府谷洪峰流量比较大，有时候洪峰出现的时间早于河曲，表3-1只能反映各区间各级洪水的传播情况，难以代表一场洪水沿程的真实传播时间。考虑到洪水传播过程中各河段的流量并不一定在同一流量级，按府谷洪峰划分，当洪峰流量为1 940～7 800 m^3/s时，不同流量级沿程传播时间见表3-2，从府谷到潼关传播时间为47.5～65 h。由于洪水在传播过程中洪峰流量沿程衰减，吴堡到潼关的实际洪峰流量小于府谷，各流量级传播时间较表3-1中相应时间偏长，但也具有流量越大、传播时间越短的特点。

表3-2　府谷—潼关洪水传播时间（以府谷站流量级划分）

河段名称	河段长度（km）	不同流量级传播时间(h)			
		1 500～2 000 m^3/s	2 000～3 000 m^3/s	3 000～4 000 m^3/s	大于4 000 m^3/s
府谷—吴堡	242	16	16*	15.8	15.6
吴堡—龙门	275	20	18*	16.0	15.4
龙门—潼关	128	29	23.7*	18.4	16.5
府谷—潼关	645	65	57.7	50.2	47.5

注：带*号的表示没有该量级洪水，采用相邻量级洪水传播时间平均值。

3.1.1.2　洪峰、洪量沿程变化

内蒙古河段开河解冻形成的凌汛洪水，在头道拐站向下演进的过程中，洪峰流量和洪量均发生变化，到潼关站桃汛洪峰流量一般为增大、洪量也增大。

根据1962～2005年实测资料统计，桃汛期头道拐站最大流量为1 130～3 500 m^3/s，平均为2 298 m^3/s。44年中有6年洪峰流量在3 000 m^3/s以上，有15年洪峰流量在2 500 m^3/s以上，占总年数的34%，有31年洪峰流量在2 000 m^3/s以上，占总年数的70%，仅有3年洪峰流量小于1 500 m^3/s。

万家寨水库建库前，从头道拐站到潼关站桃汛洪峰流量多为增加过程。在天桥水库运用前的1962～1977年，头道拐站洪峰流量平均为2 205 m^3/s，到潼关站为2 532 m^3/s，平均增加15%；其中，头道拐站到吴堡站增加幅度很小，平均仅增加26 m^3/s，洪峰流量的增加主要在吴堡到潼关区间。1978～1998年天桥水库运用期间，头道拐站洪峰流量平均为2 418 m^3/s；河由站为2 464 m^3/s，较上站平均值略有增大；因桃汛期天桥水库泄水排沙，出库府谷站流量增至3 670 m^3/s；府谷以下逐渐衰减，到潼关站平均为2 665 m^3/s，较头道拐平均增加10%。头道拐站到潼关各站历年洪峰流量变化见图3-1。在1962～1998年的37年中，潼关站有11年洪峰流量在3 000 m^3/s以上，占总年数的30%；有21年在2 500 m^3/s以上，占总年数的57%；有32年洪峰流量在2 000 m^3/s以上，占总年数的86%；仅有1年小于1 500 m^3/s。从头道拐站到潼关站洪峰流量从2 326 m^3/s增加到2 608 m^3/s，平均增大了282 m^3/s。

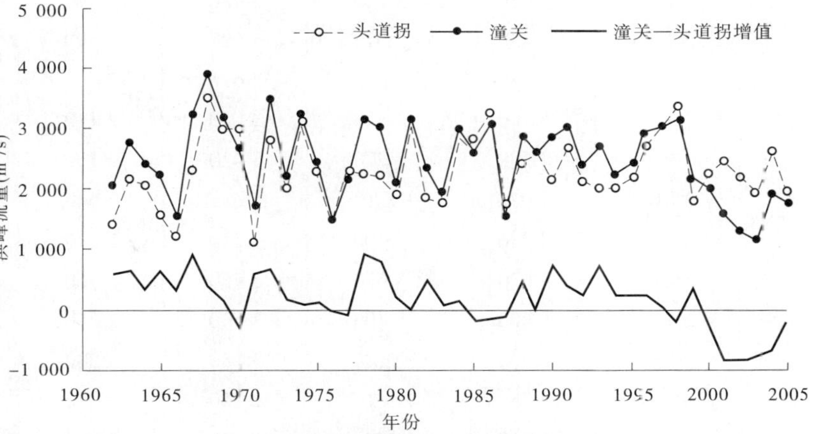

图3-1　头道拐到潼关桃汛洪峰流量变化

区间各河段影响因素不同，洪峰流量沿程变化也不同，表3-3为1974年以来各站洪峰流量的变化情况。根据1978～1997年完整资料系列统计，头道拐—河曲段洪峰流量增大与减小次数基本各占一半，洪峰流量平均增大71 m^3/s；河曲—府谷受天桥水库泄水排沙的影响，有95%的年份洪峰流量增大，19年平均增大1 330 m^3/s；府谷以下以洪峰衰减者居多，特别是府谷到吴堡之间衰减最快，洪峰流量平均减小745 m^3/s；吴堡—龙门平均衰减293 m^3/s，龙门—潼关由于渭河的汇入，洪峰衰减值较小，平均为73 m^3/s。沿程的变化说明，由于天桥水库的影响，府谷的瞬时流量有较大增加，但府谷以下一直为衰减过程，沿程衰减值逐渐减小，到潼关站平均洪峰流量仍大于头道拐，见表3-4。

表 3-3　桃汛期各站瞬时最大流量　　（单位：m^3/s）

年份	头道拐	河曲	府谷	吴堡	龙门	潼关
1974	3 100		2 830	2 860	2 740	3 180
1975	2 260		2 530	2 120	2 400	2 390
1976	1 510		1 230	1 240	1 420	1 560
1977	2 250		2 310	1 960	2 190	2 150
1978	2 230	2 460	5 530	3 510	3 180	3 160
1979	2 200	2 380	3 380	2 990	3 140	2 990
1980	1 910	2 160	5 000	3 380	2 940	2 120
1981	3 140	4 700	7 840	5 330	4 140	3 170
1982	1 860	2 070	1 940	1 950	2 060	2 330
1983	1 790	1 730	3 240	2 090	2 110	2 200
1984	2 830	2 770	3 100	3 350	3 080	2 960
1985	2 780	2 660	3 860	2 740	2 570	2 600
1986	3 210	2 910	3 440	3 300	2 710	3 070
1987	1 720	1 320	1 770	1 590	1 480	1 580
1988	2 410	2 580	3 860	3 310	2 780	2 860
1989	2 620	2 010	3 240	2 780	2 710	2 610
1990	2 120	1 430	3 220	3 000	2 590	2 850
1991	2 660	1 980	3 400	2 690	2 760	3 040
1992	2 120	1 760	2 570	2 050	2 110	2 360
1993	1 980	2 280	3 270	3 410	2 730	2 690
1994	2 010	2 070	1 830*	1 870*	2 560	2 240
1995	2 170	2 130	4 300	3 110	2 110	2 420
1996	2 680	3 020	3 670	3 750	3 560	2 910
1997	2 990	4 420	5 400	3 550	3 560	3 020
1998	3 350	2 900	3 200*	3 280	3 200	3 130
1999	1 790	2 250	1 920*	2 350	2 010	2 140
2000	2 220	1 960	2 120*	2 770	2 050	2 000
2001	2 430	2 180	1 160*	3 000	2 690	1 590
2002	2 160	1 360	1 230*	1 860	1 670	1 300
2003	1 920	1 380	1 220*	1 880	1 520	1 120
2004	2 590	1 760	2 630	2 840	2 010	1 900
2005	1 950	1 670	1 730	1 750	1 630	1 760
1974 ~ 1986	2 390	2 649	3 556	2 832	2 668	2 606
1987 ~ 1998	2 403	2 325	3 311	2 866	2 679	2 643
1999 ~ 2005	2 151	1 794	1 716	2 350	1 940	1 687

注：带 * 号的为日均资料。

表 3-4　1978 ~ 1997 年洪峰沿程变化

站名	统计次数	衰减洪峰次数占总次数(%)	洪峰平均减小值(m^3/s)	增大洪峰次数占总次数(%)	洪峰平均增大值(m^3/s)	总流量平均变化值(m^3/s)
头道拐—河曲	19	53	332	47	519	71
河曲—府谷	19	5	130	95	1 411	1 330
府谷—吴堡	19	79	975	21	120	-745
吴堡—龙门	19	68	460	32	70	-293
龙门—潼关	19	47	379	53	203	-73

注:1994 年没有桃汛期洪水要素,计算中未考虑。

万家寨水库运用后,由于水库的拦蓄作用,出库河曲站洪峰流量明显减小。1999 ~ 2005 年,头道拐洪峰流量平均为 2 151 m^3/s,较 1998 年以前的平均值偏小 7.5%,头道拐—河曲洪峰流量平均减小 357 m^3/s,府谷站受天桥水库运用的影响洪峰流量增加;在府谷到潼关演进过程中,瞬时最大值沿程衰减,到潼关洪峰流量平均为 1 687 m^3/s,已经小于头道拐站洪峰流量,7 年平均减小 464 m^3/s。

1962 ~ 2005 年头道拐最大 10 日洪量平均为 9.75 亿 m^3。其中,最大为 15.19 亿 m^3(2000 年),最小为 5.84 亿 m^3(1966 年),从 1962 ~ 2005 年洪量呈增大趋势(见图 3-2)。

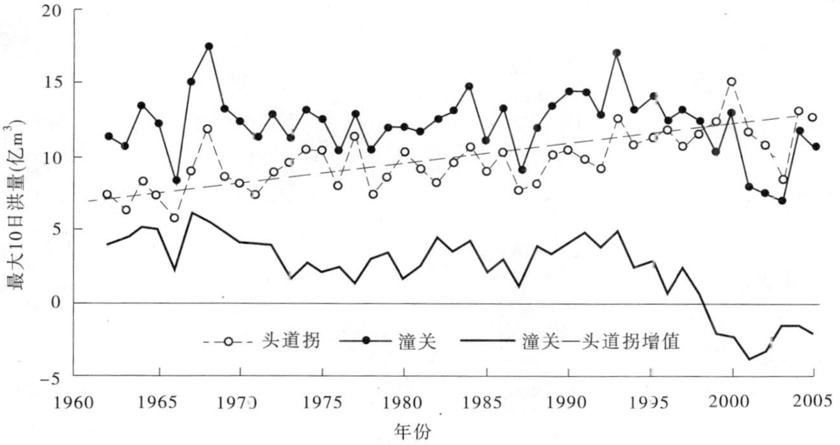

图 3-2　头道拐到潼关桃汛期最大 10 日洪量变化

在洪水演进过程中,最大 10 日洪量发生变化。表 3-5 为不同时段各站最大 10 日平均洪量统计,可以看出:从头道拐站到河曲站 1986 年以前平均为增大,1987 年以后平均减小,1999 ~ 2005 年平均减小值更大,为 3.41 亿 m^3;从河曲站到府谷站各时段平均洪量均为增加,1987 ~ 1998 年平均增加值最大,为 1.27 亿 m^3;从府谷站到吴堡站洪量变化较小,其中 1987 ~ 1998 年平均值相当,其余两时段略有增加;从府谷到龙门、到潼关,各时段平均洪量均为增加过程,其中龙门至潼关区间 1986 年前平均增加 1.16 亿 m^3,1987 ~ 1998 年平均增加 1.55 亿 m^3,1999 ~ 2005 年增加值最小,平均仅 0.19 亿 m^3。

表 3-5　不同时段最大 10 日洪量沿程变化　　（单位：亿 m^3）

时段	头道拐	河曲	府谷	吴堡	龙门	潼关
1974～1986 年	9.45	9.93*	10.32	10.62	11.09	12.25
1987～1998 年	10.34	9.88	11.15	11.14	11.67	13.22
1999～2005 年	12.00	8.59	9.04	9.28	9.48	9.67

注：带＊号的为 1978～1986 年平均值，相应时段头道拐、府谷平均洪量分别为 9.18 亿 m^3 和 10.28 亿 m^3。

从头道拐到潼关洪量变化看，1974～1986 年头道拐洪量为 9.45 亿 m^3，到潼关增加到 12.25 亿 m^3，年均增加了 2.80 亿 m^3，其中 41% 集中在龙门以下，其他河段增加量分布均匀；1987～1998 年头道拐平均洪量为 10.34 亿 m^3，到潼关增加到 13.22 亿 m^3，年均增加了 2.88 亿 m^3，总量与前时段接近，但各河段变化不同，有的河段减小或不变，水量增加集中在龙门—潼关和河曲—府谷段，分别占总增加量的 54% 和 44%；1999～2005 年头道拐 10 日洪量年均为 12.00 亿 m^3，到潼关站减为 9.67 亿 m^3，年均减少了 2.33 亿 m^3，头道拐—河曲水量减少主要是万家寨水库蓄水所致，府谷—潼关区间水量增加值也减小。

3.1.1.3　含沙量、沙量沿程变化

根据 1962～1977 年资料统计，接近天然情况下头道拐桃汛期最大含沙量平均为 12.8 kg/m^3，到吴堡为 23.2 kg/m^3，潼关为 24.4 kg/m^3，含沙量的沿程变化集中在头道拐至吴堡区间，吴堡到潼关最大含沙量调整幅度很小。

从 1962～2005 年的多年情况看，桃汛期头道拐最大含沙量为 32.6 kg/m^3（1979 年），最小为 5.3 kg/m^3（2004 年），平均为 12.9 kg/m^3。头道拐到河曲最大含沙量多数为减少，1978～1998 年平均值从 14.4 kg/m^3 减小为 12.4 kg/m^3；河曲、府谷为天桥水库的进、出库站，由于天桥水库的排沙运用，出库含沙量增加，根据 1978～1997 年不完全统计，最大含沙量平均由 12.7 kg/m^3 增加到 75.2 kg/m^3；府谷以下含沙量迅速衰减，到吴堡相应最大含沙量平均为 26.7 kg/m^3；从吴堡经龙门到潼关，每年的最大含沙量都有不同的调整，或增大或减小，但多年平均值各站相近，为 26.4～26.7 kg/ m^3。桃汛期各年瞬时最大含沙量沿程变化见表 3-6。

表 3-6　桃汛期各站瞬时最大含沙量　　（单位：kg/m^3）

年份	头道拐	河曲	府谷	吴堡	龙门	潼关
1974	20.8		20.2	19.1	25.1	26.3
1975	11.6		14.9	19.3	22.8	28.9
1976	5.99		11.4	7.78	7.30	12.1
1977	15.8		11.3	13.5	13.4	14.1
1978	15.3	13.5	32	31.2	27.3	33.9
1979	32.6	12.6	128	19.3	16.9	28.5
1980	14.9	15.5	135	24.7	21.8	19.9

续表 3-6

时间	头道拐	河曲	府谷	吴堡	龙门	潼关
1981	18.4	25.3	102	34.0	28.0	53.0
1982	12.4	17.6	25	21.1	16.8	16.4
1983	16.3	11.9	24.9	17.5	15.4	13.6
1984	18.1	17.2	36.6	20.3	16.2	18.2
1985	14.1	13.6	128	26.6	18.3	19.0
1986	14.1	16.1	115	22.4	24.0	21.0
1987	8.34	7.76	7.7	12.4	10.4	10.4
1988	13.7	14.2	226	30.1	47.1	36.7
1989	17.3	9.63	93.8	30.5	26.2	21.8
1990	9.35	6.64	65.8	21	30.5	22.7
1991	11.2	12.1	78.7	21.3	22.1	35.3
1992	6.92	7.41	16.0	28.7	24.5	30.0
1993	9.73	4.75	59.1	27.4	32.1	29.2
1994	9.96	5.03	35.5*	13.3*	18	18.3
1995	12	8.37	22.2	18.0	28.6	21.1
1996	14.2	9.44	48.1	34.2	41.8	36.8
1997	22.4	17.9	85	58.3	55.5	47.7
1998	12	13.8	28.5*	42.0	38.1	45.2
1999	6.9	6.9	2.59*	18.4	14.4	35.0
2000	8.1	22.8	25*	21.9	18.2	33.4
2001	7.9	20.5	16.8*	22.1	17.0	18.7
2002	10.3	0.47	1.9*	9.4	13.6	15.3
2003	13.9	4.4	12.4*	18.8	13.1	20.4
2004	5.3	3.2	71.2	23.0	19.4	22.1
2005	6.8	58.8	32.6	8.7	9.8	14.8
1974～1986	16.2	15.9	60.3	21.3	19.5	23.5
1987～1998	12.36	9.75	70.2	30.6	31.2	29.6
1999～2005	8.5	16.7	51.9	17.5	15.1	22.8

注：带*号的为日均资料。

桃汛期天桥水库泄空排沙的年份出库含沙量往往比较高，如府谷站 1988 年瞬时最大含沙量达 226 kg/m^3。根据 1978 ~ 1997 年统计，最大含沙量大于 1 00 kg/m^3 的有 6 年，平均为 139.0 kg/m^3，但从府谷站到吴堡站含沙量衰减很快，平均衰减到 26.2 kg/m^3；从吴堡到潼关含沙量有增有减，平均值略有增加，潼关站 6 年平均为 29.7 kg/m^3。从这些资料可知，虽然天桥水库出库瞬时含沙量较大，但传播至潼关的含沙量并不大，如 1988 年府谷站最大瞬时含沙量达 226 kg/m^3，传播至潼关站含沙量只有 36.7 kg/m^3。天桥水库排沙瞬时含沙量会比较高，但库区冲刷量有限，演进到潼关断面沙峰与洪峰往往同步，因此天桥水库排沙对潼关河段冲刷影响甚微。

在洪水传播过程中，由于水流与河床的相互调整作用，相应于最大 10 日洪量的沙量沿程发生变化。从表 3-7 不同时段 10 日沙量沿程变化可以看出，1974 ~ 1986 年头道拐—河曲沙量略有增加，河曲—府谷段受天桥水库排沙影响，沙量增加较多，府谷—龙门沙量基本持平，经过小北干流河段沙量得到补给，潼关年均沙量为 0.149 亿 t。1987 ~ 1998 年头道拐沙量变化不大，到河曲沙量略有减少，河曲到潼关沙量沿程增加，其中河曲到府谷和龙门到潼关河段沙量增加较多，分别为 0.072 亿 t 和 0.052 亿 t，潼关站年平均沙量为 0.228 亿 t。1999 ~ 2005 年，头道拐到河曲沙量显著减少，河曲站年均沙量仅 0.026 亿 t，河曲到潼关沙量沿程逐渐增加，到潼关站沙量为 0.124 亿 t，与 1987 ~ 1998 年相比，各站 10 日沙量均减小，减小幅度为 45.6% ~66.6%。

表 3-7　不同时段各站年平均最大 10 日沙量变化统计　（单位：亿 t）

时段	头道拐	河曲	府谷	吴堡	龙门	潼关
1974 ~ 1986 年	0.060	0.072	0.120	0.119	0.119	0.149
1987 ~ 1998 年	0.057	0.050	0.122	0.153	0.176	0.228
1999 ~ 2005 年	0.050	0.026	0.041	0.071	0.078	0.124

相应于桃汛期最大 10 日洪量的平均含沙量见表 3-8。由表 3-8 可见，1974 ~ 1986 年桃汛洪水期头道拐平均含沙量为 6.32 kg/m^3，头道拐至河曲增加了 0.93 kg/m^3；河曲—府谷 1978 年后受天桥水库排沙的影响含沙量增加较多，从 7.25 kg/m^3 增加到 11.45 kg/m^3；府谷到龙门平均含沙量为衰减过程，龙门站为 10.63 kg/m^3，至潼关平均含沙量增加到 12.24 kg/m^3。1987 ~ 1998 年，头道拐平均含沙量小于上一时段，至河曲略有减小；河曲至府谷受天桥水库排沙的影响含沙量增加幅度较大，平均含沙量从 5.07 kg/m^3 增到 11.03 kg/m^3，多年平均增加 5.96 kg/m^3；府谷到潼关区间各站，平均含沙量沿程均为增加，到潼关平均含沙量增至 17.00 kg/m^3。万家寨水库运用后的 1999 ~ 2005 年，头道拐桃汛期平均含沙量仅 4.2 kg/m^3；由于万家寨水库拦沙运用，出库河曲站含沙量更小，只有 2.58 kg/m^3；河曲以下含沙量沿程增加，由于龙门至潼关河段河床冲刷调整含沙量增幅最大，平均含沙量从 7.95 kg/m^3 增加到 12.40 kg/m^3。1987 ~ 1998 年和 1999 ~ 2005 年两时段相比，河曲至潼关沿程各站平均含沙量均为增加，但各区间增加幅度不同，前一时段，河曲到潼关平均含沙量增加 11.93 kg/m^3，其中河曲到府谷增加 5.96 kg/m^3，占 50%；后一时段，河曲到潼关平均含沙量增加 9.82 kg/m^3，其中龙门到潼关增加 4.45 kg/m^3，占 45%。

表 3-8 相应于桃汛期最大 10 日洪量的平均含沙量 （单位：kg/m^3）

时段	头道拐	河曲	府谷	吴堡	龙门	潼关
1974 ~ 1986 年	6.32	7.25	11.45	11.09	10.63	12.24
1987 ~ 1998 年	5.46	5.07	11.03	13.59	14.90	17.00
1999 ~ 2005 年	4.20	2.58	3.81	7.24	7.95	12.40

3.1.2 水沙沿程变化原因分析

洪水在演进过程中受到各种因素的影响，沿程水量、洪峰流量、沙量、含沙量及传播时间都会发生变化。影响桃汛期洪水演进的主要因素有支流入汇、河道边界条件、水库调节、凌情条件等，不同因素的影响程度不同。

3.1.2.1 支流入汇的影响

头道拐至潼关区间支流较多，桃汛期各河段支流水量的汇入，对桃汛洪水演进有一定影响。表 3-9 为 1974 ~ 2005 年桃汛期不同时段主要支流来水量。各区间统计情况为：河曲—府谷区间有皇甫川（皇甫川）1 条支流；府谷—吴堡区间有孤山川（高石崖）、窟野河（温家川）、秃尾河（高家川）、秋水河（林家坪）和佳芦河（申家湾）等 5 条支流；吴堡—龙门区间有三川河（后大成）、无定河（白家川）、清涧河（延川）、延水河（甘谷驿）、昕水河（大宁）等 5 条支流；龙门—潼关区间有汾河（河津）、渭河（华县）和北洛河等 3 条支流。由表 3-9 可以看出，1974 ~ 2005 年多年平均河曲—潼关区间支流总来水量为 1.653 亿 m^3，占潼关来水量的 13.7%，其中河曲—府谷区间支流汇入水量最少，年均仅 0.024 亿 m^3，占支流来水总量的 1.5%，占区间水量增加值的 3.1%；府谷—吴堡，吴堡—龙门支流汇入水量相近，分别占支流来水总量的 19.5% 和 24.4%，但府谷—吴堡区间支流来水大于河段水量增加值，可能是引水或损失所致，吴堡—龙门区间支流来水与河段水量变化值基本相当；龙门—潼关区间支流来水量最多，为 0.904 亿 m^3，占支流来水总量的 54.7%，占区间水量增加值的 82.9%，是区间水量的主要来源。

表 3-9 主要支流桃汛期 10 日水量统计 （单位：亿 m^3）

项目	河曲—府谷	府谷—吴堡	吴堡—龙门	龙门—潼关	河曲—潼关
1974 ~ 1986 年	0.035	0.450	0.477	0.936	1.898
1987 ~ 1998 年	0.025	0.316	0.409	1.240	1.990
1999 ~ 2005 年	0.011	0.199	0.324	0.537	1.072
1974 ~ 2005 年	0.024	0.322	0.403	0.904	1.653
1974 ~ 2005 年区间支流占支流来水总量（%）	1.5	19.5	24.4	54.7	100
1974 ~ 2005 年区间水量变化值	0.78	0.17	0.43	1.09	2.47
1974 ~ 2005 年区间支流占区间变化值（%）	3.1	189.4	93.7	82.9	66.9

从各时段平均看,1998 年前两个时段河曲—潼关支流来水总量接近,1987 ~ 1998 年龙门以下支流汇入水量略大,龙门以上各区间支流汇入水量略小;1999 ~ 2005 年各河段支流汇入水量均比上两个时段减小,河曲—潼关总量约减少 45%。从不同时段看,河曲—龙门各区间支流来水量沿时序呈减少趋势。

从各主要支流 1974 ~ 2005 年桃汛期平均流量看,头道拐—潼关区间较大的支流有窟野河(温家川)、秃尾河(高家川)、无定河(白家川)和渭河(华县),桃汛期多年平均流量分别为 22.7 m^3/s、10.8 m^3/s、32.3 m^3/s、84.8 m^3/s,渭河桃汛期流量最大,其余支流桃汛期流量极小,多年平均普遍不足 10 m^3/s。支流来水对干流洪峰流量影响很小,只有渭河来水对龙门—潼关河段的影响相对较大。

头道拐—潼关区间支流是黄河流域的多沙来源区,但沙量集中于暴雨洪水期,非汛期的沙量很少。对应于桃汛洪水的各区间支流来沙量统计见表 3-10。可以看出,1974 ~ 2005 年多年平均河曲—潼关区间支流总来沙量为 0.008 7 亿 t,占潼关来沙量的 5.0%,河曲—府谷汇入沙量占区间来沙量的 2.3%。府谷—潼关各河段支流来沙量占区间来沙比例相差不多,为 26.4% ~37.9%;从不同时段看,河曲—龙门各区间支流来沙量沿时序快速递减,1999 ~2005 年区间支流来沙总量仅是 1974 ~1986 年的 21%,龙门—潼关河段 1986 年以前沙量小,1987 ~ 1998 年沙量增大,1999 ~ 2005 年时段沙量又减小。总体来看,河曲—潼关支流来沙总量占河段沙量增加值仅 7.1%,说明桃汛期支流来沙不是区间沙量变化的主要影响因素,而水库排沙和河床调整是泥沙的主要补给源。

表 3-10 主要支流桃汛期 10 日沙量统计

项目	河曲—府谷	府谷—吴堡	吴堡—龙门	龙门—潼关	河曲—潼关
1974 ~ 1986 年(亿 t)	0.000 44	0.006 1	0.004 0	0.001 9	0.012 5
1987 ~ 1998 年(亿 t)	0.000 14	0.002 6	0.001 8	0.003 9	0.008 5
1999 ~ 2005 年(亿 t)	0.000 02	0.001 1	0.001 1	0.002 8	0.005 1
1974 ~ 2005 年(亿 t)	0.000 20	0.003 3	0.002 3	0.002 9	0.008 7
1974 ~ 2005 年区间支流占支流来沙总量(%)	2.3	37.9	26.4	33.3	100
1974 ~ 2005 年区间沙量变化值(亿 t)	0.052 1	0.018 5	0.009 9	0.041 7	0.122 3
1974 ~ 2005 年支流沙量占区间变化值(%)	0.4	17.7	23.4	6.9	7.1

河曲—府谷区间支流来水量占河段水量增加值的比例很小,不是该区间水量增加的主要来源,而河曲段凌情、槽蓄水增量及 1978 年以来天桥水库运用等,是影响该河段水量变化的主要因素。

3.1.2.2 河曲河段凌情的影响

河曲河段指天桥水电站以上至龙口段,其中龙口—船湾为上段,河道宽阔,多弯道、河心滩，凌期水流多分汊，流速缓慢，易形成冰凌滞留堆积，造成封冻。这一河段基本上是年年封河。船湾—天桥水电站坝址为下段，属峡谷河道，比降大，水流集中，排凌顺畅，一般情况下不封河。

1977 年天桥水电站投入运用后，冰凌被拦蓄，库区水位壅高，比降变缓，并顶托波及影响上游，河曲段固有的冰情规律发生了变化。石窑卜下游至天桥大坝河段也由不封冻变为年年封冻，多数年份库区封河可以和龙口—船湾河段封河连接起来。同时，流凌期高水位蓄水发电，库内水体流速很小，易结成冰盖，上游来的流冰大部分停蓄在库区内，使库区河段由过去不封河变为稳定封河段。

河曲河段槽蓄水增量的存在，使得桃汛期洪水经过该段后洪峰流量和洪量均增大。表 3-11 中河曲—府谷 1978 ~ 1998 年间洪峰平均增量之所以达 53.4%，除天桥水库泄水的原因外，河段槽蓄水增量释放也是重要原因。从表 3-12 可以看出，河曲—府谷河段是桃汛洪水洪量增加较多的河段，而该河段桃汛期支流年均入汇水量最少（见表 3-9），天桥水库对水量的影响也很小，桃汛期水量的增加主要是槽蓄水增量的补给。府谷以下河段由于基本不封冻，其洪水水量补给主要靠沿岸支流入汇。

表 3-11　不同时段各河段桃汛洪峰年均增减（ - ）率　（%）

时段		头道拐—河曲	河曲—府谷	府谷—吴堡	吴堡—龙门	龙门—潼关
天桥水库运用后（1978 ~ 1998 年）	洪峰流量增减	1.1	53.4	-12.4	-8.2	-2.4
	最大 10 日流量水量增减	0.6	8.9	1.7	4.1	12.3
	最大 10 日沙量增减	3.5	115	11.1	6.7	25.7
万家寨水库运用后（1999 ~ 2005 年）	洪峰流量增减	-15.4	16.5	3.3	-15.0	-14.7
	最大 10 日水量增减	-39.7	5.0	2.6	2.0	2.0
	最大 10 日沙量增减	-95.0	37.0	43.1	8.6	36.9

表 3-12　各河段桃汛洪水 10 日洪量年均增减（ - ）值　（单位：亿 m^3）

时段	头道拐—河曲	河曲—府谷	府谷—吴堡	吴堡—龙门	龙门—潼关
1978 ~ 1998 年	0.059	0.875	0.183	0.455	1.398
1999 ~ 2005 年	-3.409	0.449	0.239	0.194	0.190

万家寨水库运用后由于下泄水流温度增高，河曲段封冻日期和封河长度缩短，凌期储冰量减少。河曲段凌情的这一变化必然影响桃汛水量的补给。1999 ~ 2005 年河曲—府谷洪量增加值为 0.449 亿 m^3，较 1978 ~ 1998 年的 0.875 亿 m^3 减少 49%。补给水量的减少也是河曲—府谷增峰幅度明显减少的重要原因。头道拐—河曲受水库拦蓄影响，洪量年均减少 3.409 亿 m^3。府谷以下各河段洪量增加值变化受支流来水影响有增有减。可见，河曲河段槽蓄水增量对桃汛洪水影响较大。

3.1.2.3　水库调节的影响

区间水库运用方式不同，对河道洪水演进产生的影响也不同。当水库拦蓄水时，削减洪峰，洪水演进过程中洪峰、洪量和沙量均减小；当水库泄水排沙时，增大了洪峰和沙峰，对洪水和含沙量过程产生较大影响。

天桥水库位于府谷水文站上游6 km、河曲水文站下游47 km处，1977年2月投入运用，为一座以径流发电为主的中型水库，水库原始库容（836 m高程以下）为8 971万 m^3，目前有效库容保持在0.3亿～0.4亿 m^3。桃汛洪水期间水库停止发电，敞泄排沙运用。入库洪水过程与水库泄水叠加，使出库洪峰增大。从表3-11可以看出，经过天桥水库的调节，河曲—府谷区间桃汛洪峰平均增大53.4%，10日水量和沙量分别增大8.9%和115%。天桥水库泄水排沙是洪峰流量增大、沙量增加的主要原因之一。

万家寨水库位于河曲水文站上游50 km处，1998年10月水库投入运用后，桃汛期拦蓄部分水沙，削减了桃汛洪水过程，头道拐—河曲区间洪峰年均削减15.4%，其中2002～2004年分别达到37%、28%和32%；平均最大10日水量、沙量分别减少39.7%、95.0%。这一时期河曲—府谷洪峰增加幅度明显减小，10日水、沙量增幅也减小。

3.1.2.4 河道边界条件的影响

河道边界条件在洪水演进中主要影响水沙过程变化和洪水传播速度。影响洪水演进的主要河道边界条件是河型、河道比降及河床质组成。

头道拐—龙门主要为峡谷河段，坡陡流急，除个别河段为沙质河床外，河床质组成多为岩石，河床冲淤变化很小，对洪水水沙过程的影响较小。龙门—潼关河段为堆积性河道，洪水期河床冲淤调整变化较大，1974～2005年龙门—潼关河段桃汛期10日沙量平均增大0.041 7亿t，除去支流汇入沙量0.002 9亿t，该河段补给泥沙0.038 8亿t，这部分泥沙来自河床的冲刷。可见，在洪水演进过程中河床冲刷使沙量沿程增加。

河道边界条件中影响洪水传播的主要因素是河型和河道比降。黄河自头道拐—龙门，穿行于晋陕大峡谷之中，大部分河段河道窄深，河曲河段（龙口—天桥水电站）是其中唯一较宽浅的河段，河长73 km，河道宽阔，多弯道、河心滩。龙门—潼关河段，河道宽浅，水流散乱，主流摇摆不定。河曲河段和小北干流河段因其河道宽浅，洪水行进至该河段后，水面展宽，比降减小，流速降低，洪峰传播速度减慢。槽蓄量增大，滞洪削峰作用明显。表3-13统计了头道拐—潼关之间不同流量级洪峰传播速度，可以看出，流量越大传播时

表3-13 头道拐—潼关不同量级洪峰传播速度

河段名称	河段长度（km）	不同量级洪峰传播速度（km/h）		
		1 500～2 000 m^3/s	2 000～3 000 m^3/s	3 000～4 000 m^3/s
头道拐—河曲	163	9.9	11.0	13.6
河曲—府谷	53	5.3	8.2	8.2
府谷—吴堡	242	15.1	15.1	15.3
吴堡—龙门	275	13.8	15.4	18.6
龙门—潼关	128	6.3	6.3	8.5
合计	861			

间越短。从传播速度看，头道拐—河曲、府谷—吴堡及吴堡—龙门河段传播速度接近，而河曲—府谷和龙门—潼关河段传播速度则明显小于其他河段，如3 000～4 000 m^3/s 流量级在头道拐—河曲、府谷—吴堡以及吴堡—龙门河段传播速度为13.6～18.6 km/h，河曲—府谷和龙门—潼关河段传播速度分别只有8.2 km/h和8.5 km/h。可见，河道边界条件对洪水演进影响很大。

3.2 潼关站桃汛水沙特征

根据1974年以来潼关站水文资料统计，桃汛洪水历时一般为7～20 d，水量一般为8亿～20亿 m^3，最大洪峰流量为1 120～3 180 m^3/s，最大瞬时含沙量为10.4～53.0 kg/m^3，各年特征值见表3-14。其中1974～1998年桃汛期平均洪峰流量为2 624 m^3/s，最大洪峰流量为3 180 m^3/s（1974年），最小为1 560 m^3/s（1976年）；洪峰流量在3 000 m^3/s 以上的有7次，小于2 000 m^3/s 的只有2次，历年变化过程见图3-3。1974～1998年瞬时最大含沙量平均值为26.4 kg/m^3，最大为53.0 kg/m^3（1981年），主要是由天桥水库排沙造成的，最小为10.4 kg/m^3（1987年），相应年份洪峰流量也较小。桃汛洪水平均持续时间约为11 d，有的年份持续时间只有7 d左右，当出现双峰情况时持续时间可长达20余天；桃汛洪水期平均流量为1 428 m^3/s，水量为12.98亿 m^3，平均沙量为0.196亿 t，平均含沙量为15.1 kg/m^3，来沙系数为0.010 6 $kg \cdot s/m^6$。

表3-14　潼关站桃汛洪水特征值

年份	天数（d）	水量（亿 m^3）	沙量（亿 t）	瞬时洪峰流量（m^3/s）	瞬时最大含沙量（kg/m^3）	潼关高程升降值（m）	三门峡起调水位（m）
1974	10	13.16	0.209	3 180	26.3	-0.26	320.65
1975	13	13.95	0.268	2 390	28.9	-0.09	318.79
1976	14	15.09	0.136	1 560	12.1	0.05	320.68
1977	15	16.94	0.156	2 150	14.1	0.19	323.82
1978	8	9.806	0.158	3 160	33.9	0	322.36
1979	7	9.03	0.110	2 990	28.5	0.01	322.25
1980	10	11.91	0.150	2 120	19.9	-0.06	319.50
1981	8	10.32	0.183	3 170	53.0	-0.11	319.26
1982	11	9.45	0.127	2 330	16.4	-0.11	319.94
1983	18	19.6	0.300	2 200	13.6	-0.20	316.87
1984	10	14.59	0.134	2 960	18.2	0.07	318.08
1985	8	9.05	0.081	2 600	19.0	-0.08	316.97
1986	9	12.22	0.120	3 070	21.0	-0.19	317.58
1987	9	8.06	0.075	1 580	10.4	0.04	321.94

续表 3-14

年份	天数（d）	水量（亿 m^3）	沙量（亿 t）	瞬时洪峰流量（m^3/s）	瞬时最大含沙量（kg/m^3）	潼关高程升降值（m）	三门峡起调水位（m）
1988	12	13.27	0.176	2 860	36.7	-0.07	321.14
1989	7	10.09	0.139	2 610	21.8	-0.09	320.99
1990	8	12.09	0.174	2 850	22.7	-0.13	317.39
1991	10	14.39	0.248	3 040	35.3	-0.30	316.40
1992	15	16.69	0.275	2 360	30.0	-0.03	321.62
1993	12	19.09	0.386	2 690	29.2	-0.24	315.35
1994	11	13.98	0.190	2 240	18.3	-0.24	315.41
1995	14	18.09	0.316	2 420	21.1	-0.20	312.80
1996	8	10.9	0.237	2 910	36.8	-0.44	315.47
1997	9	12.32	0.260	3 020	47.7	-0.24	316.13
1998	7	10.37	0.300	3 130	45.2	-0.26	316.67
1999	20	20.25	0.390	2 140	35.0	0.01	318.65
2000	19	21.41	0.354	2 000	33.4	-0.01	312.48
2001	10	7.953	0.090	1 590	18.7	0.07	318.16
2002	10	7.468	0.073	1 300	15.3	0.03	316.84
2003	12	7.906	0.093	1 120	20.4	-0.17	314.87
2004	10	12.91	0.139	1 900	22.1	-0.13	312.83
2005	21	20.19	0.192	1 760	14.8	-0.06	314.07
2006	14	17.29	0.190	2 620	17.1	-0.20	312.45
2007	8	11.32	0.196	2 850	33.8	-0.05	312.35
2008	14	17.97	0.200	2 790	37.9	-0.07	312.88
2009	10	10.83	0.058	2 340	15.9	-0.13	312.72
1974 ~ 1986	10.8	12.70	0.164	2 606	23.5	-0.07	319.75
1987 ~ 1998	10.2	13.28	0.231	2 642	29.6	-0.18	317.61
1999 ~ 2005	14.6	14.01	0.190	1 687	22.8	-0.04	315.41
1974 ~ 1998	10.5	12.98	0.196	2 624	26.4	-0.12	318.72

1974 ~ 1998 年非汛期 11 月 ~ 次年 6 月平均含沙量为 11.58 kg/m^3，平均流量为 739 m^3/s，来沙系数为 0.015 7 $kg \cdot s/m^6$；汛期 7 ~ 10 月平均含沙量为 41.61 kg/m^3，平均流量为 1 666 m^3/s，来沙系数为 0.025 0 $kg \cdot s/m^6$。可见，桃汛洪水期的来沙系数不仅小于汛期，也远小于非汛期，这种水沙组合有利于河床冲刷。

从桃汛洪水过程看，单峰时洪水涨落过程接近对称分布，沙峰和洪峰基本对应，如与 1974 ~ 1998 年平均特征值相近的 1974 年和 1998 年，1974 年桃汛流量和含沙量过程呈正态分布，洪峰和沙峰同步（见图 3-4）。1998 年流量过程接近正态，沙峰超前洪峰 1 d（见图 3-5），基本没有沙峰滞后现象。

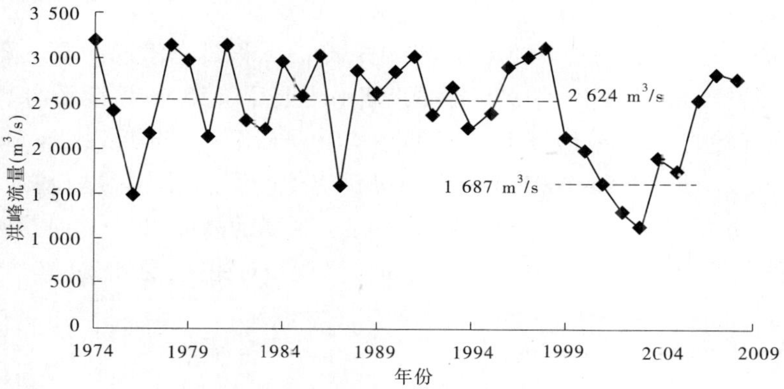

图 3-3　1974 年以来潼关站桃汛洪峰流量

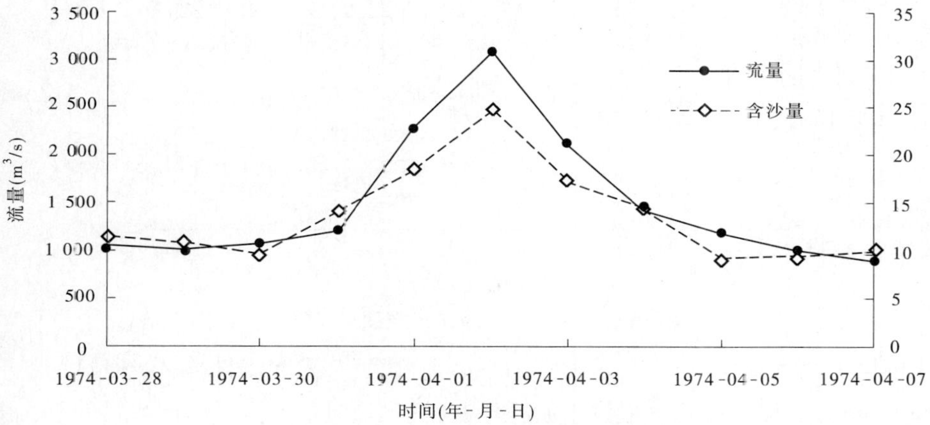

图 3-4　1974 年潼关站桃汛洪水过程

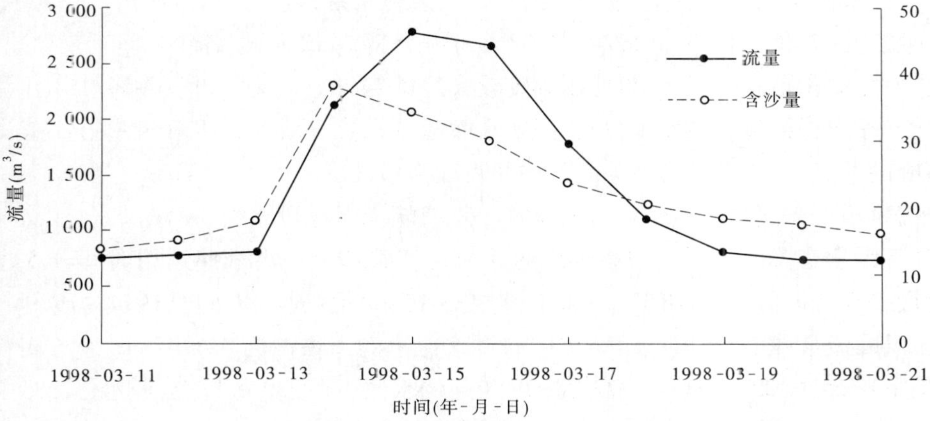

图 3-5　1998 年潼关站桃汛洪水过程

3.3 潼关高程变化及影响因子分析

1974 年三门峡水库蓄清排浑控制运用以来,潼关高程具有汛期冲刷下降、非汛期淤积抬升的基本特征。其中 1974～1985 年非汛期平均上升 0.55 m,汛期平均下降 0.55 m,时段内没有累计抬升;1986～1995 年非汛期平均上升 0.37 m,汛期平均下降 0.21 m,时段内累计抬升 1.64 m;1996～2001 年潼关河段实施了射流清淤,时段内基本没有累计性变化;2002 年汛初的高含沙小洪水使得潼关高程达到新的高度,2003 年渭河秋汛洪水使得潼关高程发生明显冲刷下降,2005 年汛后潼关高程相对稳定(见图 3-6)。

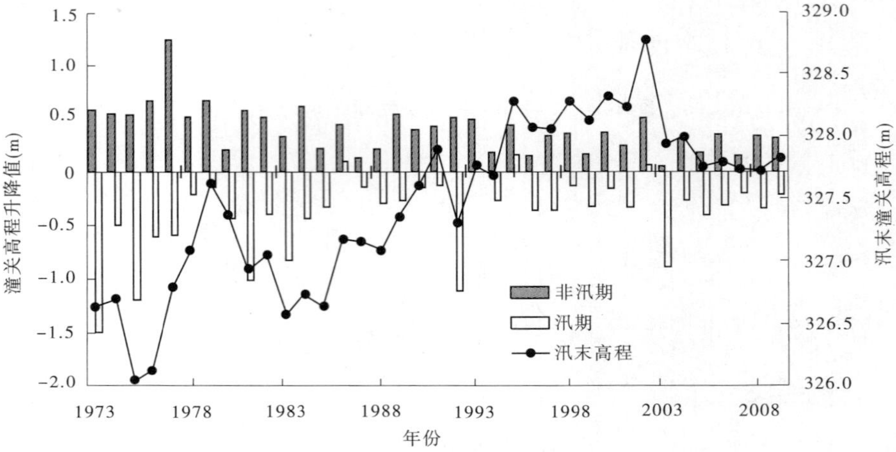

图 3-6 1974 年以来潼关高程变化过程

从年内潼关高程变化过程看,从上年的汛后到桃汛前,入库流量小、含沙量低,三门峡水库抬高水位运用,潼关高程一般发生淤积抬升;桃汛期流量增大,但含沙量并不大,水流动力条件增强,潼关河段处于自然状态时河床一般发生冲刷,潼关高程相应下降。图 3-7 为 1974 年以来桃汛洪水前后潼关高程变化过程,总体来看,潼关高程以冲刷下降为主,变化范围一般为 -0.30～0.10 m,1974～1998 年平均下降 0.12 m,但各年之间有较大差别,少数年份发生淤积抬升,个别年份冲刷幅度较大达 0.44 m。对比分析表 3-14 中历年潼关高程变化与相应特征值关系发现,当三门峡水库起调水位高或桃汛洪峰流量过小或出现双峰、多峰的情况时,桃汛前后潼关高程往往表现为抬升。

可见,桃汛期潼关高程的变化与相应时段三门峡水库运用水位、桃汛洪水情况、前期河床条件等因素有关。根据三门峡水库运用水位调整和上中游水库运用时间分 5 个时段,各时段平均特征值见表 3-15。由表 3-14、表 3-15 和图 3-7 可以看出,1974～1979 年潼关站桃汛洪峰流量并不小,但三门峡水库起调水位平均值最高为 321.43 m,潼关高程冲刷下降值最小,仅 0.02 m,其中 1977～1979 年起调水位均在 322 m 以上,回水已经影响到潼关断面,潼关高程淤积抬升;1980～1992 年平均起调水位较前一时段降低,除个别年份外,多在 320 m 以下,潼关高程下降幅度平均为 0.10 m;1993 年后三门峡水库严格控制桃汛起调水位，最高只有 318.65 m(1999 年)，最低 312.48 m(2000 年)，平均约为 315.41 m，1993～1998 年潼关高程平均下降 0.27 m，而 1999～2005 年洪峰流量减小显著，潼关高程平均下降 0.04 m。可见，桃汛洪峰和三门峡水库起调水位对降低潼关高程均起重要作用。

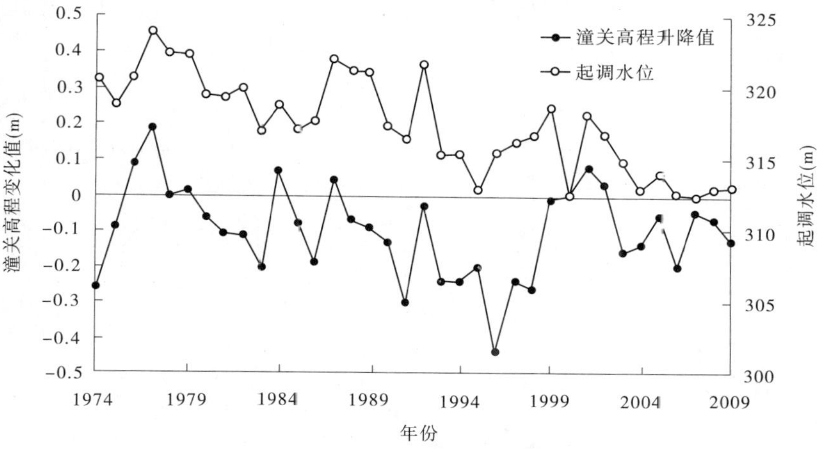

图 3-7　历年桃汛期潼关高程变化

表 3-15　桃汛期相关特征值统计(不同时段平均)

年份	潼关站					三门峡起调水位(m)	潼关高程变化值(m)
	最大 10 日水量(亿 m^3)	相应沙量(亿 t)	平均含沙量(kg/m^3)	瞬时最大流量(m^3/s)	最大含沙量(kg/m^3)		
1974～1979	11.85	0.163	13.8	2 572	24.0	321.43	-0.02
1980～1986	12.60	0.138	10.9	2 636	23.0	318.31	-0.11
1987～1992	12.67	0.182	14.4	2 550	26.2	319.91	-0.10
1993～1998	13.76	0.274	19.9	2 735	33.1	315.31	-0.27
1999～2005	9.67	0.124	12.8	1 687	22.8	315.41	-0.04
1974～1998	12.72	0.187	14.7	2 624	26.4	318.72	-0.12
1987～1998	13.22	0.228	17.2	2 642	29.6	317.61	-0.18

根据敏感因子分析，桃汛期潼关高程的变化与洪峰流量和三门峡水库起调水位相关性最好[1]。为分析桃汛期潼关高程变化规律，以三门峡水库起调水位为参数，点绘了潼关高程变化与洪峰流量的关系图(见图 3-8)，并形成一组曲线，即不同起调水位下潼关高程升降值与洪峰流量的关系。当起调水位为 322 m 左右时，即使洪峰流量在 3 000 m^3/s 以上，潼关高程也难以冲刷下降；当起调水位为 320 m 左右时，洪峰流量大于 2 000 m^3/s，潼关高程才会发生冲刷调整；当起调水位为 318 m 左右时，洪峰流量约达到 1 800 m^3/s 潼

关高程开始发生冲刷下降，随着流量增大下降值也明显增大；当起调水位为 316 m 左右时，洪峰流量大于 1 500 m^3/s 潼关高程就会发生冲刷下降，而且洪峰流量越大潼关高程下降值越大。在同一洪峰流量下，起调水位高对潼关高程冲刷十分不利，起调水位高到一定值还会加速潼关高程抬升，当起调水位较低时潼关高程下降值较大；在同一起调水位下，当洪峰流量大时，潼关高程冲刷下降值大，当洪峰流量小到一定值时，即使起调水位很低，潼关高程也难以发生冲刷下降。

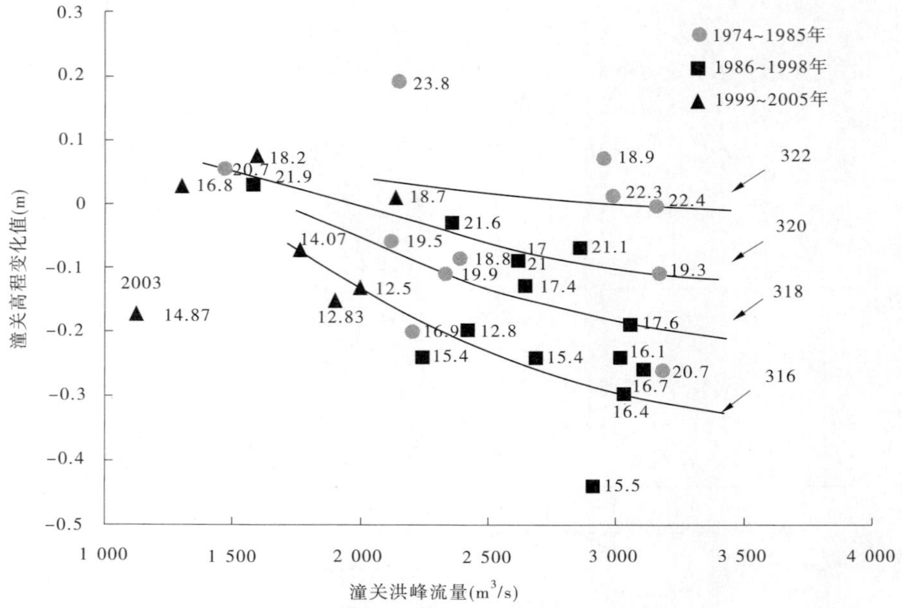

注：数据标注(+300)为起调水位。

图 3-8　潼关高程变化与洪峰流量和起调水位的关系

当起调水位为 316 ~ 312. 5 m 时，除个别年份点子较密集外，其余基本在同一关系带上。也就是说，对于桃汛期潼关高程的变化来说，在现状三门峡水库运用方式下，水位从 316 m 继续降低到 312 m，能够增加潼关高程冲刷的作用不明显。

同时，桃汛期潼关高程的升降与潼关站最大 10 日洪量密切相关。从表 3-15 可以看出，1993 ~ 1998 年和 1999 ~ 2005 年两个时段相比，三门峡水库起调水位相近，1993 ~ 1998 年平均最大 10 日洪量较大，为 13. 76 亿 m^3，这个时段潼关高程年均下降幅度也偏大，为 0. 27 m；1999 ~ 2005 年的洪量最小，只有 9. 67 亿 m^3，较 1993 ~ 1998 年减少了 4. 09 亿 m^3，潼关高程年平均下降值只有 0. 04 m。1974 ~ 1979 年和 1999 ~ 2005 年这两个时段相比，虽然 1974 ~ 1979 年的年均最大 10 日洪量比 1999 ~ 2005 年大 2. 18 亿 m^3，洪峰流量也大，但三门峡水库起调水位比 1999 ~ 2005 年时段平均高 6. 02 m，结果两个时段潼关高程的平均下降值均比较小。可见，当三门峡水库起调水位相同时，最大 10 日洪量越大潼关高程下降幅度也越大。自然的桃汛洪水过程，洪量大小与洪峰值具有较好的关系(见图 3-9)，无论是洪峰还是洪量对潼关高程的影响均反映了水流对潼关高程的作用。

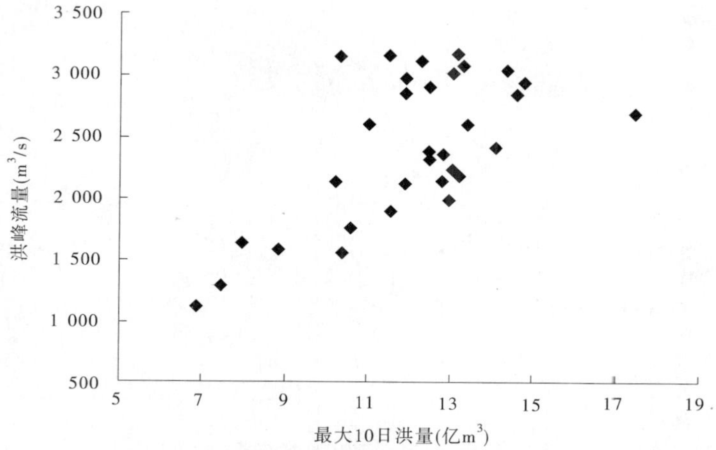

图 3-9　潼关站洪峰流量与最大 10 日洪量的关系

3.4　万家寨水库运用对桃汛洪水和潼关高程的影响

万家寨水库是黄河中游梯级开发的第一级工程,其主要任务是供水、发电,兼有防洪防凌作用。工程于 1994 年 11 月 3 日开工,1995 年 12 月 9 日截流,1998 年 10 月 1 日下闸蓄水。凌汛期为了避免水库蓄水运用对库区及其坝下河段凌情产生影响,采取降低水位运行。具体运用分为三个阶段:封河初期,使水库保持较低水位,以防库尾出现冰塞;稳定封河期,抬高库水位,为发电创造条件;开河期,进一步降低库水位,防止库区末端形成冰坝,造成灾害;当内蒙古河段主河槽基本开通以后,水库开始正常蓄水。

由于万家寨水库开河期采取先泄后蓄的运用方式,对出库桃汛洪水过程产生了一定影响,洪峰流量削减,最大 10 日洪量减少[2]。图 3-10 ~ 图 3-16 为万家寨水库的调节过程。1999 年和 2000 年为运用初期,尚缺乏凌汛期调度经验,电站机组也未完全投入运行,水库运行水位较低,出库流量过程不稳定,形成 2 ~ 3 个洪峰。1999 年泄水期出库洪峰流量大于头道拐的洪峰流量,洪峰期蓄水,但最大流量基本没变。2000 年在内蒙古河段开河之前,降低库水位运用,泄水期形成较大洪水过程,坝前水位从 955. 40 m 降至 929. 50 m,蓄水量减小到 0. 8 亿 m^3;桃峰期水库蓄水运用,蓄水量近 5 亿 m^3,水位达到 968. 81 m,出库洪峰流量削减。由于万家寨水库的调蓄使出库流量过程形成两个均小于入库的洪峰,头道拐 2 220 m^3/s 洪峰对应出库洪峰流量仅 1 960 m^3/s,洪峰削减量为 11. 7%。最大 10 日洪量由入库的 15. 19 亿 m^3 减小到出库的 11. 38 亿 m^3,减少了 3. 81 亿 m^3。

2001 年开始万家寨水库改善调度方式,泄水过程平稳。当桃汛期入库流量开始增大时,出库流量也随之增大,万家寨水库蓄水位从 954. 99 m 开始缓慢上升,蓄水量从 3 亿 m^3 缓慢增加,头道拐流量回落到 1 000 m^3/s 以下,坝前水位达到 972. 87 m,蓄水量达到 6. 4 亿 m^3。在桃汛过程中,由于水库的调节,洪峰流量由入库的 2 430 m^3/s 削减到出库的 2 180 m^3/s,削减 10. 3%,最大日均流量削减 45%(见图 3-12)。最大 10 日洪量由入库的

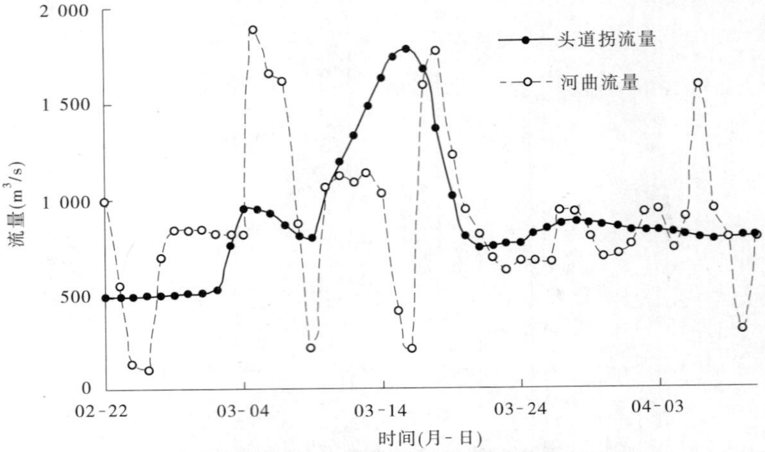

图 3-10　1999 年万家寨水库进出库日均流量

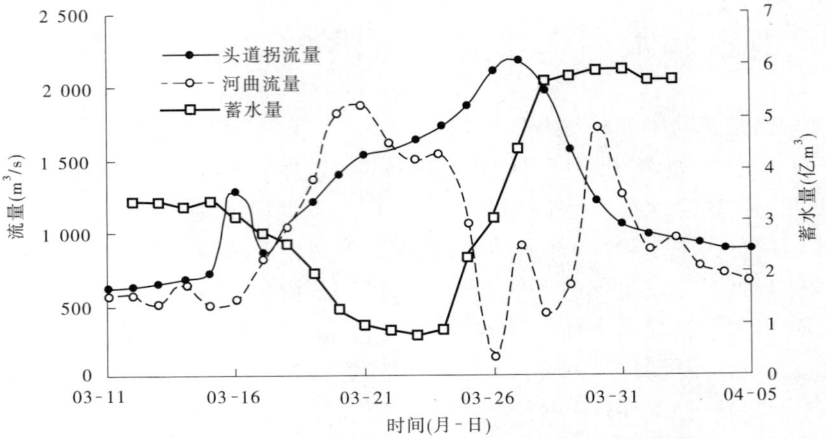

图 3-11　2000 年万家寨水库进出库日均流量及蓄水过程

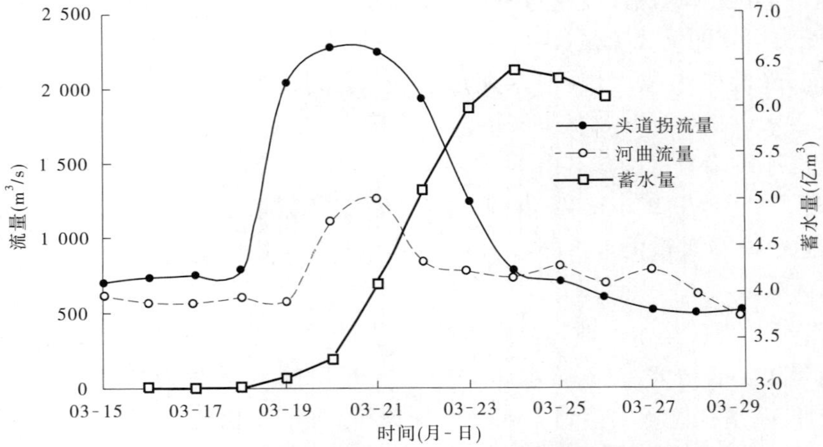

图 3-12　2001 年万家寨水库进出库日均流量及蓄水过程

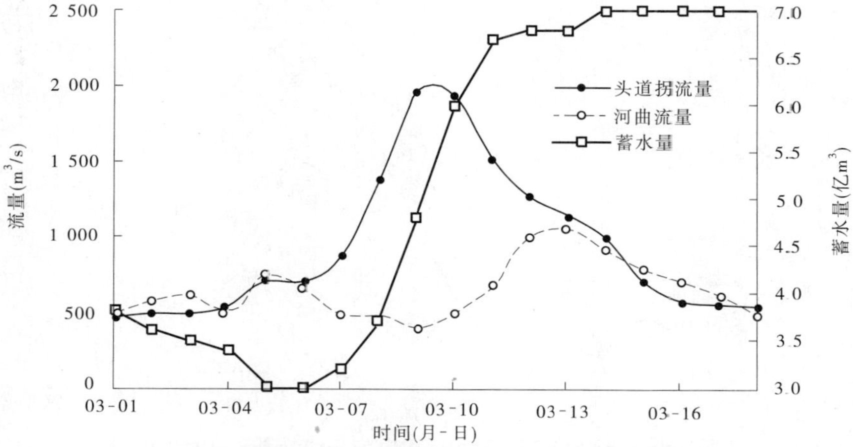

图 3-13　2002 年万家寨水库进出库日均流量及蓄水过程

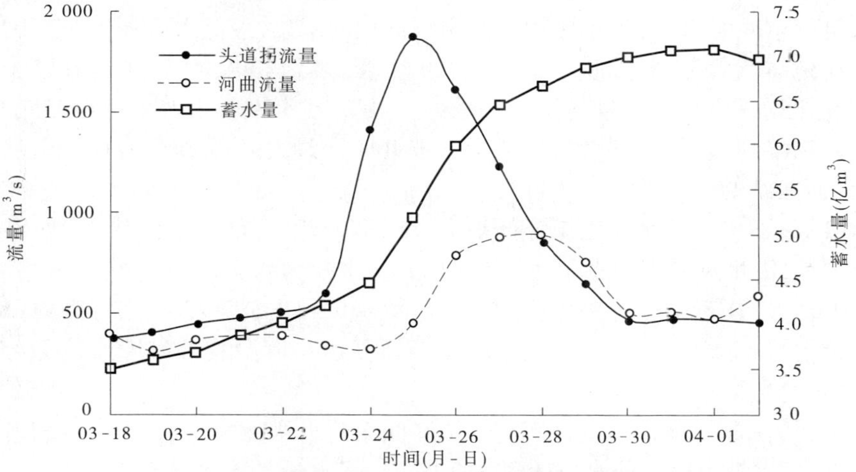

图 3-14　2003 年万家寨水库进出库日均流量及蓄水过程

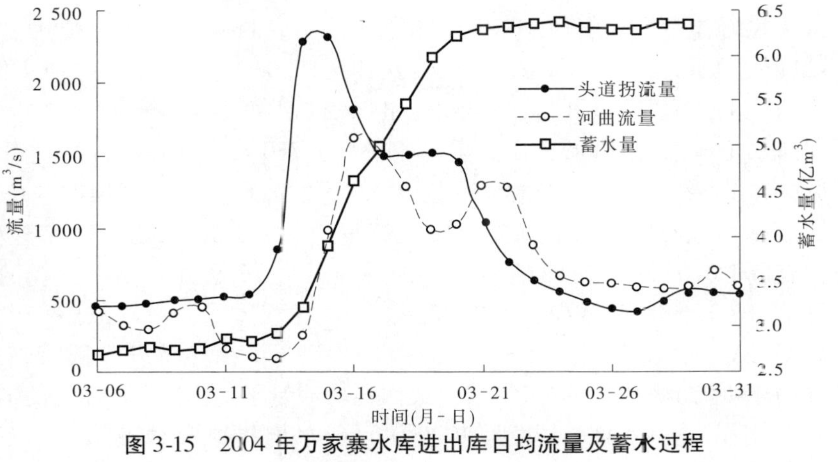

图 3-15　2004 年万家寨水库进出库日均流量及蓄水过程

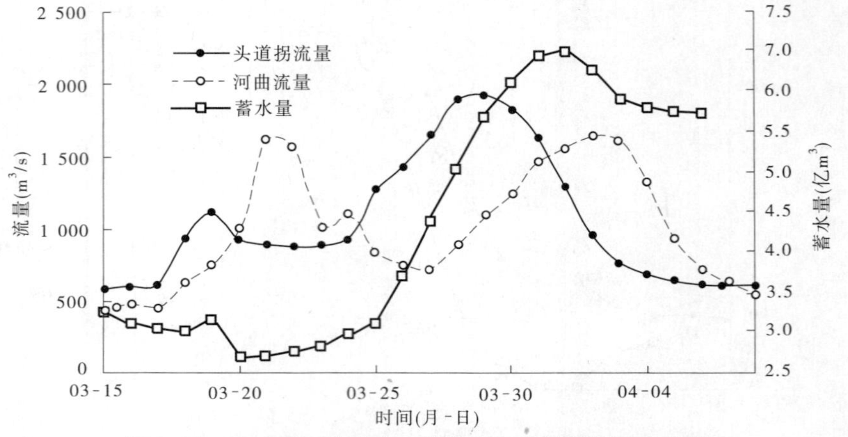

图 3-16　2005 年万家寨水库进出库日均流量及蓄水过程

11.64 亿 m^3 减少到出库的 7.07 亿 m^3，减少了 4.57 亿 m^3。

2002 年，内蒙古河段开河前水库先泄水降低坝前水位，最低水位降到 955.02 m，蓄水量减到 3.0 亿 m^3，在涨水过程中水库开始蓄水，桃汛结束时蓄水量达 7 亿 m^3（见图 3-13）。桃汛期入库最大流量为 2 160 m^3/s，经万家寨水库蓄水调节后出库最大流量为 1 360 m^3/s，洪峰削减 37%，最大日均流量削减 46%。最大 10 日洪量也由头道拐的 10.73 亿 m^3 减到河曲站的 6.19 亿 m^3，减少了 4.54 亿 m^3。

2003 年，桃汛洪水前水库逐渐降低蓄水位到 359.70 m，然后缓慢蓄水，洪水期蓄水量开始明显增加，洪水过后坝前水位达 976.02 m，蓄水量为 6.7 亿 m^3。桃汛期最大入库流量为 1 920 m^3/s，由于万家寨水库蓄水，出库最大流量仅 1 380 m^3/s，洪峰削减 28.1%，最大日均流量削减 53%（见图 3-14）。最大 10 日洪量由头道拐的 8.35 亿 m^3 减少到河曲站的 5.57 亿 m^3，减少了 2.78 亿 m^3。

2004 年，万家寨水库仍然是开河前开始降低坝前水位，洪水过程中水库蓄水运用，坝前水位抬升，蓄水结束时坝前水位达到 976.28 m，蓄水量基本维持在 6.3 亿 m^3。由于入库流量过程和水库蓄水的共同影响，不仅出库流量减小，还形成了两个洪峰过程（见图 3-15）。最大洪峰流量由入库的 2 590 m^3/s 削减到出库的 1 760 m^3/s，削减了 32%。最大 10 日洪量也由头道拐的 13.07 亿 m^3 减到河曲的 10.03 亿 m^3，减少了 3.04 亿 m^3。

2005 年，内蒙古河段分段开河，头道拐先出现较小洪峰过程，开河过程中万家寨水库逐渐降低坝前水位泄水，出库形成最大瞬时流量为 1 730 m^3/s 的洪水过程（见图 3-16）；全河开通形成的洪水过程中，水库抬高水位蓄水运用，落水阶段最高坝前水位达 977.84 m，水库蓄水量 6.5 亿 m^3。桃汛期头道拐最大流量为 1 950 m^3/s，由于水库蓄水运用，相应出库最大流量 1 670 m^3/s，洪峰削减了 14.4%。最大 10 日洪量由头道拐的 12.57 亿 m^3 减到河曲的 10.72 亿 m^3，减少了 1.85 亿 m^3。

表 3-16 给出了桃汛期万家寨水库进出库洪峰、洪量的变化情况。从 1999 ~ 2005 年平均来看，最大瞬时流量平均削减 16.6%，最大日均流量平均削减 30.5%，桃汛期万家寨水库年均蓄水量为 3 亿 ~ 4 亿 m^3，最大 10 日洪量年平均减少 3.41 亿 m^3；而万家寨水库运用前头道拐—河曲洪峰流量有增加也有减小，1987 ~ 1998 年最大瞬时流量平均削减

3.2%，最大10日洪量平均减少0.46亿m^3。经万家寨水库调蓄的桃汛洪水，具有双峰现象出现次数增加、持续时间增长、洪峰值减小等特点。受此影响，潼关站洪水过程发生变化，洪量出现极端化：一是由泄水形成的洪峰和削减桃汛洪水后的洪峰组成多峰情况，洪量可达20亿m^3，如1999年、2000年、2005年，2004年也是两个峰但间隔较近；二是单峰情况，洪峰削减，洪量也比较小，如2001～2003年洪量均不足8亿m^3。

从1999～2005年平均情况看，潼关站桃汛洪水平均持续时间约15 d（包括了万家寨水库泄水形成的洪水过程），平均洪量为14.01亿m^3，平均洪峰流量为1 687 m^3/s，较1987～1998年平均值2 642 m^3/s减小955 m^3/s（见表3-14和图3-3），平均含沙量为22.8 kg/m^3，略小于1998年以前的平均值；最大10日洪量为9.67亿m^3，较1987～1998年平均值减小3.55亿m^3（见表3-5）。

表3-16　头道拐和河曲站桃汛洪峰和洪量值对比

年份	洪峰流量(m^3/s)			最大日均流量(m^3/s)			最大10日洪量(亿m^3)		
	头道拐	河曲	增减率(%)	头道拐	河曲	增减率(%)	头道拐	河曲	洪量差
1999	1 790	2 250	25.7	1 780	1 770	-0.56	12.3	9.2	-3.1
2000	2 220	1 960	-11.7	2 180	1 720	-21.1	15.19	11.38	-3.81
2001	2 430	2 180	-10.3	2 280	1 260	-44.7	11.64	7.07	-4.57
2002	2 160	1 360	-37.0	1 960	1 060	-45.9	10.73	6.19	-4.54
2003	1 920	1 380	-28.1	1 870	880	-52.9	8.35	5.57	-2.78
2004	2 590	1 760	-32.0	2 320	1 620	-30.2	13.07	10.03	-3.04
2005	1 950	1 670	-14.4	1 920	1 640	-14.6	12.75	10.72	-2.03
1999～2005	2 151	1 794	-16.6	2 044	1 421	-30.5	12.00	8.59	-3.41
1987～1998	2 402	2 325	-3.2	2 188	1 950	-10.9	10.34	9.88	-0.46

桃汛期洪峰流量削减、洪量减少，对河床的冲刷作用减弱，洪水前后潼关高程下降值减小。1999年、2000年、2005年桃汛具有2个以上洪峰，第一场洪峰前后潼关高程下降，第二场洪峰前后潼关高程回升，桃汛洪水前后潼关高程变化则很小；2001年和2002年潼关洪峰流量和洪量均比较小，桃汛洪水前后潼关高程略有抬升；2003年桃汛洪峰流量最小，仅1 120 m^3/s，但是桃汛期潼关河段实施了射流清淤，洪水前后潼关高程下降；2004年潼关出现2个相距很近的洪峰，最大洪峰流量为1 900 m^3/s，1 000 m^3/s以上流量持续时间长，洪水前后潼关高程有较明显的下降。从平均情况看，这一时段三门峡水库的平均起调水位进一步降低，平均为315.41 m，低于1974～1986年和1987～1998年平均值，但洪峰流量偏小36%，潼关高程平均冲刷下降只有0.04 m，见表3-1。

可见，万家寨水库桃汛期蓄水削峰，削减了潼关站的洪峰流量，对潼关高程的冲刷下降十分不利。

3.5 小 结

(1)桃汛期头道拐多年平均洪峰流量为2 298 m^3/s，天桥水库投入运用前，经过沿程变化到潼关洪峰流量增大15%，区间流量增加集中在吴堡—潼关河段；天桥水库运用后，不同区间影响因素不同，洪峰变化也不同，头道拐—河曲段受河曲段冰凌开河发展影响，各年洪峰有增加也有减少，平均略有增加；河曲—府谷段受天桥水库的影响洪峰流量显著增加；府谷—潼关段由于自然坦化洪峰流量沿程变化基本为衰减过程。头道拐最大10日洪量多年平均为9.75亿 m^3，沿程基本呈增加过程。

(2)桃汛洪水从河曲传播至潼关，各流量级传播时间为51.6～66.3 h，总体具有洪峰流量小传播时间长、流量大传播时间短的特点。龙门—潼关段受小北干流河床形态的影响，传播速度最小。

(3)最大含沙量沿程变化，在1962～1977年，头道拐—吴堡段显著增加，吴堡—潼关段略有增加；1978年后主要是天桥水库的排沙和沿程坦化调整的过程。沙量的沿程变化受水库排沙和河床自动调整的影响，头道拐—河曲段减少，河曲—潼关段各站沙量逐渐增加，其中河曲—府谷段由于天桥水库排沙区间沙量增加较多，龙门—潼关段因小北干流河床冲刷调整、区间沙量增加也比较多。

(4)河曲—潼关段支流汇入水、沙量分别占区间水、沙量增值的67%和7.1%；府谷—潼关区间水量增加主要是区间支流来水补给。支流水沙量汇入增大了各站水沙量，但对洪峰和沙峰的影响很小。

(5)1998年万家寨水库运用以来，在桃汛洪水期蓄水削峰，平均削峰比为16.6%，洪水期蓄水量为3.41亿 m^3，减少了河曲—潼关各站桃汛期的水、沙量，也削减了到潼关的洪峰和洪量，潼关站洪峰流量减至1 687 m^3/s，多峰机会增加。

(6)潼关站桃汛洪水多年(1974～1998年)平均洪峰流量为2 624 m^3/s，平均洪量为13.0亿 m^3，平均沙量为0.196亿t，持续时间约11 d，具有发生时间相对固定、洪峰流量较大、含沙量小的特点。除个别年份外，多数为单峰洪水过程，涨落接近对称分布，沙峰和洪峰基本对应。

(7)桃汛期潼关高程一般发生冲刷下降，多年平均为0.12 m。其下降值与三门峡水库起调水位、潼关洪峰流量等因子关系密切，在同一洪峰流量下，起调水位越高对潼关高程冲刷越不利，起调水位高到一定值还会加速潼关高程抬升，起调水位较低时潼关高程下降值较大；在同一起调水位下，洪峰流量大时潼关高程冲刷下降值大，当洪峰流量小到一定值时，即使起调水位很低，潼关高程也难以发生冲刷下降。

(8)桃汛期三门峡水库起调水位为316～312.5 m，潼关高程变化值与洪峰流量具有较好的线性关系，也就是说，在现状三门峡水库运用方式下，水位从316 m附近继续降低到 312 m 左右，能够增加潼关高程冲刷的作用不明显，而潼关高程下降值与洪峰流量大小关系更为密切。

参考文献

[1] 侯素珍，王平．桃汛洪水对潼关高程作用分析[J]．泥沙研究，2005(1)：53-56.
[2] 翟家瑞，任伟．万家寨水库运用对桃汛降低潼关高程的影响[J]．泥沙研究，2005(2)：1-4.
[3] 侯素珍，王平，等．桃汛期潼关高程冲刷条件研究[J]．人民黄河，2007(3)：16-17.

第4章　有效冲刷潼关高程的优化桃汛洪水过程研究

本章通过实测资料分析提出桃汛期潼关高程冲刷下降的基本条件，包括潼关站水沙条件和三门峡水库控制水位；以基本的水沙条件为基础，结合原型试验过程中对潼关高程冲刷影响因子的进一步认识，考虑不同的峰型、峰值、含沙量等，设计不同的桃汛洪水过程，通过实体模型试验和数学模型方案计算，寻求影响潼关高程变化的敏感因素；考虑水库的调节能力和河道边界条件的限制，提出安全可靠的、有利于潼关高程冲刷下降的桃汛洪水过程。

4.1　实测资料分析

4.1.1　潼关高程冲刷条件分析

如前所述，桃汛期潼关高程下降与三门峡水库起调水位、潼关站洪峰流量和10日洪量具有较好的相关关系，当起调水位较低时，潼关高程下降值与洪峰流量关系更为密切[1]。

2003年以来，三门峡水库非汛期最高运用水位控制在318 m以下，桃汛期水位最高也不会超过318 m。为此，选取起调水位低于318 m的年份点绘起调水位较低时潼关高程升降关系如图4-1所示。在图4-1中，2003年受桃汛前潼关高程较高(328.62 m)、桃汛期潼关河段清淤及渭河来水较大(华县最大流量337 m^3/s)等因素的影响，在洪峰流量只有1 120 m^3/s的情况下潼关高程明显下降；1996年受前期凌汛水位高、桃汛洪水前潼关

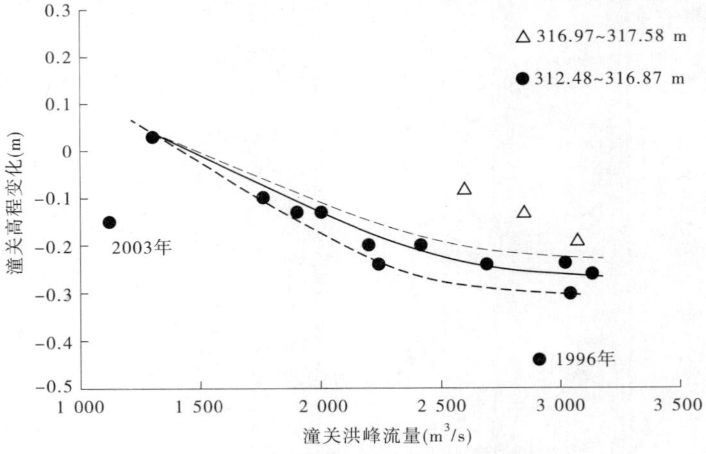

图4-1　起调水位较低时潼关高程升降关系

高程较高(328.56 m)及洪水过程等因素的影响，与点群有明显偏离，除此之外，其他年份桃汛初期的潼关高程在327.06～328.35 m。

由图4-1可以看出，当起调水位在312.48～316.87 m时，潼关高程的下降值与潼关洪峰流量存在较好的相关关系：潼关高程冲淤变化的临界洪峰流量为1 500 m^3/s，当洪峰流量小于1 500 m^3/s时，潼关高程基本不发生冲刷或者淤积抬升；当洪峰流量为2 000 m^3/s时，潼关高程可下降0.15 m左右；当洪峰流量达到2 500 m^3/s时，潼关高程可下降0.2～0.3 m；当洪峰流量大于2 500 m^3/s时，随着流量的增大潼关高程下降值增幅减小。

2003年以来，汛后潼关高程在327.9 m左右，非汛期的回淤取决于来水来沙条件和水库运用水位，汛后的抬升值减小和河床边界条件的变化将影响桃汛洪水的冲刷效果。据此考虑，潼关高程发生明显冲刷，需要潼关洪峰流量达到2 500 m^3/s以上。为实现潼关高程冲刷达0.2 m左右，潼关站洪峰流量的控制指标应达2 500 m^3/s，洪峰流量越大越有利于潼关高程的冲刷下降。

同样，选取三门峡水库桃汛期起调水位低于318 m的年份，点绘桃汛期潼关高程变化与相应最大10日洪量关系(见图4-2)，可以看出，除2003年和1996年外，随着10日洪量的增加，潼关高程下降值增大，当洪量大于13亿m^3后继续增大，潼关高程下降值增幅则减小。从图3-9桃汛洪峰流量与最大10日洪量的关系可以看出，当洪峰流量为1 500 m^3/s时，相应洪量约为9亿m^3；当洪峰流量为2 000 m^3/s时相应洪量为12亿m^3；当洪峰流量为2 500 m^3/s时相应洪量为12亿～14亿m^3。对历史资料综合分析后认为，一般情况下潼关高程冲刷0.20 m左右的水流条件为洪峰流量为2 500 m^3/s、最大10日洪量为13亿m^3左右，相当于1987～1998年潼关站的10日平均洪量，相应的洪水期平均流量为1 500 m^3/s。

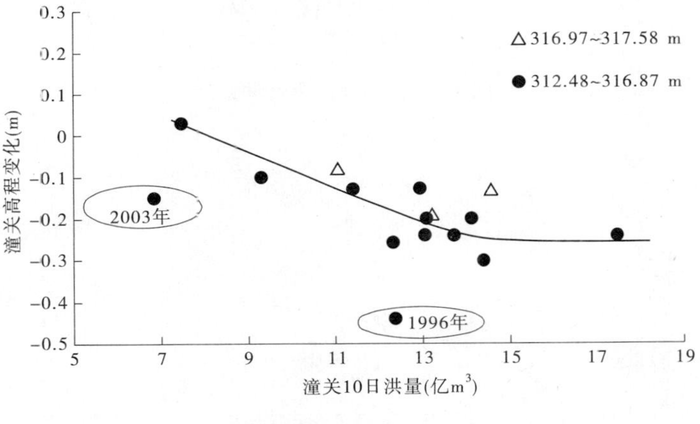

图4-2　桃汛期潼关高程变化与最大10日洪量的关系

桃汛洪水一般持续时间为7～20 d，1987～1998年平均为10 d，有利于潼关高程下降的有效洪水时间按历时10 d考虑。

实测资料表明，桃汛期潼关站最大含沙量为53 kg/m^3(1981年)，多年平均含沙量为26 kg/m^3；洪水期平均含沙量最大为22 kg/m^3，多年平均为14 kg/m^3；多年平均悬沙中值粒径为0.035 ~0.045 mm，基本不影响潼关高程的冲刷。龙羊峡水库运用后的1987 ~ 1998年，桃汛期最大含沙量平均为28.4 kg/m^3，洪水期平均为17 kg/m^3，潼关高程平均冲刷下降0.18 m。

近年来，潼关河段（黄淤36—黄淤41—黄淤45）基本不受三门峡水库回水的直接影响，其冲淤变化特征与小北干流河段接近（如图4-3所示），汛期和非汛期的冲淤变化与小北干流基本一致，2003年后均为累计冲刷，是小北干流河段冲刷的延续。而小北干流河段的冲淤变化与龙门水沙具有较好的相关关系[3]，图4-4为以干流来水为主的洪水期小北干流河段单位水量冲淤量与来沙系数的关系。当来沙系数较小时，小北干流河段发生冲刷；当来沙系数大于一定值时，单位水量淤积量随来沙系数增大而增加，不冲不淤的来沙系数临界值约为0.011 kg·s/m^6。基于近年来潼关河段与小北干流河段冲淤变化特点相近，可以认为，洪水期潼关高程升降的临界水沙条件为来沙系数约0.011 kg·s/m^6，相应于洪峰流量为2 500 m^3/s的含沙量为27.5 kg/m^3，洪水期平均含沙量为16.5 kg/m^3。

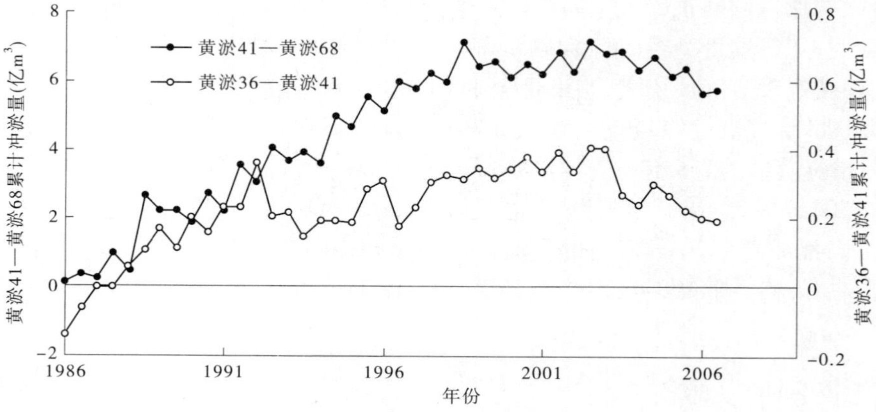

图4-3　不同河段累计冲淤量

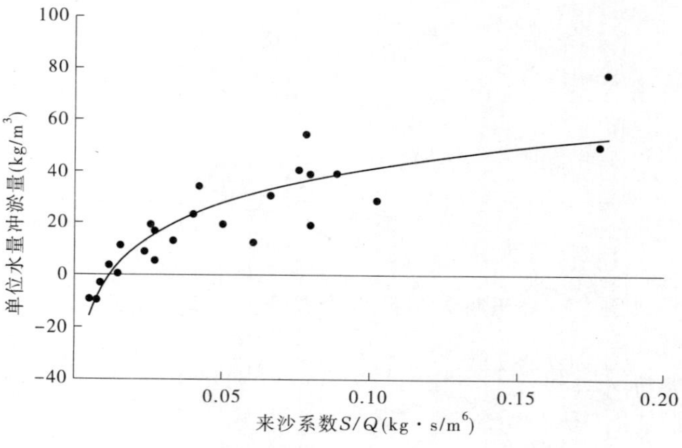

图4-4　小北干流河段洪水期冲淤量与来沙系数的关系

根据1987年以来的平均情况和近似的临界水沙条件，综合分析认为，桃汛期不影响潼关高程下降的含沙量过程可按最大含沙量不超过28 kg/m³、平均含沙量不超过17 kg/m³考虑。

4.1.2 三门峡水库控制水位

三门峡水库1960年运用以来，经历了蓄水拦沙、滞洪排沙和蓄清排浑控制运用三个阶段，非汛期的高水位运用和淤积上延对潼关高程产生了严重影响。随着非汛期运用水位的改善，特别是2002年11月以来，非汛期最高运用水位按318 m控制，水库蓄水对潼关高程的影响逐渐减小。在现状运用方式下，三门峡水库的蓄水位以不影响潼关河段冲淤变化为前提。

对实测资料分析表明，三门峡水库起调水位越高对潼关高程冲刷越不利，当起调水位为312.5～316.8 m时，潼关高程变化与洪峰或洪量的关系基本一致。也就是说，对于桃汛期潼关高程的变化来说，在同样的水沙条件下，三门峡水库起调水位低于316.87 m以后冲刷作用增加并不明显，但是对库区的淤积分布影响较大，当起调水位为312～313 m时，可将大禹渡以上的淤积物向下搬移至北村以下，有利于库区的冲淤平衡。例如2004年和2005年桃汛期三门峡水库起调水位分别为312.83 m和314.07 m，平均水位分别为315.58 m和316.25 m，潼关以下库区的冲淤分布如图4-5所示，2004年库区黄淤24断面以上发生冲刷，淤积体集中在黄淤18—黄淤22断面；2005年库区黄淤32断面以上发生冲刷，淤积体集中在黄淤20—黄淤30断面。2004年与2005年相比，2004年桃汛期库水位较低、淤积体更靠近坝前。

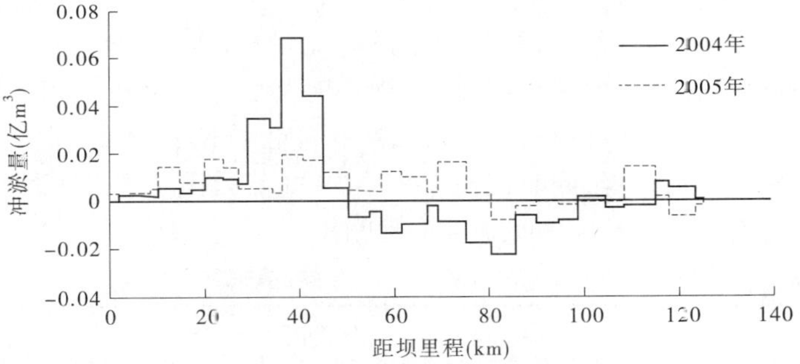

图4-5　2004年和2005年桃汛期三门峡库区冲淤分布

从水库回水影响范围看，非汛期最高水位按318 m控制运用以来，坝前水位310 m回水影响到老灵宝（黄淤26）断面，坝前水位314 m回水影响到大禹渡（黄淤30）断面附近（见图4-6），为确保大禹渡以上淤积物向下搬移，对大禹渡以上河道产生有利影响，三门峡水库起调水位按313 m控制。

根据以往潼关高程冲淤演变的有关研究成果[2]，当流量较小时水流对河床的冲刷作用小，当流量达到1 500 m³/s以上时，潼关及库区河床的冲刷效果较好。综合考虑后认为，当桃汛期潼关站流量涨到1 000 m³/s时，三门峡水库坝前水位控制在313 m以下，当流量回落到1 400 m³/s及其以下时水库逐步蓄水，最终回蓄水位控制不超过318 m。适当延长低水位持续时间,有利于大流量期河道的冲刷调整。

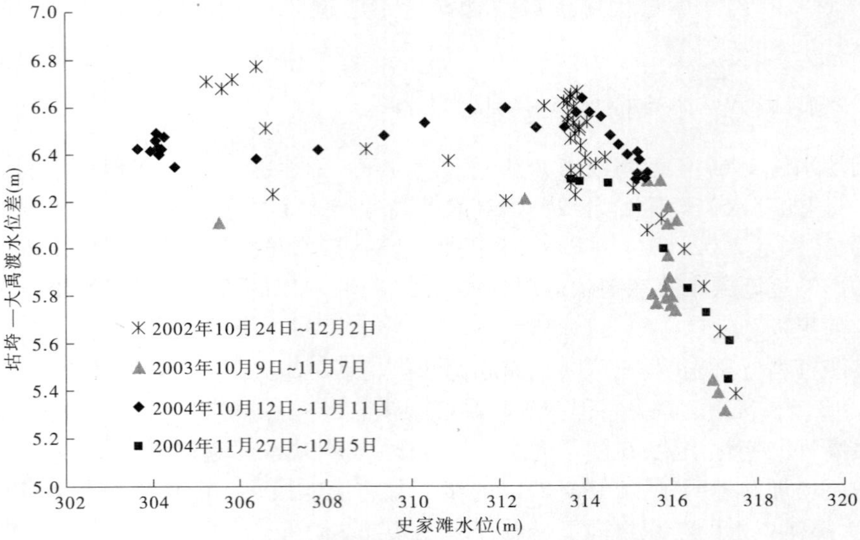

图 4-6 回水影响大禹渡的坝前水位分析图

4.2 实体模型试验对比

4.2.1 试验方案及边界控制条件

试验方案以实测资料分析提出的潼关站洪峰流量 2 500 m^3/s、10 日洪量 13.0 亿 m^3 为基本条件,在相同洪量下考虑平头峰(洪峰出现时间长)、洪水快涨缓落和缓涨快落、增大峰值等情况,形成 4 个洪水过程。不同流量级相应含沙量的确定,以桃汛期含沙量与流量的平均关系为基础进行配置,同时考虑 1987 ~ 1998 年桃汛洪水期平均含沙量作为限制条件。综合给出的潼关站设计方案见表 4-1 和图 4-7。

表 4-1 桃汛洪水设计方案(潼关站)

时序	方案 1		方案 2		方案 3		方案 4	
	流量(m^3/s)	含沙量(kg/m^3)	流量(m^3/s)	含沙量(kg/m^3)	流量(m^3/s)	含沙量(kg/m^3)	流量(m^3/s)	含沙量(kg/m^3)
1	900	11.0	900	11.0	900	11.0	900	11.0
2	1 000	11.7	1 350	15.5	1 100	13.0	1 000	11.7
3	1 300	15.5	2 500	22.3	1 350	15.3	1 400	15.8
4	2 500	22.3	2 400	21.6	1 600	17.8	1 800	18.6
5	2 500	22.3	1 800	18.6	1 900	19.0	3 500	24.3
6	2 500	22.3	1 500	16.7	2 350	21.3	2 000	19.0
7	1 600	17.8	1 400	15.8	2 500	22.3	1 500	16.7

续表 4-1

时序	方案 1		方案 2		方案 3		方案 4	
	流量(m^3/s)	含沙量(kg/m^3)	流量(m^3/s)	含沙量(kg/m^3)	流量(m^3/s)	含沙量(kg/m^3)	流量(m^3/s)	含沙量(kg/m^3)
8	1 050	12.7	1 250	14.5	1 400	15.8	1 200	13.5
9	900	11.0	1 000	11.7	1 000	11.7	950	11.3
10	800	10.0	950	11.3	950	11.3	800	10.0
水量(亿 m^3)	13.0		13.0		13.0		13.0	
沙量(亿 t)	0.232		0.224		0.224		0.225	
峰型	平头峰		陡涨缓落(正偏态)		缓涨陡落(负偏态)		较大峰(接近正态)	

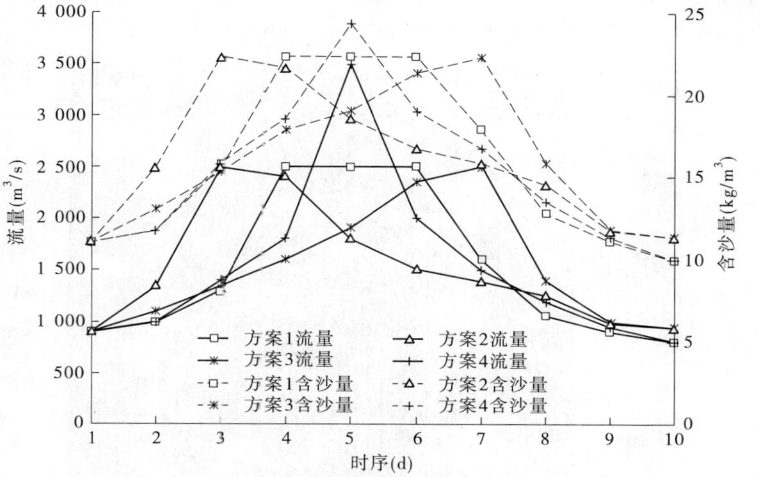

图 4-7 试验方案流量、含沙量过程

桃汛洪水过程历时均为 10 d,来水量均为 13.0 亿 m^3,来沙量在 0.232 亿~0.224 亿 t,平均含沙量约为 17 kg/m^3。方案 1 为平头峰,最大流量 2 500 m^3/s 持续了 3 d;方案 2 和方案 3 最大流量 2 500 m^3/s 持续了 1 d,方案 2 为陡涨缓落,而方案 3 为缓涨陡落;方案 4 为峰型相对尖瘦,最大流量 3 500 m^3/s 持续了 1 d。初始地形条件与复演初始地形相同,采用 2004 年桃汛前地形。2004 年桃汛前实测潼关高程为 328.17 m。

模型进口为上塬头(黄淤 45)断面,直接以潼关站设计流量、含沙量过程控制,出口为三门峡大坝,坝前水位按 313 m 控制。

4.2.2 试验结果分析

4.2.2.1 河势演变对比

在 4 个试验方案中,由于洪峰流量和峰型不同,桃汛后与初始河势相比,各个方案存在一定的差异。

对于峰值相同的 3 个方案(方案 1~方案 3)而言,汇流区河段流路演变情况基本一致,所不同的是潼关以下部分河段,主要表现在河槽宽度和水面宽的变化上,方案 3 的水面宽较小,方案 1 次之,方案 2 较大。

对比不同峰值的洪水过程方案,方案 4(桃汛峰值 3 500 m^3/s)对汇流区河段河势产生了一定的影响:汇流区宽浅、散乱的局面有所改观,具体表现在汊流归并,两岸工程靠溜长度增加,河道过流位置稳定而集中。渭河口至凤凰嘴工程之间“横河”演变为“斜河”,而方案 1 ~ 方案 3 没有如此明显的作用。

在潼关以下河段,方案 4 所表现出来的造床作用更为明显,较好地调整了渭河口至凤凰嘴工程之间的河势流路,桃汛洪水前后,该段流路方向发生了 20° ~ 30°的偏转,改善了工程对水流的控导作用,像七里村、古贤、鸡子岭、原村工程着溜长度和吃溜部位均产生了一定改观,七里村工程由初期的 3 道坝靠溜,洪水后全线着溜,方案 1 ~ 方案 3 流路变化较小,与方案 4 相比工程对水流的控导作用稍弱,方案 4 使古贤工程的着溜点上提了近 150 m,而方案 1 ~ 方案 3 则上提了 80 ~ 100 m,类似的情况还有鸡子岭工程、原村工程等。

图 4-8 和图 4-9 为试验期模型局部河段情况,河势套绘如图 4-10 所示。

图 4-8　桃汛期间潼关断面上游河段流路情况

图 4-9　桃汛期间古贤工程河段流路情况

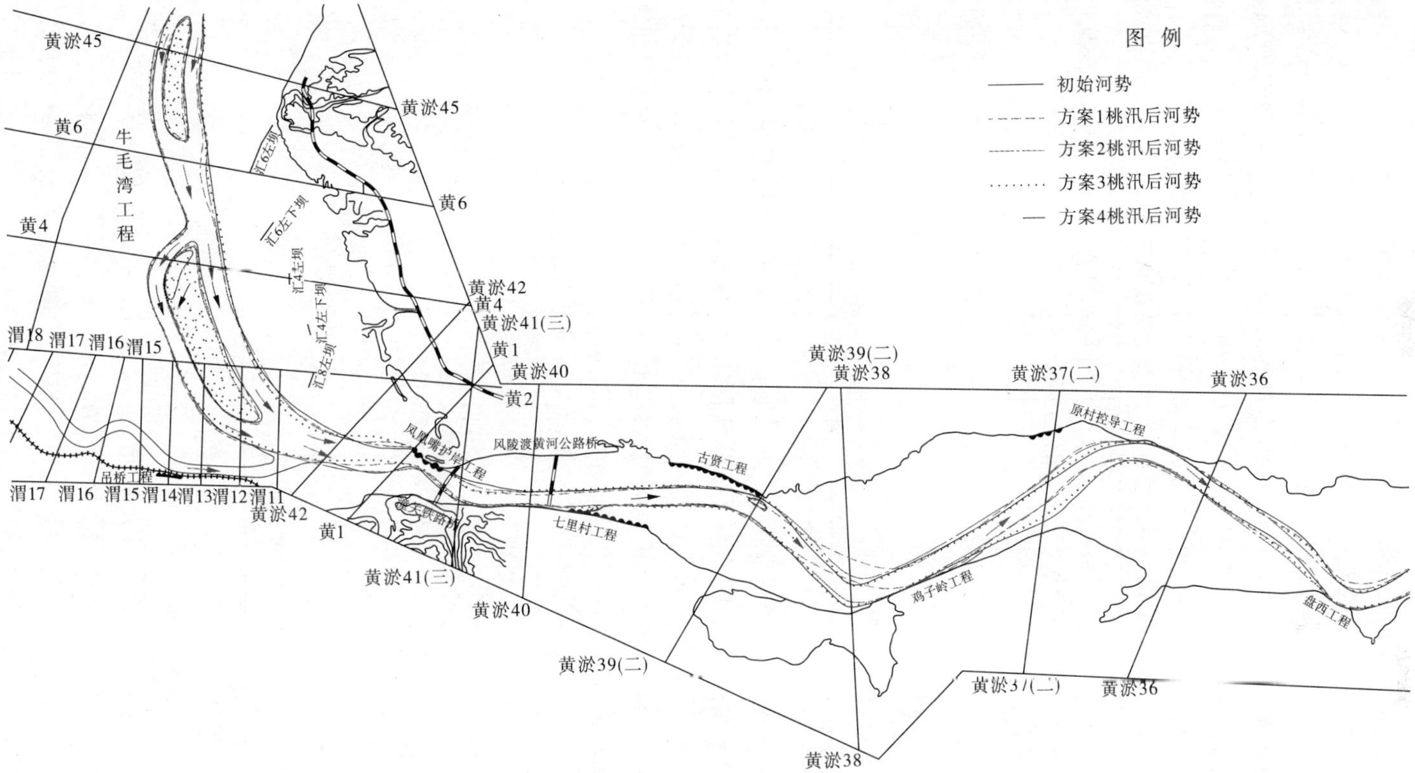

图4-10　方案试验桃汛后河势套汇图(黄淤45—黄淤36)

4.2.2.2 潼关高程及同流量水位变化

表 4-2 为试验前后潼关高程的变化情况，可以看出，各试验方案潼关高程均发生了明显冲刷。试验初期潼关高程为 328.18 m，方案 1 经过了洪峰流量为 2 500 m^3/s、持续 3 d 的洪水过程，潼关高程下降 0.18 m；方案 2 经过了洪峰流量为 2 500 m^3/s、持续 1 d、快涨缓落的洪水过程，潼关高程下降 0.14 m；方案 3 经过了洪峰流量为 2 500 m^3/s、持续 1 d、缓涨快落的洪水过程，潼关高程下降 0.16 m；方案 4 经过了洪峰流量为 3 500 m^3/s、持续 1 d 的洪水过程，潼关高程下降 0.19 m。4 个方案相比，方案 4 洪水对潼关高程的冲刷效果最好，其次为方案 1，二者差异很小，方案 2 的冲刷效果相对较差。

表 4-2　桃汛前后不同方案潼关高程变化　（单位：m）

方案	桃汛前	桃汛后	变化值
方案 1	328.17	327.99	-0.18
方案 2	328.17	328.03	-0.14
方案 3	328.17	328.01	-0.16
方案 4	328.17	327.98	-0.19

沿程各水位站流量 1 000 m^3/s 对应水位变化见表 4-3。试验结果表明，潼关（八）断面洪水前后同流量水位变化，除方案 2 下降值偏小（0.13 m）外，其他方案没有明显差异，为 0.15～0.16 m；坫垮断面洪水前后同流量水位下降值普遍偏小，仅 0.02～0.07 m；大禹渡断面洪水前后同流量水位下降值普遍偏大，达 0.2～0.3 m，其变化不仅受洪水的影响，还受三门峡运用水位从 318 m 降到 313 m 产生的有利影响。

表 4-3　桃汛前后流量 1 000 m^3/s 水位沿程变化　（单位：m）

方案	潼关（八）	坫垮	大禹渡
方案 1	-0.15	-0.06	-0.29
方案 2	-0.13	-0.02	-0.24
方案 3	-0.16	-0.06	-0.20
方案 4	-0.15	-0.07	-0.26

4.2.2.3 库区冲淤变化分析

表 4-4 和图 4-11 分别为各方案桃汛期冲淤量统计和沿程分布。方案 1 中，潼关以下河段共淤积了 0.157 亿 m^3，其中黄淤 36—黄淤 41 断面冲刷了 0.030 亿 m^3，库区淤积主要集中在黄淤 24 断面以下河段。从图 4-11 可以看出，桃汛前后黄淤 24 断面以上的河段除黄淤 35—黄淤 37 断面处略有淤积外，其余河段均发生了冲刷，冲刷最显著的河段集中在黄淤 24—黄淤 35 断面。

表 4-4　不同方案分段冲淤量统计　（单位：亿 m^3）

河段	方案 1	方案 2	方案 3	方案 4
坝前—黄淤 22	0.283	0.272	0.252	0.297
黄淤 22—黄淤 30	-0.060	-0.042	-0.039	-0.070
黄淤 30—黄淤 36	-0.036	-0.044	-0.038	-0.033
黄淤 36—黄淤 41	-0.030	-0.011	-0.018	-0.034
坝前—黄淤 41	0.157	0.174	0.166	0.160

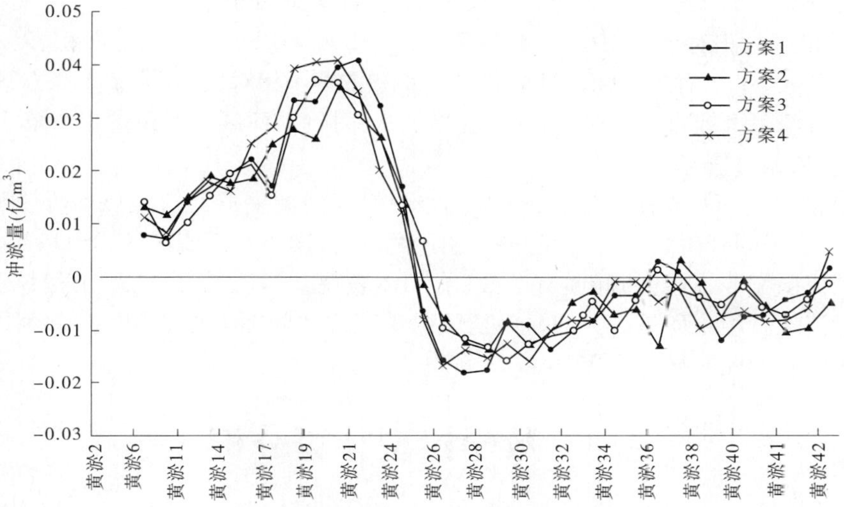

图 4-11　不同方案冲淤量沿程分布

方案 2 中，潼关以下河段共淤积了 0.174 亿 m^3，其中黄淤 36—黄淤 41 断面冲刷了 0.011 亿 m^3，库区淤积集中在黄淤 24 断面以下河段。从图 4-11 可以看出，桃汛前后黄淤 24 断面以上的河段除个别河段略有淤积外，其余河段均发生了冲刷，冲刷最显著的河段集中在库区中段的黄淤 24—黄淤 32 断面。

方案 3 中，潼关以下河段共淤积了 0.166 亿 m^3，其中黄淤 36—黄淤 41 断面冲刷了 0.018 亿 m^3，库区淤积集中在黄淤 25 断面以下河段。从图 4-11 可以看出，桃汛前后黄淤 25 断面以上的河段除黄淤 34—黄淤 36 断面略有淤积外，其余河段均发生了冲刷，冲刷最显著的河段集中在库区中段的黄淤 25—黄淤 34 断面。

方案 4 中，桃汛期沿程冲淤量分布，潼关以下河段共淤积了 0.160 亿 m^3，其中黄淤 36—黄淤 41 断面冲刷了 0.034 亿 m^3，库区淤积主要集中在黄淤 24 断面以下河段。从图 4-11可以看出，桃汛前后黄淤 24 断面以上的河段均发生了冲刷。

总体来看，各方案的淤积量差别较小，以方案 2 和方案 3 略偏大；从沿程冲淤分布看，库区淤积主要发生在黄淤 24—黄淤 25 以下的河段，以上河段除少数断面略有淤积外，均表现为冲刷，方案 4 淤积最严重的河段要较其余方案更靠下；冲淤分界略有差异。从各河段冲淤量看，黄淤 36—黄淤 41 冲刷量以方案 4 最大，以方案 2 最小；黄淤 22 断面以下的淤积量仍以方案 4 最大，以方案 3 最小。

可见，各方案冲淤变化表明，大流量使得淤积部位更靠坝前，潼关高程的下降值也偏大。

4.2.3 小结

(1)各试验方案中，桃汛洪水前后潼关高程均有一定程度的冲刷下降，其中方案 4 下降幅度最大，为 0.19 m，其次为方案 1，冲刷下降了 0.18 m，而方案 2 则最小，下降了 0.14 m，沿程坫埼和大禹渡 1 000 m^3/s 流量水位均有不同程度下降。试验结果说明，较大洪峰对潼关高程的冲刷作用较好，洪峰持续时间长时冲刷效果也比较好。

(2)潼关以下冲淤量和沿程分布结果表明，各方案总淤积量相差不大，方案 4 和方案 1 总淤积量接近且相对较小，方案 2 略偏大；黄淤 22 断面以下河段均为淤积、以上河段为冲刷，其中黄淤 36—黄淤 41 河段冲刷量方案 4 和方案 1 相对较大，方案 2 和方案 3 较小。可见，当洪峰流量大或大流量时间长时，会增加水库排沙，库区的淤积量相对较小，对潼关河段冲刷效果相对较好。

(3)从洪水期河势观测结果看，较大洪峰可较好地调整渭河口至凤凰嘴工程之间河势流路。对于不同峰值的洪水过程方案，相比之下，方案 4 对汇流区河段河势产生了一定的影响：汇流区宽浅、散乱的局面有所改观，具体表现在汊流归并，两岸工程靠溜长度增加，河道过流位置稳定而集中。渭河口至凤凰嘴工程之间“横河”演变为“斜河”，而方案 1 ~ 方案 3 没有如此明显的作用。

4.3 数学模型计算分析

通过实体模型开展了不同峰型的 4 个方案研究，得出了相应认识，但实体模型试验受客观条件的限制。考虑到潼关高程演变的复杂性，同时开展了数学模型计算分析，对更多的方案进行比较，寻求影响潼关高程变化的敏感因素，以及对潼关高程冲刷有利的桃汛水沙过程。

依据历史桃汛洪水特点，结合当前工程、河道条件，以实测资料分析成果为基础，设计不同的桃汛峰型和水沙组合方案，分析不同洪水过程对潼关高程的冲刷作用，提出潼关高程冲刷效果相对较好的桃汛洪水特征参数。

4.3.1 计算方案和边界条件

计算方案以实测资料分析提出的潼关站洪峰流量在 2 500 m^3/s 以上、10 日洪量 13.0 亿 m^3 为基本条件，在相同洪量下考虑平头峰(洪峰出现时间长)、洪水陡涨缓落和缓涨陡落、增大峰值等情况，形成 4 个基本洪水过程。不同流量级相应含沙量的确定，以桃汛期含沙量与流量的平均关系为基础进行配置，同时考虑 1987 ~ 1998 年桃汛洪水期平均含沙量作为限制条件。形成的 4 个计算方案与 4.2 节实体模型方案相同。以方案 1 平头峰为基础，考虑流量大于 2 000 m^3/s 的水量和天数相同，增大洪峰值至 2 800 m^3/s，形成对比方案 5。

为进一步分析含沙量大小及沙峰与洪峰的对应情况对桃汛期潼关高程变化的影响，以方案3的流量过程为基础，含沙量以实测日均最大含沙量39 kg/m³(1997年桃汛期)为沙峰值，控制来沙总量相同，并考虑最大含沙量超前洪峰、与洪峰同步及滞后于洪峰的三种组合形成对比方案。方案1～方案4的水沙过程见表4-1，方案5～方案8的水沙过程见表4-5。基本峰型水沙过程见图4-7，方案5和方案1对比见图4-12，不同含沙量对比过程见图4-13。

表4-5　不同峰型方案桃汛期水沙过程

序号	方案5		方案6		方案7		方案8	
	流量(m^3/s)	含沙量(kg/m^3)	流量(m^3/s)	含沙量(kg/m^3)	流量(m^3/s)	含沙量(kg/m^3)	流量(m^3/s)	含沙量(kg/m^3)
1	900	11.0	900	11.0	900	11.0	900	11.0
2	1 000	11.7	1 100	13.0	1 100	13.0	1 100	13.0
3	1 300	15.5	1 350	15.3	1 350	15.3	1 350	15.3
4	2 400	21.6	1 600	19.0	1 600	17.8	1 600	17.8
5	2 800	23.0	1 900	39.0	1 900	19.0	1 900	19.0
6	2 300	21.0	2 350	27.0	2 350	25.0	2 350	21.5
7	1 600	17.8	2 500	21.0	2 500	39.0	2 500	23.2
8	1 050	12.7	1 400	15.8	1 400	15.8	1 400	27.0
9	900	11.0	1 000	11.7	1 000	11.7	1 000	39.0
10	800	10.0	950	11.3	950	11.3	950	16.0
水量(亿m^3)	13.0		13.0		13.0		13.0	
沙量(亿t)	0.230		0.268		0.268		0.268	

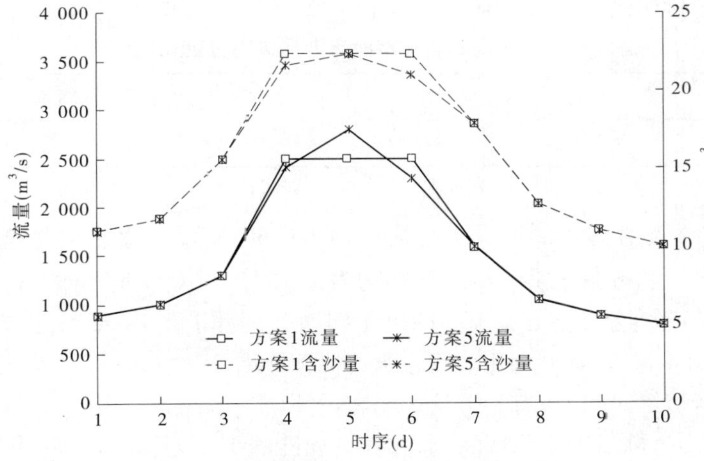

图4-12　不同峰型方案日均流量、含沙量过程

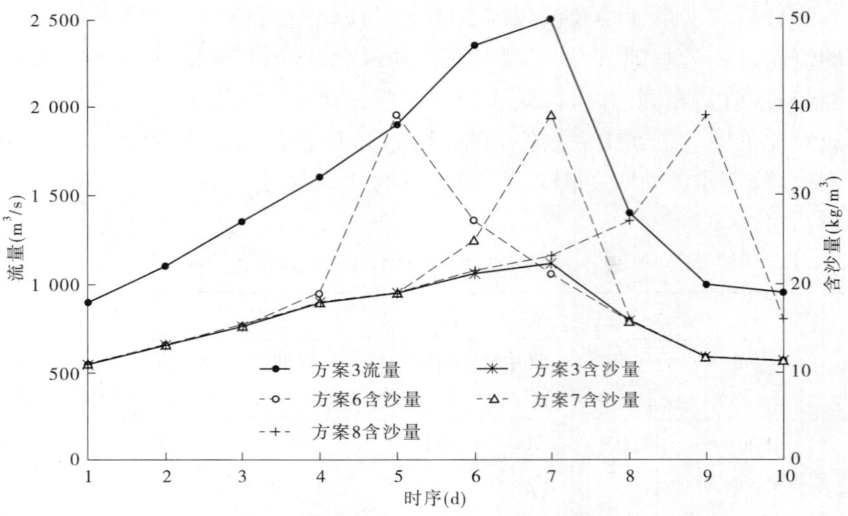

图 4-13　不同含沙量方案日均流量、含沙量过程

初始地形采用 2005 年汛后三门峡库区实测大断面资料，初始床沙级配采用 2005 年汛后实测资料，2005 年汛后潼关高程为 327.75 m；计算水沙条件除桃汛期外，模型水沙条件和坝前水位均采用 2006 年实测资料，模型计算时间步长为日。计算范围为上塬头—三门峡大坝。

4.3.2　计算结果分析

计算结果包括了 2005 年汛后到 2006 年汛后的变化情况，各方案 2006 年桃汛前计算结果相同，以下针对桃汛期的冲淤变化进行分析。

4.3.2.1　桃汛期不同峰型方案比较

1）桃汛前后潼关高程变化

表 4-6 给出了不同峰型方案桃汛期潼关高程变化值计算结果。桃汛前潼关高程为 327.98 m，不同的桃汛洪水过程相应潼关高程下降值有一定差异。

表 4-6　不同峰型方案桃汛期潼关高程变化值

方案	方案 1	方案 2	方案 3	方案 4	方案 5
潼关高程变化(m)	-0.22	-0.16	-0.18	-0.21	-0.23

方案 1、方案 2 及方案 3 的最大洪峰流量均为 2 500 m^3/s，方案 1 洪峰持续时间为 3 d，为平头峰；方案 2 和方案 3 洪峰持续时间均为 1 d，大于 2 000 m^3/s 的流量持续 2 d，相应最大 3 d 水量小于方案 1。方案 1 中的桃汛期潼关高程下降 0.22 m，比方案 2 多 0.06 m，比方案 3 多 0.04 m，方案 1 变化值明显大于方案 2 和方案 3，计算结果表明，相同洪峰流量条件下，洪峰持续时间长，有利于潼关高程的下降。

方案 2 和方案 3 桃汛洪水峰型不同，方案 2 属陡涨缓落型，涨水时间为 3 d，洪峰持续时间为 1 d，落水时间为 7 d；而方案 3 属缓涨陡落型，涨水时间为 7 d，洪峰持续时间为

1 d,落水时间为 3 d。从计算结果可以看出,方案 3 桃汛期潼关高程的下降幅度为 0.18 m,比方案 2 多 0.02 m,即方案 3 的洪水过程略为有利,可见洪峰相同、涨水过程偏长有利于河道冲刷。

方案 4 最大洪峰流量为 3 500 m^3/s,持续 1 d,流量大于 2 000 m^3/s 持续时间为 2 d,与方案 2、方案 3 相同,最大 3 日洪量略大于方案 2 和方案 3,方案 4 桃汛期潼关高程下降 0.21 m,其值比方案 2 多 0.05 m,比方案 3 多 0.03 m,与方案 1 平头峰冲刷效果接近。

方案 1 与方案 5 相比,方案 1 为平头峰,方案 5 接近自然洪水峰型、洪峰流量为 2 800 m^3/s,超过 2 000 m^3/s 的大流量时间均为 3 d,且最大 3 日水量相同。计算结果表明,方案 5 桃汛期潼关高程下降值为 0.23 m,略大于方案 1。可见,在大流量持续时间接近的条件下,适当增大洪峰流量,有利于潼关高程冲刷下降。

方案 1、方案 4 和方案 5 说明,在洪量一定情况下,接近自然峰型,但又不是太尖瘦的洪水过程对潼关高程的冲刷效果相对较好。

从上述 5 个方案的计算结果看,相对而言,方案 5 冲刷效果最好,方案 2 冲刷效果最差,可见在洪量一定的情况下,保证较大的洪峰同时需要保证大流量的持续时间,可能情况下延长涨水时间(洪水过程呈负偏态分布),才能使冲刷效果达到最好。

因此,实际过程中,洪水过程指标需根据实际来水过程,在保证安全情况下尽可能满足。洪峰指标受多因素的影响,需保证河道行洪安全不漫滩。

2)沿程冲淤调整

图 4-14 给出了桃汛前后潼关以下各断面冲淤面积变化值。从图 4-14 可以看出,桃汛期在水库蓄水位降低和洪水的共同作用下,库区前期淤积重心向坝前推进,黄淤 27 断面(距坝 61.63 km)以上主要以冲刷调整为主。由于桃汛洪水过程不同,沿程分布存在一定差异,各方案冲淤分界断面和冲淤量也略有不同。

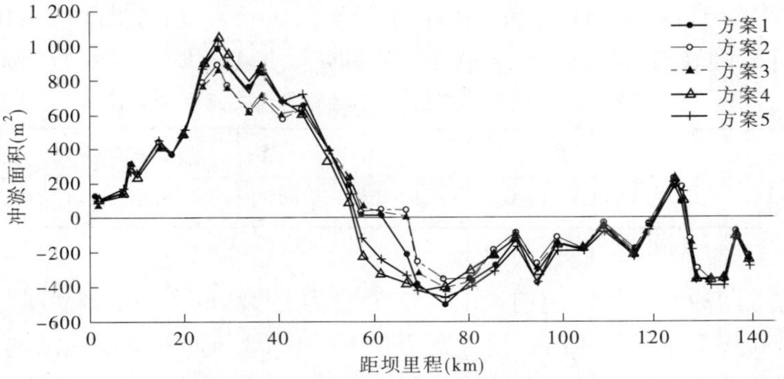

图 4-14 桃汛前后潼关以下各断面冲淤面积变化值

从冲刷发展的距离来看,方案 1 冲刷发展到黄淤 28 断面(距坝 67 km),方案 2、方案 3 冲刷均发展到黄淤 29 断面(距坝 69.3 km),方案 4 和方案 5 冲刷一直发展到黄淤 26 断面(距坝 57 km)。可见,方案 4 和方案 5 由于洪峰流量较大,洪水动力最强,冲刷发展距离最长;方案 1 与方案 2、方案 3 冲刷发展距离相当,但沿程冲刷面积略大于方案 2 和方案 3,其主要原因是方案 1 的洪峰流量维持在 2 500 m^3/s 的时间较长。上述分析表明:桃汛期洪峰流量大，持续时间长，有利于库区淤积重心向坝前推进。

表4-7给出了不同峰型方案分河段冲淤量计算结果。从冲淤总量上看，方案5淤积量最少，为0.164亿t；其次是方案4，淤积量为0.179亿t；再次为方案1，淤积量为0.193亿t。方案2和方案3总淤积量相对较大，其中方案2是所有计算方案中最大的，达0.215亿t。可见，从桃汛洪水在三门峡水库潼关以下库区排沙角度看，方案5效果最好，方案2效果最差。

表4-7　不同峰型方案分河段冲淤量计算结果　（单位：亿t）

河段	方案1	方案2	方案3	方案4	方案5
坝址—黄淤12	0.048	0.047	0.047	0.048	0.050
黄淤12—黄淤22	0.250	0.220	0.223	0.259	0.253
黄淤22—黄淤30	0.007	0.033	0.030	-0.036	-0.018
黄淤30—黄淤36	-0.098	-0.077	-0.081	-0.081	-0.104
黄淤36—黄淤41	-0.014	-0.008	-0.010	-0.011	-0.017
坝址—黄淤41	0.193	0.215	0.209	0.179	0.164

综合不同方案桃汛期潼关高程的下降幅度、库区冲淤分布调整情况认为，桃汛期洪水优化思路是：在河道边界条件和水量允许的条件下，桃汛期洪水洪峰流量较大，且大流量持续时间越长越好。

4.3.2.2　不同含沙量桃汛洪水的方案比较

表4-8为桃汛期洪峰和沙峰不同对应情况下潼关高程变化计算结果。各方案洪水过程与方案3相同，方案7为沙峰与洪峰同步，但最大含沙量比方案3大16.7 kg/m^3，10日沙量比方案3多0.036亿t，桃汛期潼关高程下降值为0.16 m，较方案3减少0.02 m。可见，在洪水过程相同，洪峰与沙峰同步的条件下，洪峰期含沙量增大，潼关高程下降值会减小。

表4-8　水沙峰不同对应方案桃汛期潼关高程变化值

方案	方案3	方案6	方案7	方案8
潼关高程变化(m)	-0.18	-0.13	-0.16	-0.09

方案6桃汛期沙峰较洪峰超前2 d，对应流量为1 900 m^3/s，10日沙量与方案7相同，洪水前后潼关高程下降了0.13 m，较方案7少下降0.03 m。方案8桃汛期沙峰较洪峰滞后2 d，对应流量为1 000 m^3/s，10日沙量与方案7相同，洪水前后潼关高程下降了0.09 m，较方案7少下降0.07 m。可见，对于同样的洪水过程，沙峰与洪峰对应时潼关高程下降幅度最大，沙峰滞后于洪峰的情况下潼关高程下降幅度最小。

从桃汛洪水前后库区冲淤分布看（见图4-15），方案7冲刷发展断面最靠近坝前，且沿程冲刷面积也略大于其他两个方案。从分河段冲淤量计算结果看（见表4-9），方案7库区冲淤总量、淤积量最小，其次是方案6，方案8淤积量最大。可见，桃汛期洪峰与沙峰对应更有利于潼关高程的冲刷降低及库区的冲淤调整。

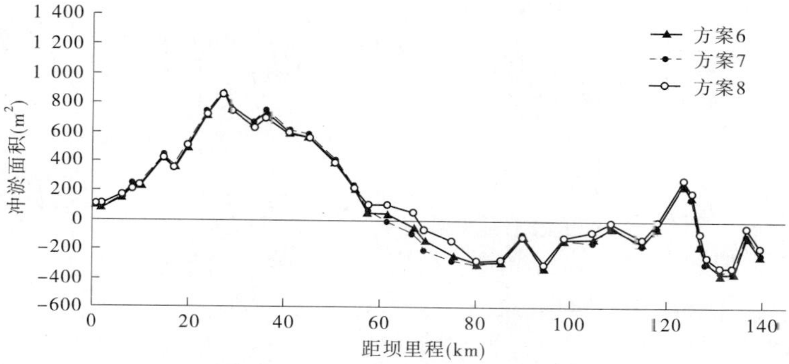

图 4-15　桃汛前后潼关以下各断面冲淤面积变化

表 4-9　水沙峰不同对应方案河段冲淤量　　（单位：亿 t）

河段	方案 6	方案 7	方案 8
坝址—黄淤 12	0.049	0.049	0.046
黄淤 12—黄淤 22	0.231	0.233	0.216
黄淤 22—黄淤 30	0.036	0.029	0.045
黄淤 30—黄淤 36	−0.083	−0.087	−0.074
黄淤 36—黄淤 41	−0.005	−0.007	0.002
坝址—黄淤 41	0.228	0.217	0.235

4.3.3　小结

（1）通过数学模型对 5 个峰型方案进行了计算，结果表明，洪水前后潼关高程均有不同程度的冲刷下降。从潼关高程下降值看，方案 5（洪峰 2 800 m^3/s，接近对称分布）冲刷效果最好，方案 2（陡涨缓落，洪峰 2 500 m^3/s）冲刷效果最差；从冲刷发展的距离来看，方案 4（洪峰 3 500 m^3/s，接近对称分布）和方案 5 由于洪峰流量较大，洪水动力最强，冲刷发展距离最长；从减小桃汛期泥沙在三门峡库区淤积角度看，方案 5 减淤效果最好，方案 2 减淤效果最差。可见，桃汛期洪峰流量大、持续时间长，有利于增大桃汛期潼关高程下降幅度，有利于改善库区淤积形态，有利于库区淤积重心向坝前推进。

（2）对不同含沙量、不同沙峰与洪峰对应关系的方案计算结果表明，对于同样的洪水流量过程，方案 7 和方案 3 的洪峰与沙峰对应，但方案 7 的含沙量大，潼关高程下降幅度较小；方案 6 和方案 8 的含沙量与方案 7 相同，方案 8 沙峰滞后潼关高程下降幅度最小，方案 6 次之；从桃汛前后库区冲淤分布看，方案 7 冲刷发展断面最靠近坝前，且沿程冲刷面积也略大于方案 6 和方案 8；从分河段冲淤量计算结果看，方案 7 库区总淤积量最小，其次是方案 6，方案 8 淤积量最大。可见，桃汛期含沙量低时潼关高程下降值大，洪峰与沙峰对应更有利于潼关高程的冲刷降低及库区的冲淤调整。

（3）综合分析不同方案桃汛期潼关高程的下降幅度、库区冲淤分布调整结果认为，在河道边界条件和水量允许的条件下，桃汛期洪水洪峰流量较大，大流量持续时间较长，且桃汛期洪峰与沙峰对应，是桃汛期洪水过程优化应遵循的原则。

4.4 河道和水库边界条件

4.4.1 万家寨水库调节能力

万家寨水利枢纽位于黄河北干流托(克托)龙(口)峡谷河段上段,是黄河中游梯级水电站的第一级,坝址左岸属山西省偏关县,右岸属内蒙古自治区准格尔旗,距头道拐水文站114 km。头道拐至坝址间有大黑河、大沟、龙王沟、浑河、杨家川等支流汇入,但区间径流量所占比重很小(仅2%左右)。枢纽属一等大(1)型工程,设计洪水标准为千年一遇,校核洪水标准为万年一遇。头道拐水文站为万家寨水库的入库站,实测多年平均径流量为249亿m^3,平均输沙量为1.41亿t。

坝址控制流域面积为39.5万km^2,设计头道拐多年平均径流量为192亿m^3,多年平均输沙量为1.08亿t,头道拐至坝址区间径流量和输沙量分别为3.5亿m^3和0.41亿t。水库总库容为8.96亿m^3,调节库容为4.45亿m^3,总装机容量为108万kW。水库最高蓄水位为980.0 m(黄海高程系),正常蓄水位为977.0 m。枢纽工程的主要任务为供水结合发电调峰,并兼有防洪、防凌作用。水库采用"蓄清排浑"的运用方式❶。

1998年10月枢纽运行以来,截至2005年8月底,共向山西电网、蒙西电网发电108亿万kW·h,通过引黄取水口向山西引黄工程供水1.46亿m^3,通过小沙湾取水口向内蒙古准格尔煤田供水0.41亿$m^3$❷。

4.4.1.1 水库库容变化及调节能力

从1998年10月投入运用到2005年5月,水库总库容由8.96亿m^3减少至6.93亿m^3,库容减少了2.03亿m^3。水位960 m以上库容由4.42亿m^3减少至4.06亿m^3,减少了0.36亿m^3。水位960 m以下库容由4.54亿m^3减少至2.87亿m^3,减少了1.67亿m^3。根据2005年万家寨水库库容曲线,以不影响发电的控制水位952 m为底线,970 m相应库容为4.51亿m^3,降到952 m可以补水2.53亿m^3,从965 m降到952 m可以补水1.60亿m^3,从960 m降到952 m只能补水0.89亿m^3。不同水位相应库容变化见表4-10和图4-16。

表4-10 万家寨水库水位库容变化

水位(m)	原始库容(亿m^3)	2005年5月库容(亿m^3)	水位(m)	原始库容(亿m^3)	2005年5月库容(亿m^3)
900	0	0	962	4.92	3.14
917	0.26	0	964	5.28	3.43
930	0.91	0.32	966	5.66	3.74
940	1.78	0.95	968	6.08	4.11
948	2.70	1.60	970	6.48	4.51
950	2.95	1.79	972	6.94	4.94
952	3.24	1.98	974	7.40	5.39
954	3.54	2.18	976	7.90	5.88
956	3.86	2.39	978	8.43	6.39
958	4.20	2.61	980	8.96	6.93
960	4.54	2.87			

❶黄河防总办公室,黄河防汛基本资料,2002年.

❷黄河水利委员会防办调研报告.黄河宁蒙河段水库河道特性调研报告,2005年9月.

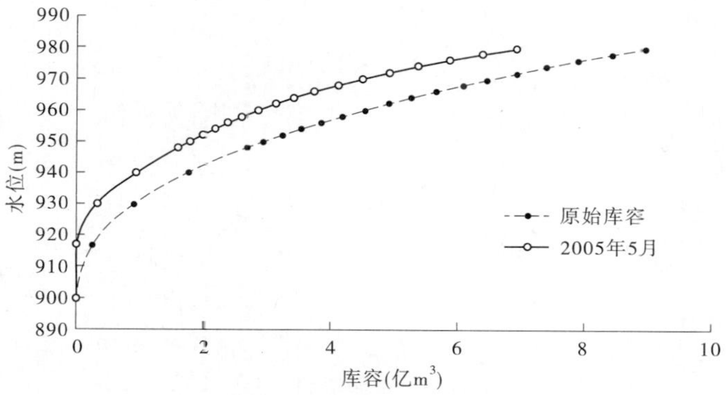

图 4-16　万家寨水库库容曲线

4.4.1.2　水库凌期运用方式

水库的防凌调度运用主要以库水位控制为主。内蒙古河段封河初期运用水位控制在968 ~970 m;在稳定封河期,适当抬高水位至970 ~973 m;在开河期间,一般凌情时控制在965 m左右,库区段如遇严重冰情时库水位降低至960 m以下。尽量减少库水位在封河期和开河期对库尾河段产生壅水作用。同时,万家寨水库要控制泄量与天桥电站联合运用,保证河曲河段和北干流河段的防凌安全❶❷。

4.4.2　天桥水库运用方式

天桥水库是一座以径流发电为主的中型水库,位于河龙区间河曲—府谷区段的义门峡谷河段。工程连接秦晋两省,距下游府谷水文站6 km,距上游河曲水文站、万家寨枢纽工程分别为47 km、97 km;控制流域面积为40.4万km^2。库内有县川河、清水川、皇甫川等支流汇入,是天桥水电站泥沙的主要来源。多年平均实测年径流量为267亿m^3,输沙量为2.51亿t,其中皇甫川多年平均输沙量为0.617亿t。

天桥水库于1975年12月截流,1976年底第一号机组开始发电,1978年7月4台机组全部投产,4台机组的最大泄流量为870 m^3/s。枢纽以发电为主,装机容量为13.6万kW,正常蓄水位为834.0 m,相应库容为0.66亿m^3,兼有防洪功能。

水库原始库容为(836 m高程以下)8 971万m^3。库区年内冲淤变化较大,非汛期一般为冲刷,汛期一般为淤积。总的来说,天桥水库以淤积为主,库容呈逐年减小趋势,见图4-17。到2003年,总库容仅剩2 633万m^3,库容淤积损失达70.5%。

天桥水库开河期运用方式分三种情况:①河曲河段解冻前,适当降低库水位,将库水位控制在832 ~834 m,并视库冰融解情况而定,浮动库水位使库冰开裂解体;②上游凌峰入库前首先要排泄库区段冰凌和河曲河段冰凌,使主河槽畅流,排冰水位宜控制在824 ~826 m,天桥水库运行应根据万家寨以上的来冰情况确定,如有可能天桥水库将利用凌峰期大流量排冰排沙,时间一般为3 ~5 d;③当库区及回水末端发生冰塞时,采取开启泄洪闸骤降水位排冰,促使冰塞解体。

❶黄河万家寨水库凌汛期运用方式研究项目组. 黄河万家寨水库凌汛期运用方式研究报告,2001.

❷黄河防汛总指挥部办公室. 2005 ~2006年黄河防凌预案,2005年.

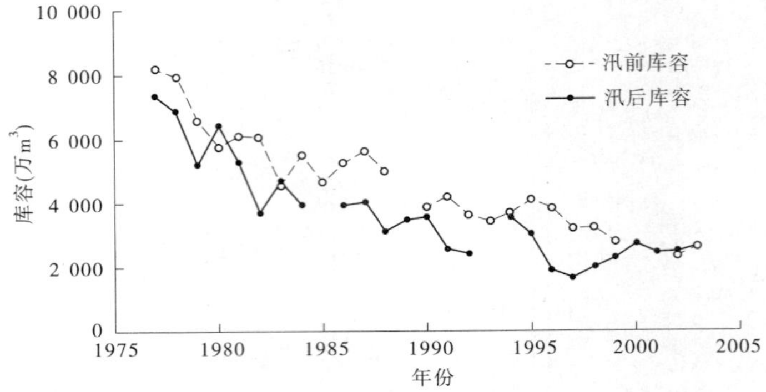

图 4-17　天桥水库历年库容变化

4.4.3　小北干流过洪能力

4.4.3.1　河道概况

黄河小北干流河道全长 132.5 km，宽 3 ~ 18 km，平面形态呈哑铃状，上、下段为宽河段，中间为窄河段，滩地星罗棋布。河道比降上陡下缓，平均比降为 4‱。该河段水流散乱，河床宽浅，心滩、汊流十分发育，主流摆动频繁，为典型的堆积游荡性河道。沿程有汾河、涑水河、涺水河、北洛河和渭河等支流汇入。目前，黄河小北干流两岸共修建河道整治工程 36 处，工程长度为 145.91 km，坝垛 1 009 座。

4.4.3.2　河段冲淤变化特点

小北干流天然情况下就是一个强烈堆积的河段。不少专家学者对小北干流天然情况下的淤积强度进行过考证和分析。根据文献[4]的总结分析，叶青超对公元 85 年以来的地质剖面分析，得出河段年均淤积厚度为 0.021 m，年均淤积量为 0.247 亿 m^3；潘贤娣等利用 1950 年和 1960 年的小北干流万分之一地形图，切割大断面求得小北干流年均淤积量为 0.51 亿 m^3；杜殿勋[5]根据现场点查资料分析得出小北干流年均淤积抬高 0.09 ~ 0.20 m，年均淤积 0.172 亿 m^3；焦恩泽等[6]根据考古资料研究得出 1953 ~ 1972 年间小北干流年均淤积 0.417 亿 m^3。虽然各家研究方法、依据的资料和研究的年代有所不同，得出的结果差别较大，但均反映出小北干流的堆积特性。

1960 年三门峡水库运用后，至 1962 年 3 月为水库蓄水拦沙期，水库最高蓄水位达 332.58 m，回水影响到潼关以上，小北干流产生溯源淤积，这一时段共淤积泥沙 3.274 亿 m^3。1962 年 3 月水库改为滞洪排沙运用，经过增建和改建泄流排沙设施，1973 年 10 月改为“蓄清排浑”控制运用。1962 ~ 1973 年间小北干流共淤积泥沙 15.363 亿 m^3。自 1968 年起，小北干流河段开始进行河道整治工程建设，这些工程的陆续建成对于控制河势、稳定流路、保滩护岸起到了积极的作用。

1974 年三门峡水库“蓄清排浑”控制运用以后，小北干流河段逐步摆脱了水库运用的直接影响，呈非汛期冲刷、汛期淤积的变化特点，其冲淤量主要取决于龙门以上来水来沙过程。1974 ~ 1985 年来水较丰，时段内河段累计冲刷 0.211 亿 m^3。1985 年以后由于汛期来水来沙偏枯，小北干流河段发生累计性淤积（见图4-18），累计性淤积持续到1998年，淤积量达到最大，全河段共淤积泥沙7.024 8亿 m^3。淤积量沿程分布如图4-19所示，除中间窄河段黄淤56—黄淤61淤积量较上下河段小外，淤积量自上而下减少。1998年以后除2001年和2002年外，其余各年均发生冲刷，1999～2005年全河段共冲刷泥沙0.733 4亿 m^3，其中黄淤45断面以上沿程均为冲刷（见图4-20），前期淤积量较大的河段冲刷量也较大。

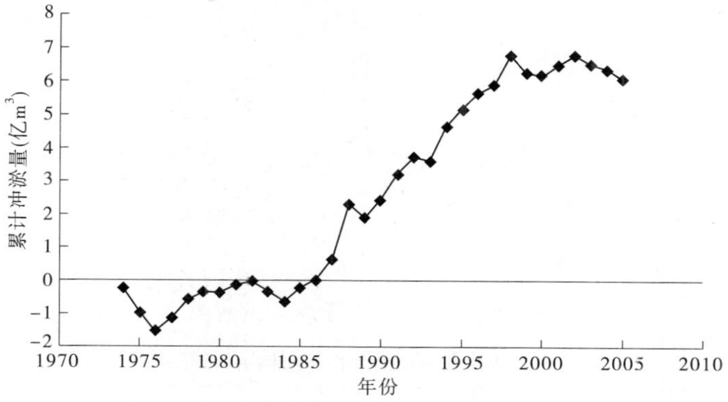

图4-18　小北干流河段累积冲淤量过程图

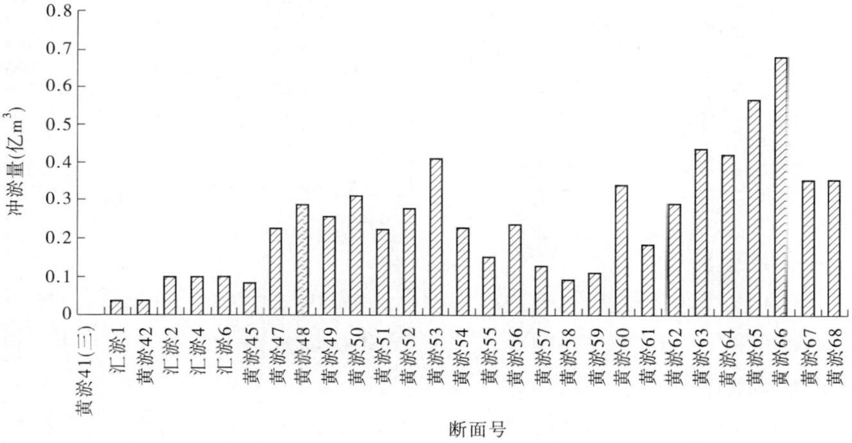

图4-19　1986～1998年小北干流河段断面间冲淤量

非汛期小北干流多年（1974～2005年）平均冲刷量为0.433 9亿 m^3，冲刷量最多的是1975～1976年，冲刷量达1.1亿 m^3；一般年份非汛期冲刷量为0.2亿～0.5亿 m^3，个别年份也会发生淤积，但淤积量不大。

非汛期冲刷量沿程分布见表4-11，1987年以来，黄淤50断面以下冲刷量减少，而上段冲刷量增加，特别是1999年以后从上向下冲刷量沿程减少的特点更加明显。

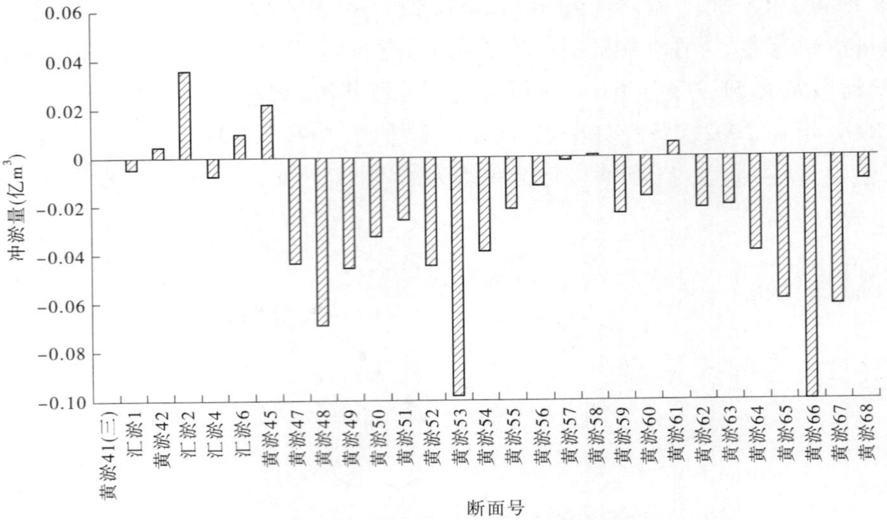

图 4-20　1999 ~ 2005 年小北干流河段断面间冲淤量

表 4-11　非汛期小北干流各河段年均冲淤量

项目	时段	黄淤 41—黄淤 45	黄淤 45—黄淤 50	黄淤 50—黄淤 59	黄淤 59—黄淤 68
河段冲淤量（亿 m³）	1974 ~ 1986 年	−0.056 2	−0.130 7	−0.152 9	−0.135 1
	1987 ~ 1998 年	−0.018 5	−0.032 8	−0.148 6	−0.155 6
	1999 ~ 2005 年	−0.037 5	−0.073 3	−0.171 6	−0.209 7
单位河长冲淤量（亿 m³/km）	1974 ~ 1986 年	−0.003 9	−0.006 4	−0.003 6	−0.002 7
	1987 ~ 1998 年	−0.001 3	−0.001 6	−0.003 5	−0.003 1
	1999 ~ 2005 年	−0.002 6	−0.003 6	−0.004 0	−0.004 2

4.4.3.3　平滩流量分析

小北干流河段具有宽浅游荡的特点。根据文献[10]分析，1964 ~ 1985 年小北干流河段多年平滩流量平均为 6 000 ~ 9 000 m³/s。1985 年以来由于大洪水出现几率明显减少，河床冲淤主要发生在河槽内，引起河槽过流能力的变化。1986 ~ 1998 年间由于河槽淤积萎缩严重，导致河槽过流能力降低。根据实测大断面计算，1985 年汛后小北干流各河段平滩流量平均为 4 470 ~ 6 290 m³/s，其中最大为黄淤 64—黄淤 68 河段，最小为黄淤 54—黄淤 59 河段（见表 4-12）。到 1998 年汛后，各河段平滩流量锐减至 2 010 ~ 2 770 m³/s，减幅为 43% ~ 63%，黄淤 50—黄淤 54 河段减幅最大，黄淤 54—黄淤 59 河段减幅最小，个别断面的平滩流量减小至 2 000 m³/s 左右。

1998 年以后由于河道总体表现为冲刷，河槽平滩流量有所恢复。根据对 2005 年汛后淤积断面的分析计算，小北干流河段的平滩流量大部分为 2 600 ~ 3 500 m³/s，一些河段达 4 000 m³/s 左右，但个别河段仅 2 000 m³/s 左右。各河段平滩流量平均为 2 410 ~ 3 370 m³/s，最大为黄淤 64—黄淤 68 河段，最小为黄淤 41—黄淤 45 河段。除黄淤 41—

黄淤45河段平均较1998年汛后减少60 m^3/s外,其余各河段平滩流量均明显增大,增加值为130~670 m^3/s,增幅为5%~27%。黄淤45—黄淤50河段、黄淤50—黄淤54河段和黄淤64—黄淤68河段增加较大,分别增加440 m^3/s、540 m^3/s和670 m^3/s,黄淤54—黄淤59和黄淤59—黄淤64河段增加值较小,分别增加130 m^3/s和220 m^3/s。

表4-12　1985年、1998年和2005年汛后不同河段平滩流量变化　(单位:m^3/s)

河段	1985年	1998年	2005年
黄淤41—黄淤45	5 240	2 470	2 410
黄淤45—黄淤50	5 370	2 100	2 540
黄淤50—黄淤54	5 450	2 010	2 550
黄淤54—黄淤59	4 470	2 570	2 700
黄淤59—黄淤64	5 230	2 770	2 990
黄淤64—黄淤68	6 290	2 700	3 370

4.4.4　潼关河段概况

潼关断面位于黄河、渭河、北洛河汇流区的下游,距三门峡水库大坝113.5 km。潼关河段为沙质河床,易冲易淤,河道比降在2‰左右。潼关断面狭窄,对渭河下游和黄河小北干流起着局部侵蚀基准面的作用。

三门峡水库1960年9月投入运用,由于库区泥沙淤积严重,潼关河床快速上升,造成渭河下游河床不断淤积抬高,防洪形势严峻。水库投入运用时潼关高程为323.4 m,运用后一年半潼关高程曾上升到328.07 m,上升了4.67 m。后经改变运用方式和扩大泄流规模,1973年汛末潼关高程下降到326.64 m。1974年以来潼关高程变化具有汛期冲刷、非汛期淤积的特点。在1974~1985年,潼关高程经过上升和下降过程,于1985年汛后又回落到1973年汛后的高程326.64 m。

1986年以后,受黄河上游龙羊峡、刘家峡水库调蓄、降水量偏少、沿程用水量增加等因素的综合影响,潼关高程持续抬升,至1995年汛后累计上升1.64 m。1996年潼关河段实施清淤工程以来至2001年,潼关高程相对稳定在328.2 m左右。2002年6月,潼关高程曾达历史最高值329.14 m。经过2003年渭河秋汛洪水的连续冲刷,汛末降到327.94 m。2004年汛后为327.98 m,2005年汛后327.75 m,见图3-6。

潼关河段的冲淤变化取决于水库的运用水位和来水来沙条件,具有汛期冲刷、非汛期淤积的特点。近年来,随着三门峡水库运用水位的改善,非汛期的淤积部位下移,对潼关河段冲淤影响减小,潼关高程的冲淤变化主要取决于来水来沙量、流量及含沙量过程。

4.5　优化桃汛洪水过程的综合分析

根据实测资料的分析结果,三门峡水库桃汛期起调水位约低于316 m后,潼关高程的冲刷降低值随着洪峰流量的增大而增大,当洪峰流量达2 500 m^3/s时,潼关高程一般可冲刷降低0.20~0.30 m,当洪峰流量大于2 500 m^3/s后,潼关高程的降低幅度随洪峰流量增大而减小(随流量的变率)。同样,潼关高程变化与最大10日洪量也存在这种关系,因此提出了桃汛期潼关高程冲刷降低0.20 m的水沙条件为洪峰流量2 500 m^3/s、10日洪量13亿 m^3,含沙量条件按1987~1998年平均值考虑,三门峡水库洪水期控制水位不超过313 m。在此基础上设计了4个不同峰型方案,同时进行实体模型试验和数学模型计算,进一步对比分析洪水过程的影响。

从对应的4个方案分析结果看,实体模型试验结果为方案4效果最好,依次为方案1、方案3、方案2,潼关高程下降最大差值为0.05 m;数学模型计算结果为方案1效果最好,依次为方案4、方案3、方案2,潼关高程下降最大差值为0.06 m。实体模型结果方案4较方案1多冲0.02 m,数学模型结果方案1较方案4多冲0.01 m。可见,在边界条件和水量允许的情况下,增大洪峰流量有利于潼关高程冲刷,当边界条件不允许时(如会造成漫滩、影响防洪安全等),延长洪峰流量的时间,也有利于潼关高程冲刷。同时也证明了洪水过程对潼关高程影响的复杂性,同样的洪峰流量下水量集中时,对潼关高程冲刷有利。沙峰和洪峰不同对应方案计算结果表明,沙峰超前或滞后于洪峰对潼关高程的冲刷均不利,特别是当沙峰滞后于洪峰时,落水阶段的淤积表现得更加突出。

从影响洪水过程的边界条件看,头道拐的洪峰流量为1 130~3 500 m^3/s,10日洪量为7.38亿~15.2亿 m^3,平均为10.3亿 m^3,由于内蒙古河道主槽的淤积,以及跨河建筑物增多,对槽蓄增量的释放产生影响,洪峰流量将会减小;从万家寨水库的调节能力看,根据2005年汛前库容曲线,按蓄水到972 m考虑,降到952 m也只能补水2.96亿 m^3,随着水库的运用和死库容的淤积,可调水量还在减少,而补水结束时水库排沙,演进到潼关河段必然形成沙峰滞后的洪水过程,对潼关高程冲刷下降产生不利影响。在小北干流河段,当来流量超过河槽的平滩流量时,将发生漫滩,增加洪峰流量和洪量沿程损失,影响潼关站水沙条件;当万家寨水库或天桥水库排沙滞后于洪峰时,到潼关站沙峰将更加滞后,影响潼关高程的冲刷。因此,从有限的桃汛洪水本身考虑,演进到潼关站的桃汛洪水过程,同时受头道拐形成的洪水过程、万家寨水库运用及小北干流主槽过流能力等的共同影响。

综合考虑天然桃汛洪水过程的随机性、万家寨水库调节能力有限、小北干流主槽过流能力限制等,为使利用并优化桃汛洪水过程冲刷降低潼关高程试验达到预期目标,相对有利的桃汛洪水过程应具有以下特点:单一峰型的洪水过程;洪峰流量达到一定值(2 500 m^3/s)以上,但不大于当时小北干流河段平滩流量;保持缓涨陡落的洪水峰型,尽量延长2 000 m^3/s以上流量或洪峰的持续时间;沙峰与洪峰尽可能同步,避免沙峰滞后现象;具有一定的洪量和持续时间,10日洪量尽可能保持多年平均值13亿 m^3 左右;平均含沙量不超过17 kg/m^3;洪水期三门峡水库控制水位不超过313 m。

按2005年小北干流河段平滩流量多在2 500 m^3/s以上考虑,潼关站调控指标为:洪峰流量2 500 m^3/s左右,最大10日洪量保持多年平均值13亿 m^3 以上。为便于分析水库调度方案,确定补水时机和补水过程,表4-13给出了潼关站优化的10日流量过程。

表4-13 潼关站桃汛调控流量过程

时序	1	2	3	4	5	6	7	8	9	10
流量(m^3/s)	900	1 100	1 350	1 600	1 900	2 350	2 500	1 400	1 000	950

参考文献

[1] 侯素珍,王平.桃汛洪水对潼关高程的作用分析. 泥沙研究,2005(1):53-56.

[2] 三门峡水库运用经验总结项目组.三门峡水利枢纽运用研究文集[M].郑州:河南人民出版社,1974.

[3] 侯素珍,王平.黄河小北干流近期河床演变成因分析[J].人民黄河,2008(11):22-23.

[4] 齐璞.三门峡水库不同运用方式对小北干流河段的影响[C]//黄河三门峡水利枢纽运用研究文集.郑州:河南人民出版社,1993.

[5] 杜殿勋.三门峡水库龙门至潼关段河道冲淤演变规律及滞洪滞沙分析[C]//黄河三门峡水利枢纽运用研究文集.郑州:河南人民出版社,1993.

[6] 焦恩泽,等.黄河小北干流冲淤数量估算[J].人民黄河,1988(4).

第 5 章　利用桃汛洪水冲刷降低潼关高程原型试验效果分析

在近期黄河干流汛期来水较枯的情况下，为了冲刷降低潼关高程，黄河水利委员会自2006 年开始开展了利用并优化桃汛洪水冲刷降低潼关高程的原型试验，并确立了试验的指导思想和目标。

试验指导思想：在确保内蒙古和北干流河段防凌安全的前提下，贯彻水、沙、电一体化调度指导思想，通过万家寨水库、天桥水库、三门峡水库群的优化调度运用，恢复并塑造有利于冲刷降低潼关高程的水沙过程，提高桃汛洪水的利用效率，实现潼关河床的冲刷，降低潼关高程。

试验目标：利用并优化桃汛洪水水沙过程，改善潼关河段河道形态，冲刷降低潼关高程；加大万家寨水库排沙力度，改善万家寨水库、天桥水库、三门峡水库淤积形态；探索降低潼关高程最优的水沙过程，进一步深化对黄河水沙运动规律的认识。

每年试验之前要编制试验预案，提出满足潼关高程冲刷下降的万家寨水库控制指标，并向沿黄各管理单位和相关部门通报试验预案。根据当年凌情特点和开河形势，滚动预报内蒙古河段开河时间、头道拐洪峰流量和最大 10 日洪量，实时调整试验调度方案，确定万家寨水库调度运用方式、补水调度时机和控泄过程。

原型试验为本项目的研究提供了宝贵的资料，补充了历史资料的不足，不同阶段的研究成果又为试验指标的进一步合理化提供了技术支撑。系统分析原型试验的调度过程和试验效果，加深对桃汛期潼关高程变化成因的认识，可为优化桃汛洪水过程的研究和优化水库调控指标研究提供有力支持。

5.1　宁蒙河段凌情特点

5.1.1　封河情况不同

2006～2009 年封河特点主要表现为：封河流量偏大，三湖河口、头道拐封河流量基本在 600 m^3/s 左右；封冻时间差异大；槽蓄增量分布不合理，主要分布在三湖河口—头道拐之间。2006 年、2007 年首封时间均是 12 月 4 日，2006 年稳定封冻时间在 1 月上旬，河段封冻发展速度快；2007 年稳定封冻时间在 1 月中旬，封冻时间相对较长，封冻速度相对较慢；2008 年首封时间较晚，比前两年晚 7 d，稳定封河时间在 1 月中旬，封河速度介于前两年之间；2009 年首封时间为 12 月 5 日，稳定封河日期在 1 月下旬，封冻时间最长，封冻速度较慢。多年（1950～2004 年，本节以下同）平均首封日期为 12 月 1 日，稳定封河期为 1 月 4 日。2006～2009 年封河气温偏高，首封河日期较多年平均晚 3～10 d，稳定封河日期均晚于多年平均情况。内蒙古河段凌情特征见表 5-1。

表 5-1 内蒙古河段凌情特征

项目	2006 年	2007 年	2008 年	2009 年	多年平均
首封日期	12 月 4 日	12 月 4 日	12 月 11 日	12 月 5 日	12 月 1 日
头道拐开河日期	3 月 16 日	3 月 16 日	3 月 14 日	3 月 8 日	
内蒙古河段全线开通日期	3 月 24 日	3 月 23 日	3 月 24 日	3 月 20 日	3 月 27 日
槽蓄水增量(亿 m^3)	14	13.5	18	16.3	10.74
最大瞬时流量(m^3/s)	1 430	1 700	1 890	1 410	2 310

5.1.2 开河时间早,开河形势不同

内蒙古河段封河全线开通时间多年平均在 3 月 27 日。2006 年和 2008 年内蒙古河道全线开通时间均是 3 月 24 日,2007 年为 3 月 23 日,2009 年为 3 月 20 日。2006 ~ 2009 年内蒙古河段全线开通时间较多年平均时间早 3 ~ 7 d。

2006 年为分段开河,槽蓄增量分段释放,在头道拐形成的桃汛洪水过程平缓,为 20 世纪 80 年代以来开河形势最为平稳的一年,洪峰流量小;2007 年主要是自上而下“文开河”,开河期流凌密度小,大量岸冰就地融化,开河水位平稳,形成凌峰偏小;2008 年由于开河时间偏晚,气温偏高,防凌形势为 40 年来最为严峻的一年,巴彦高勒开河时间比常年晚 20 多天,而内蒙古河段全线开通时间早于常年,是有记录以来开河时间最短的一年,开河速度快,平均每天释放水量 1.12 亿 m^3,是日释放水量强度最大的一年。如此大量的冰水在很短时间内集中下泄,使得三湖河口水位快速上涨,最高水位达 1 021.22 m,高出历史最高水位 0.41 m,造成鄂尔多斯杭锦旗奎素段黄河大堤出现溃堤险情;2009 年内蒙古河段为分段开河,2 月 5 日开始解冻,基于内蒙古河段防凌形势比较严峻的情况,为了减轻内蒙古河段防凌压力,最大限度地减少发生凌灾几率,黄河防汛抗旱总指挥部商内蒙古防汛抗旱指挥部先后采取了多种措施,如三盛公水利枢纽分凌、减少刘家峡水库下泄流量、降低万家寨水库运用水位、清除内蒙古河段的全部浮桥及影响行洪的其他障碍物、炮击破冰、启用杭锦淖尔分洪区分洪等,以减少凌灾发生的可能性;由于采取了分凌措施,实际开河形势总体平稳,其中巴彦高勒水文断面 3 月 4 日开河,三湖河口水文断面 3 月 17 日开河,3 月 20 日内蒙古河段全线开通。

不同的开河特点,直接影响凌峰流量大小。开河速度缓慢,槽蓄水增量释放持续时间长,形成凌峰较小;如果开河速度太快,河道水位快速上涨,影响河道行洪安全。

5.1.3 槽蓄水增量偏大,凌峰流量偏小

2006 ~ 2009 年内蒙古河段最大槽蓄增量分别为 14 亿 m^3、13.5 亿 m^3、18 亿 m^3、16.3 亿 m^3,均大于多年平均槽蓄增量 10.74 亿 m^3,2008 年槽蓄增量最大,是有历史资料以来的第 4 位,历史最大槽蓄水增量为 19.39 亿 m^3,发生在 2004 ~ 2005 年度。槽蓄水增量

大，在开河形势有利的条件下，容易形成较大的凌峰。

由于受地理位置的影响，宁蒙河段开河期一般从上游向下游解冻，随着槽蓄水增量的释放流量沿程逐渐增大，每年最大凌峰流量均出现在头道拐站。多年平均凌峰（桃汛洪峰）流量为 2 280 m^3/s，最大凌峰流量为 3 500 m^3/s（1968 年），最小为 1 000 m^3/s（1958 年）。头道拐历年凌峰流量变化见图 5-1。

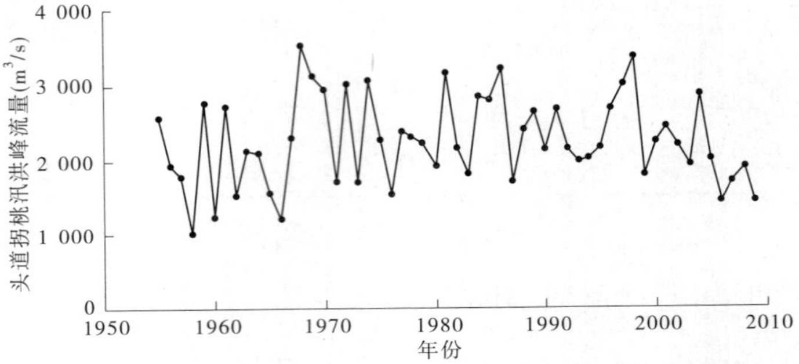

图 5-1　头道拐站桃汛期历年最大流量

2006～2009 年头道拐凌峰流量分别为 1 430 m^3/s、1 700 m^3/s、1 890 m^3/s 和 1 380 m^3/s，小于万家寨水库运用前 1987～1998 年平均流量 2 402 m^3/s，也小于万家寨水库运用后 1999～2005 年平均凌峰流量 2 151 m^3/s。2006 年头道拐桃汛洪水过程平稳，没有明显的峰型，有 11 天流量持续在 1 300 m^3/s 左右；2007 年、2008 年虽然有相对明显的涨水和落水过程，但洪峰流量仍然偏小；2009 年受分凌等多因素的影响，头道拐最大流量出现在涨水初期，之后流量维持在 1 200 m^3/s 左右。4 年桃汛洪水过程见图 5-2。

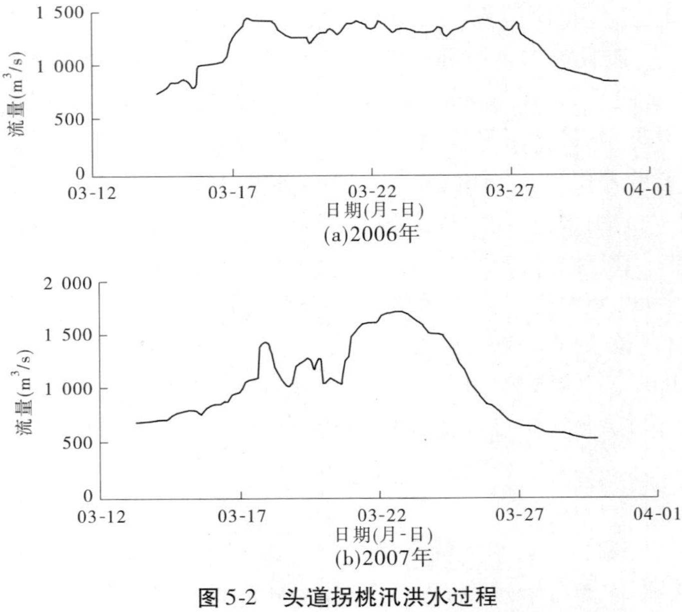

图 5-2　头道拐桃汛洪水过程

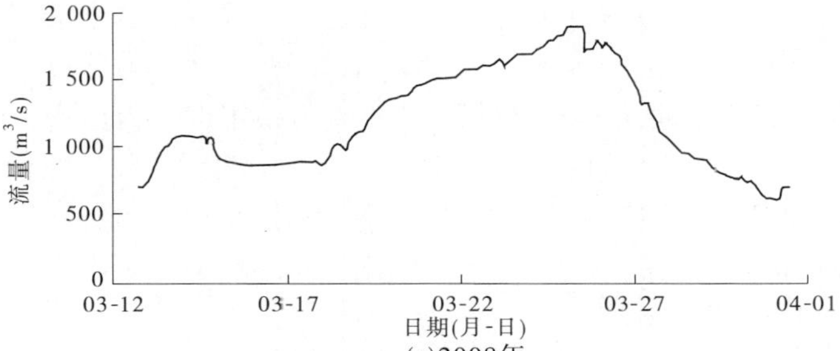

(c)2008年

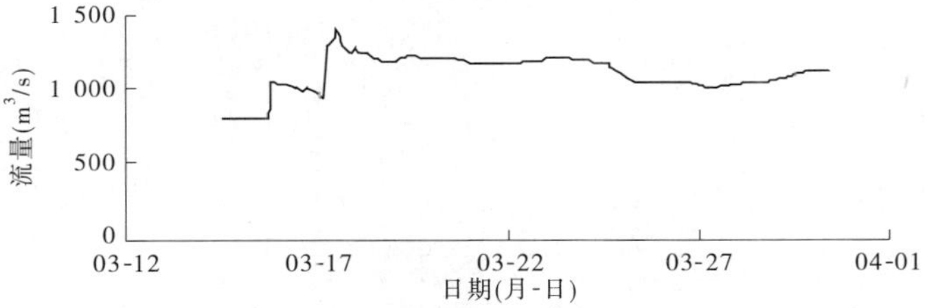

(d)2009年

续图 5-2

从头道拐桃汛期(凌汛期)最大 10 日水量看,1955～2005 年平均为 9.38 亿 m^3,1987～2005年平均为10.95 亿 m^3,较 1986 年以前偏多 2.5 亿 m^3;2006～2009 年桃汛期头道拐最大 10 日水量分别为 11.39 亿 m^3、10.96 亿 m^3、12.81 亿 m^3 和 10.13 亿 m^3,平均为 11.32 亿 m^3,各年水量均大于多年平均值,与 1987～2005 年相比,也只有 2009 年水量偏少。头道拐历年最大 10 日水量变化见图 5-3。

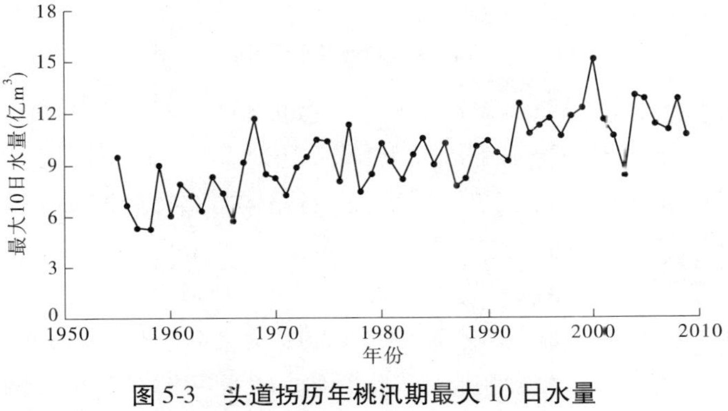

图 5-3　头道拐历年桃汛期最大 10 日水量

5.2　试验指标和水库调度模式

5.2.1　设计指标

根据桃汛期潼关高程冲刷的水沙条件分析成果,以及当年河道边界条件限制,并考虑试验的目的,提出了各年试验的设计控制指标。其中,2006 年以桃汛期潼关高程冲刷下降值较大的 1996～1998 年洪水过程为基础,给出了潼关站相应于洪峰流量 2 500 m^3/s、洪量 13 亿 m^3 的流量调控过程,即自然洪水设计过程;2007 年以洪峰值为主要控制指标,增大洪峰流量至 3 000 m^3/s、缩短试验时间为 5 d;2008 年试验同时兼顾洪峰大小和洪水时间;2009 年试验强调缓涨快落的流量过程,表 5-2 为各年设计指标特征值。万家寨水库的控泄指标,根据河曲—潼关区间桃汛期洪峰和洪量的沿程变化,以及潼关的设计指标分析确定。为了保证满足潼关站洪峰流量要求,万家寨出库的最大流量按日均值考虑,沿程衰减值按 100 ~ 200 m^3/s,考虑到洪峰的沿程坦化,万家寨出库控泄时间为 9 d,图 5-4 为万家寨水库出库流量设计过程。

表 5-2　4 年试验主要设计指标

控制站	项目	2006 年	2007 年	2008 年	2009 年
潼关站	洪峰流量(瞬时)(m^3/s)	2 500	2 800	2 600	2 500
	洪量(亿 m^3)	13(10 日)	9.0(5 日)	13.4(10 日)	13.4(10 日)
万家寨出库	洪峰流量(日均)(m^3/s)	2 500	3 000	2 800	2 600
	洪量(亿 m^3)	11.5(9 日)	9.0(5 日)	12.5 (9 日)	12.8 (9 日)

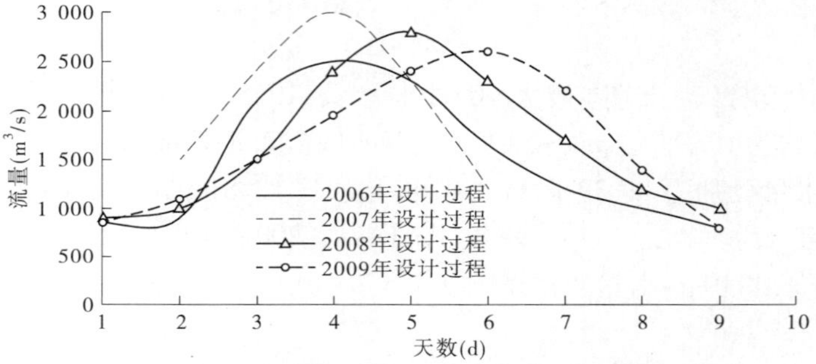

图 5-4　万家寨水库出库流量设计过程

试验期间,天桥水库运用原则按 830 m 水位控制、进出库水量平衡运用,当入库流量超过 2 000 m^3/s 时,降低水位至 824 m 以下排沙,历时 2 ~ 3 d。当试验结束后,万家寨水库出库流量降低到 1 000 m^3/s 以下时,逐步回蓄至正常高水位 834 m。

由于天桥水库每年均是利用桃汛洪水进行泄空排沙,根据天桥水库实际情况,应控制排沙总量在 1 000 万 t 以内,控制平均出库含沙量不大于 12 kg/m^3。

三门峡水库的控制水位以不影响潼关河段冲淤变化为前提,同时考虑前期淤积物向下推移、对大禹渡以上产生有利影响,三门峡水库起调水位按 313 m 控制。

5.2.2　调度模式

万家寨水库的调度运用受出库指标、来流过程和水库蓄水能力的制约,在不同的来流情况下,通过水库的控制运用达到给定的出库控制流量过程。由于桃汛洪水过程预报难度大,以及万家寨水库库容有限,在利用万家寨水库进行补水时,首先是满足峰值的要求,其次是满足过程和量的要求,以补水在洪峰附近为原则。同时,在确保黄河宁蒙河段、万家寨水库和河曲河段防凌安全情况下,根据预报的流量过程适当抬高蓄水位,以保证满足冲刷降低潼关高程的洪峰及流量过程要求。

2006～2009 年 4 次利用并优化桃汛洪水过程冲刷降低潼关高程试验开展期间，由于上游凌汛期开河形式不同，凌汛洪水过程不同以及宁蒙河段的工情、险情不同，万家寨水库分别采取了“先蓄后放”、“先泄后蓄再放”等调度方式。

2006 年试验期间，受内蒙古河段开河洪水过程影响，在确保宁蒙河段和万家寨水库防凌安全的前提下，万家寨水库采取了“先蓄后放”的补水运用方式，即洪峰到来之前水库先蓄存一定水量，洪峰期间再为试验补水，以达到出库指标要求，其间最高蓄水位为 972.77 m，可补水量 2.86 亿 m^3。

2007 年 3 月，内蒙古河段开河时受气温偏低影响，开河速度比较缓慢，开河水位平稳，洪峰流量也不大，头道拐最大洪峰流量为 1 700 m^3/s。为了满足补水要求达到试验控制指标，万家寨水库仍然采取“先蓄后放”的补水运用方式，最高蓄水位为 972.72 m，可补水量为 2.85 亿 m^3。

2008 年受宁蒙河段分段开河、人工分凌和溃堤分流等影响，头道拐洪峰流量最大为 1 890 m^3/s。为了减轻内蒙古河段的凌汛险情，除分凌和刘家峡水库控制出库流量外，万家寨水库先进行泄水降低水位，确保库尾不会发生堆冰。在险情完全解除后，万家寨水库适时蓄水，然后再为试验过程补水。水库运用方式为“先泄后蓄再补”，补水前最高蓄水位为 971.8 m。

2009 年由于万家寨水库入库流量过程非常平坦，为了满足试验指标，在确保内蒙古河段防凌安全的情况下，万家寨水库仍然采取“先蓄后放”的运用方式，最高蓄水位为 970.81 m，可补水量仅 2.23 亿 m^3。

5.2.3 调度指令

由于入库流量过程和洪水起涨时间的不确定性，每年的实际调度指令有一定调整。

2006 年 3 月 18 日起进行控泄，当头道拐流量大于 800 m^3/s 时，万家寨水库按日均流量 800 m^3/s 控泄；当头道拐流量小于 800 m^3/s 时，按进出库平衡运用；3 月 22 日 8 时开始，按进出库平衡运用，平均流量约 1 300 m^3/s；自 3 月 23 日 8 时起，出库流量按 2 500 m^3/s 控泄；至 3 月 26 日库水位降至 952 m，之后按进出库平衡运用（见图 5-5）。

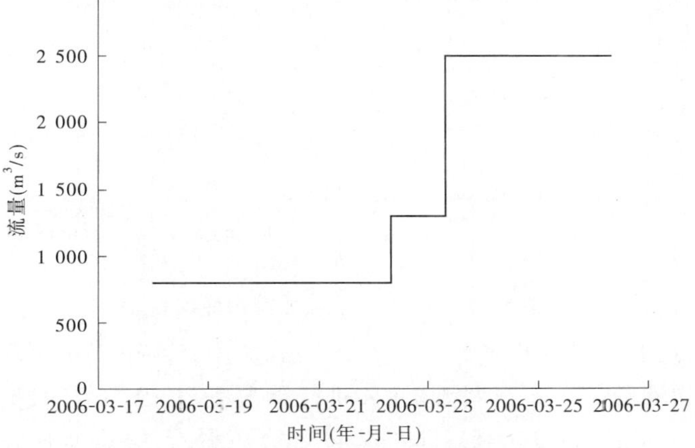

图 5-5　2006 年万家寨水库出库调令

自2007年3月17日16时起，万家寨水库按日均600 m^3/s 控泄，进行蓄水运用，待库水位回蓄至974 m后按进出库平衡运用。自3月19日13时起，万家寨水库出库流量按图5-6过程控泄，至3月25日17时起按不断流方式运用。

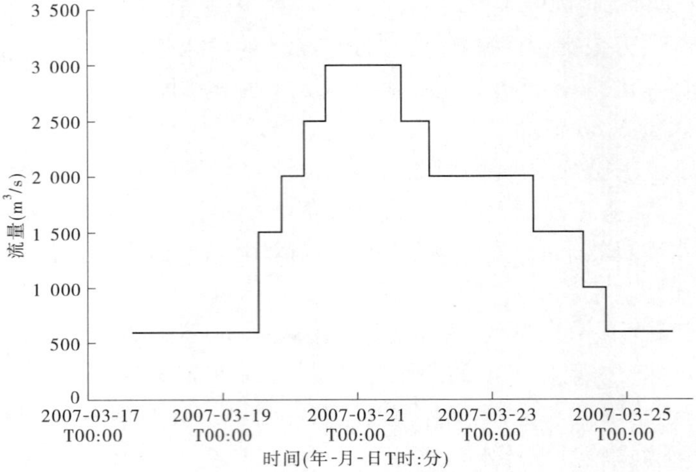

图5-6　2007年万家寨水库出库调令

2008年桃汛试验期，自3月18日20时起，万家寨出库流量按800 m^3/s 控泄；自3月20日16时起，按970 m进出库平衡运用，最高运用水位按不超过971 m控制；自3月23日8时起，按2 800 m^3/s 下泄，直至库水位降至954 m，之后按进出库平衡运用（见图5-7）。自3月28日起，万家寨水库转入正常发电运用。

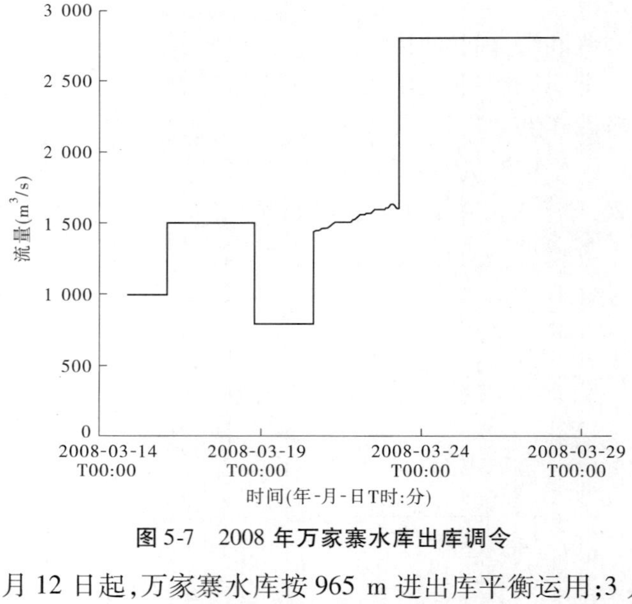

图5-7　2008年万家寨水库出库调令

自2009年3月12日起，万家寨水库按965 m进出库平衡运用；3月16日8时开始，万家寨水库按日均流量850 m^3/s 控泄，水库进行蓄水；3月19日8时起，万家寨水库按日均流量1 200 m^3/s 控泄；自3月21日8时起开始补水，万家寨水库按日均流量1 400

m³/s、2 000 m³/s、2 600 m³/s 控泄各 1 d；自 3 月 24 日 0 时起，按 1 500 m³/s 控泄，至库水位降至 952 m 后，按进出库平衡运用；3 月 25 日 0 时至 26 日 12 时，日均出库按 800 m³/s 控泄，之后转入正常发电运用。水库控泄过程调令如图 5-8 所示。

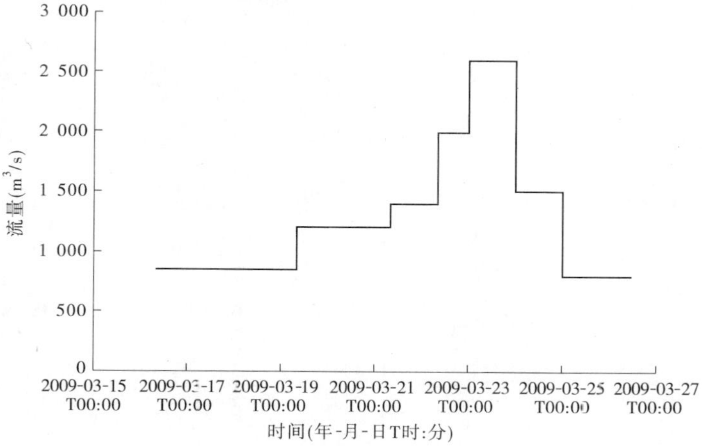

图 5-8　2009 年万家寨水库出库调令

5.3　水库调度过程

5.3.1　万家寨水库

由于开河凌情发展取决于河道流量、气温变化及河道边界条件等影响因素，开河形势变化复杂难以预测。万家寨水库调度运用必须在确保凌汛安全的前提下，根据内蒙古河段凌情变化，采取不同的运用方式，相机利用水库调节能力，尽量满足利用并优化桃汛洪水过程的试验要求。

在内蒙古河段开河过程中，当三湖河口出现洪峰向下游演进、头道拐开始起涨且流量大于 1 000 m³/s 时，开始启动预案，水库转入试验运用阶段。在试验过程中，万家寨水库调度运用方式为：当头道拐站流量小于 1 400 m³/s 时，按进出库平衡运用；当头道拐流量大于 1 400 m³/s 时按控制指标运用；当头道拐站流量回落至 1 000 m³/s 以下时，水库转入蓄水运用，控制蓄水位不超过 977 m。

5.3.1.1　2006 年万家寨水库实际调度过程

2006 年试验期间，万家寨水库入库最大流量为 1 430 m³/s，流量过程平稳；经水库补水运用，出库最大流量达 2 760 m³/s，最大日平均下泄流量为 2 510 m³/s，大于 2 000 m³/s 流量持续 69 h，大于 1 500 m³/s 流量持续 85 h；最大 10 日下泄水量为 13.36 亿 m³，相应 10 日排沙量为 0.038 亿 t，出库平均含沙量为 2.84 kg/m³，相关特征值见表 5-3。出库最大含沙量为 41.7 kg/m³，出现在洪峰初期，补水结束时出库含沙量又有所增加，最大为 12.4 kg/m³。补水前万家寨水库最高蓄水位达到 972.77 m，补水结束时水位降至 952.74 m，共补水2.88亿 m³，出库最大流量和洪量（9 日洪量为 12.4 亿 m³）满足设计的万家寨水库出库洪峰和洪量指标要求。2006 年万家寨水库进、出库流量和坝前水位变化过程见图 5-9。

表 5-3 2006 ~ 2009 年桃汛试验期万家寨水库出库(河曲站)水沙特征值

项目		2006 年	2007 年	2008 年	2009 年
瞬时最大洪峰流量(m^3/s)		2 760	3 020	2 870	2 550
日均最大洪峰流量(m^3/s)		2 510	2 830	2 680	2 230
流量大于 2 000 m^3/s 的时间(h)		69	51	54	24
流量大于 1 500 m^3/s 的时间(h)		85	91	96	69
瞬时最大含沙量(kg/m^3)		41.7	88.2	90.8	47.6
日均最大含沙量(kg/m^3)		9.54	49.0	50.97	24.3
最大 10 日特征	洪量(亿 m^3)	13.36	11.84	12.87	10.83
	对应沙量(亿 t)	0.038	0.218	0.191	0.058
	平均含沙量(kg/m^3)	2.84	18.41	14.83	5.36

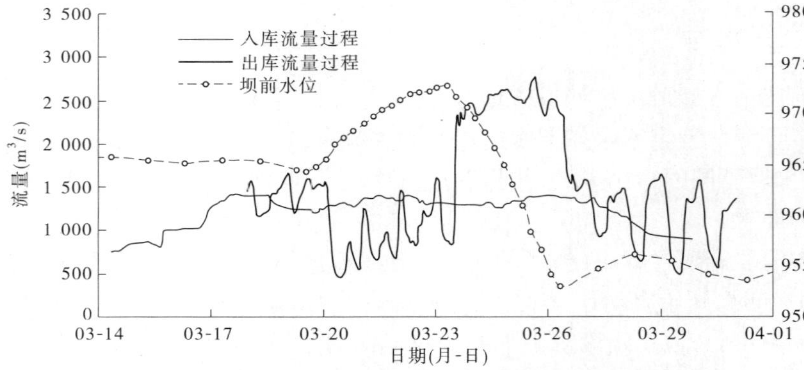

图 5-9 2006 年万家寨水库进、出库流量和坝前水位变化过程

5.3.1.2 2007 年万家寨水库实际调度过程

2007 年试验期间,万家寨水库入库最大流量为 1 700 m^3/s,水库补水运用后,最大下泄流量为 3 020 m^3/s,最大日平均下泄流量为 2 830 m^3/s,大于 2 000 m^3/s 流量持续 51 h,大于1 500 m^3/s流量持续 91 h;最大 10 日下泄水量 11.84 亿 m^3,相应 10 日排沙量为 0.218 亿 t,出库平均含沙量 18.41 kg/m^3(见表 5-3)。其中最大出库含沙量为 88.2 kg/m^3,出现在落水阶段流量按 2 000 m^3/s 控制时段。补水期间万家寨水库蓄水位从 972.72 m 降到 952.18 m,共补水 2.69 亿 m^3。万家寨水库出库最大流量和洪量(5 日洪量为 8.7 亿 m^3)略低于设计指标要求。万家寨水库进、出库流量和坝前水位变化过程见图 5-10。

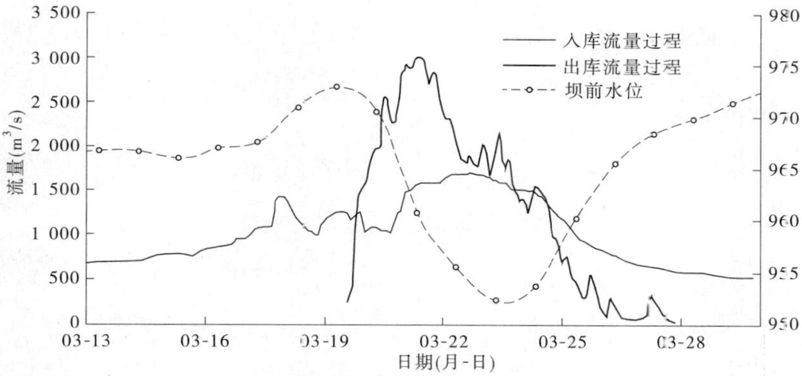

图 5-10　2007 年万家寨水库进、出库流量和坝前水位变化过程

5.3.1.3　2008 年万家寨水库实际调度过程

2008 年桃汛期万家寨水库入库最大流量为 1 890 m^3/s,水库补水运用后出库最大瞬时流量为2 870 m^3/s,最大日平均流量为 2 680 m^3/s,最大 10 日水量 12.87 亿 m^3 左右,相应 10 日沙量为 0.191 亿 t,出库平均含沙量为 14.83 kg/m^3(见表 5-3)。其中出库最大含沙量为 90.8 kg/m^3,出现在洪峰阶段后期,相应流量仍在 2 500 m^3/s 以上。试验期间,水库水位最高回蓄到 971.8 m,补水之后,水位最低降至 954.4 m,共补水 2.33 亿 m^3。经过水库补水运用后,出库最大流量和洪量(9 日洪量为 11.5 亿 m^3)仍低于设计指标要求。2008 年万家寨水库进、出库流量和坝前水位变化过程见图 5-11。

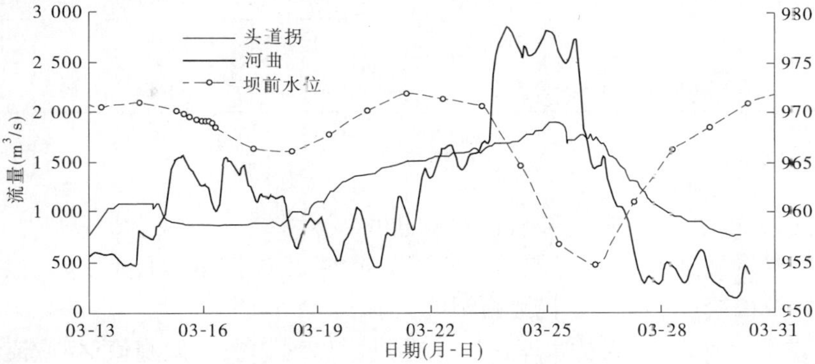

图 5-11　2008 年万家寨水库进、出库流量和坝前水位变化过程

5.3.1.4　2009 年万家寨水库实际调度过程

2009 年开河期,头道拐站最大流量为 1 410 m^3/s,相应万家寨水库为控制运用,对入库流量过程进行微调;3 月 21 日水库开始补水运用,入库最大流量在 1 200 m^3/s 左右,出库最大流量为 2 550 m^3/s,最大含沙量为 47.6 kg/m^3,出现在落水期,相应流量为 2 170 m^3/s,沙峰滞后洪峰约 9 h。出库最大日平均流量为 2 230 m^3/s,最大 10 日水量为10.83 亿 m^3,相应 10 日沙量为 0.058 亿 t,出库平均含沙量为 5.36 kg/m^3(见表 5-3)。试验期间,水库水位最高回蓄到 970.81 m,然后再为桃汛洪水过程补水,泄水过程中最低水位降至 951.97 m,期间共补水 2.22 亿 m^3。经过水库补水运用后,9 日洪量仅 10.15 亿 m^3,洪量和最大流量与设计指标仍有较大差距。2009 年万家寨水库进、出库流量和坝前水位变

化过程见图 5-12。

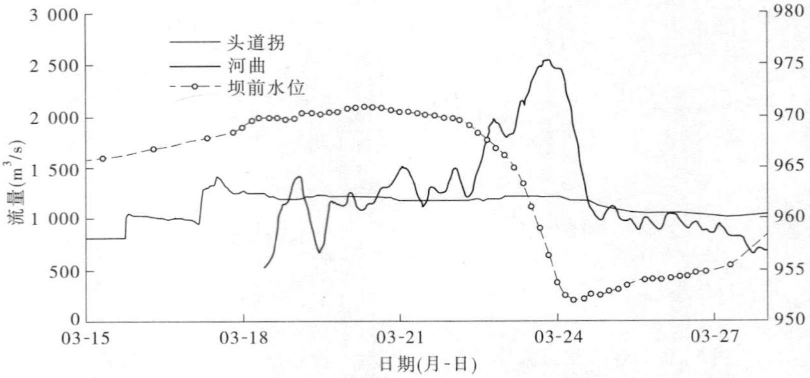

图 5-12　2009 年万家寨水库进、出库流量和坝前水位变化过程

经过万家寨水库的补水运用,出库最大流量较入库洪峰流量增大 1 070 ~ 1 330 m^3/s,日均最大流量出库较入库增大 860 ~ 1 150 m^3/s(见表 5-4),进入中游的桃汛洪水过程得到优化,塑造了有利于潼关高程冲刷降低的洪水过程。

表 5-4　桃汛期万家寨水库进、出库洪峰流量比较　　(单位:m^3/s)

项目	站名	2006 年	2007 年	2008 年	2009 年
瞬时流量	头道拐	1 430	1 700	1 890	1 410
	河曲	2 760	3 020	2 960	2 550
日均流量	头道拐	1 360	1 680	1 820	1 240
	河曲	2 510	2 830	2 680	2 230

5.3.2　天桥水库

试验期间,天桥水库原则上按进、出库水量平衡运用,当入库流量超过 2 000 m^3/s 时,进行排沙。实际调度过程中,由于天桥水库泄空排沙,出库流量过程不稳定,洪峰期出现远大于控制指标的峰值和远小于控泄指标的极值。

2006 年试验补水期间,天桥水库出库流量过程出现 3 次明显峰值,相应流量分别为 2 830 m^3/s、3 270 m^3/s 和 2 920 m^3/s,大于入库最大流量;期间有 2 次小流量值,分别为 1 720 m^3/s和 1 380 m^3/s,远小于相应时段入库流量;第一个洪峰之后开始排沙,最大含沙量达到 37.8 kg/m^3,与入库沙峰基本对应。

2007 年试验补水期间,涨水阶段天桥水库出库有 3 次大于 3 500 m^3/s 的峰值,瞬时最大流量为 4 300 m^3/s,远大于万家寨水库出库控制最大流量值,最小流量仅为 1 390 m^3/s,出库流量过程极不稳定;第一个流量峰值过后水库开始排沙,最大含沙量为 62.6 kg/m^3。在洪峰期最大出库流量为 3 560 m^3/s,最小流量为 1 460 m^3/s,出库流量过程仍然不稳定。水库在排沙过程中形成 2 个沙峰,第一个为天桥水库泄空排沙冲刷所致,第二个为万家寨水库排沙所致,由于天桥水库的滞沙作用,出库最大含沙量为 25.3 kg/m^3,小于入库含沙量。

2008 年试验补水期间，天桥水库出库流量过程出现 2 次峰值，最大为 4 010 m^3/s，洪峰期间最小出库流量仅为 971 m^3/s。第一个峰值过后开始排沙，但排沙量并不大；最大沙峰出现在洪峰后期，最大含沙量达 64.6 kg/m^3，与入库沙峰基本对应，主要受万家寨水库排沙的影响。

针对 2006～2008 年出库流量过程不稳定的情况，为避免天桥水库泄空排沙对万家寨水库出库流量过程造成影响，2009 年要求天桥水库泄空排沙期避免水量集中排放，控制瞬时出库流量不超过 3 000 m^3/s。调度结果表明，虽然涨水阶段和洪峰期间出库流量过程也存在一定的变幅，但最大值和最小值变幅减小，最大值基本没有超过万家寨水库的控泄指标；出库含沙量存在 2 个峰值，最大含沙量也只有 24.3 kg/m^3。2006～2009 年桃汛试验期间天桥水库出库水沙特征值见表 5-5。

表 5-5　2006～2009 年桃汛试验期间天桥水库出库（府谷站）水沙特征值

项目		2006 年	2007 年	2008 年	2009 年
最大瞬时流量（m^3/s）		3 270	4 300	4 010	2 850
最大日均流量（m^3/s）		2 600	3 020	2 420	2 280
最大瞬时含沙量（kg/m^3）		37.8	62.6	64.6	24.3
最大日均含沙量（kg/m^3）		13.4	34.5	30.37	18.0
最大 10 日特征值	洪量（亿 m^3）	14.19	12.96	12.85	11.42
	对应沙量（亿 t）	0.069	0.203	0.141	0.076
	平均含沙量（kg/m^3）	4.85	15.7	11.0	6.6
日均流量大于 2 000 m^3/s 的天数（d）		3	4	2	1

5.3.3　三门峡水库

考虑到三门峡水库起调水位的影响、库水位回水影响范围等，桃汛洪水期三门峡水库起调水位按 313 m 控制。2006～2009 年桃汛试验期间，当潼关站流量上涨到 1 000 m^3/s 左右时，水位按不超过 313 m 控制，维持进出库平衡运用；当洪水流量退至 1 400～1 600 m^3/s 时，水库逐步回蓄，控制最高运用水位不超过 318 m。

2006 年桃汛试验期间由于潼关站出现两次洪峰过程，三门峡水库按照调度指令，两次洪水到来之前，只要潼关站洪水流量超过 1 000 m^3/s，三门峡水库就按不超过 313 m 控制运用。在此期间，水位低于 313 m 的天数达 7 d，最低水位降低到 312.45 m。2007 年桃汛试验期间，水位低于 313 m 有 4 d，最低水位降低到 312.35 m。2008 年桃汛试验期间，水位低于 313 m 有 3 d，最低水位为 312.88 m。2009 年桃汛试验期间，水位低于 313 m 有 2 d，最低水位降低到 312.72 m。4 年桃汛过程中 2006 年低水位持续时间长，低于 314 m 的时间达到 20 d（见表 5-6）。

表 5-6　桃汛期三门峡水库低水位统计

年份	最低水位(m)	低于 313 m 的天数(d)	低于 314 m 的天数(d)
2006	312.45	7	20
2007	312.35	4	5
2008	312.88	3	4
2009	312.72	2	5

5.4　洪水演进特点

5.4.1　洪水传播过程

5.4.1.1　洪水过程沿程变化

宁蒙河段开河形成的凌汛洪水过程，经万家寨水库调控洪峰流量增加，通过天桥水库后瞬时流量过程振幅增大，经大北干流和小北干流河段到潼关，其洪水峰型与万家寨水库出库过程相似，当万家寨水库出库洪水过程陡涨或缓涨时，演进到潼关站基本保持陡涨或缓涨的峰型，沿程洪峰流量略有衰减，整个洪水过程略有坦化。

图 5-13 ~ 图 5-16 是桃汛洪水沿程变化过程，试验期间万家寨水库出库河曲站洪峰显著大于头道拐，4 年洪峰值由入库的 1 410 ~ 1 890 m³/s 增加到出库的 2 570 ~ 3 020 m³/s，经天桥水库后府谷站瞬时最大流量达 2 860 ~ 4 300 m³/s。水流出天桥水库后，府谷—龙

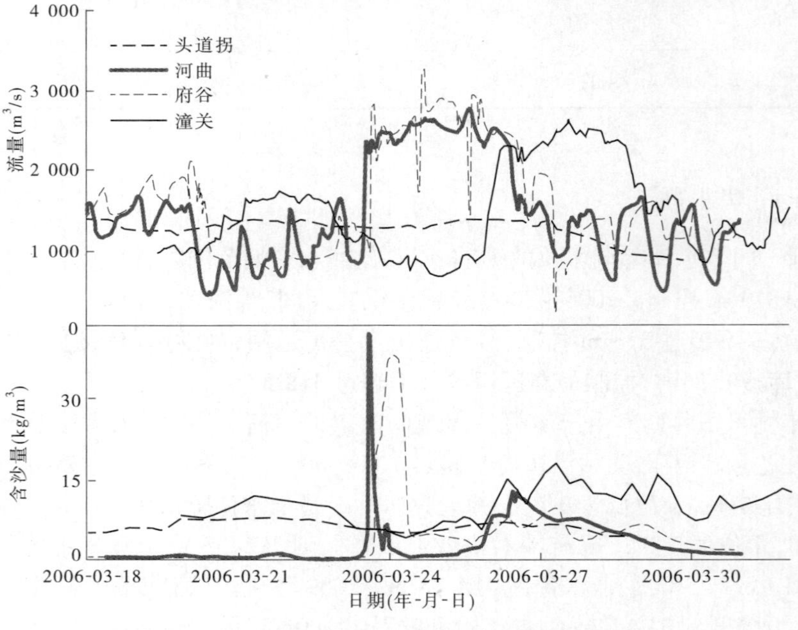

图 5-13　2006 年桃汛期流量、含沙量沿程变化

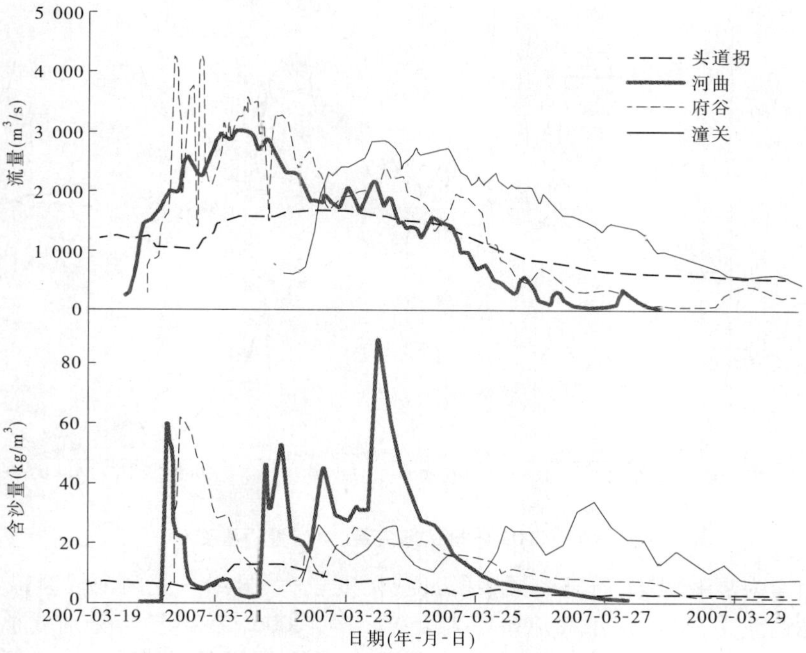

图 5-14 2007 年桃汛期流量、含沙量沿程变化

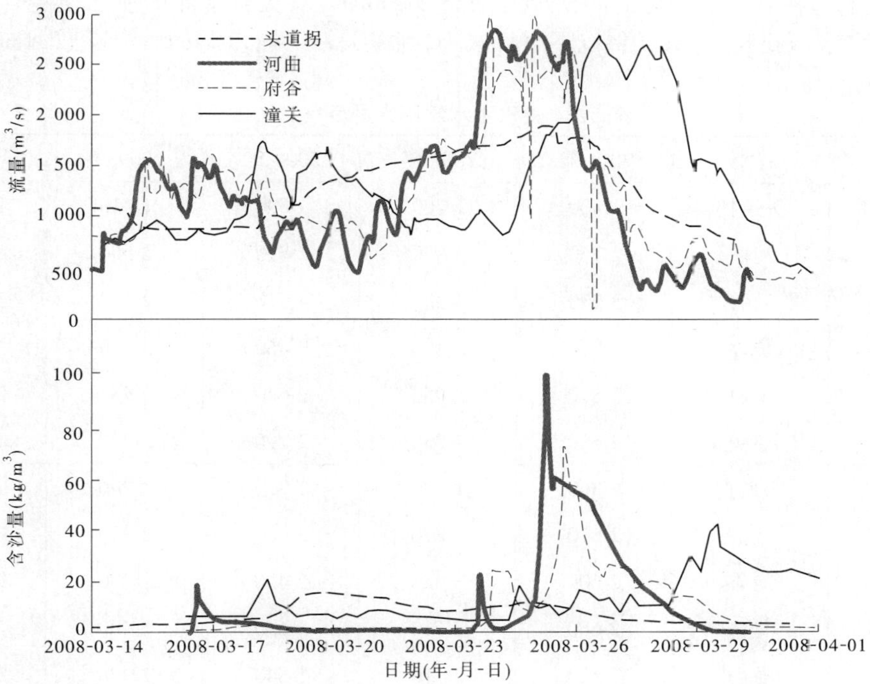

图 5-15 2008 年桃汛期流量、含沙量沿程变化

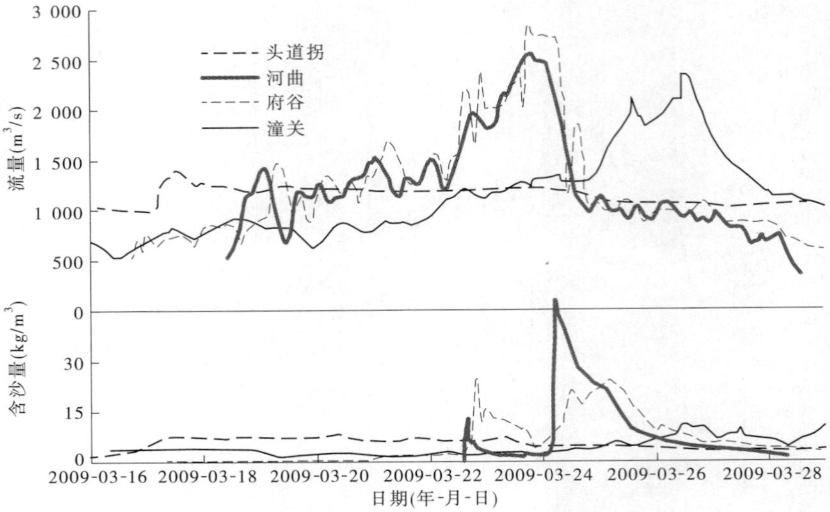

图 5-16　2009 年桃汛期流量、含沙量沿程变化

门河段洪峰均为衰减，其中府谷—吴堡段衰减幅度较大，吴堡—龙门河段衰减幅度减弱。从龙门传播到潼关，2008 年洪峰流量增大 150 m^3/s，2006 年、2007 年分别减小 250 m^3/s、100 m^3/s，2009 年由于永济滩漫滩，洪峰流量衰减较大，衰减值达 390 m^3/s。洪峰流量的沿程变化见表 5-7 和图 5-17。从 4 年平均值来看，头道拐洪峰流量为 1 608 m^3/s，万家寨水库按控制指标补水运用后河曲站洪峰增至 2 800 m^3/s，天桥水库的泄水使府谷站瞬时最大流量增至 3 608 m^3/s，吴堡以下洪峰减小，到潼关站洪峰为 2 650 m^3/s，较河曲站减少 150 m^3/s。

表 5-7　桃汛洪水洪峰流量沿程变化　　（单位：m^3/s）

项目	站名	2006 年	2007 年	2008 年	2009 年	4 年平均
最大瞬时流量	头道拐	1 430	1 700	1 890	1 410	1 608
	河曲	2 760	3 020	2 870	2 550	2 800
	府谷	3 270	4 300	4 010	2 850	3 608
	吴堡	2 970	3 140	3 460	2 700	3 068
	龙门	2 870	2 950	2 640	2 750	2 803
	潼关	2 620	2 850	2 790	2 340	2 650
最大日均流量	头道拐	1 360	1 680	1 820	1 240	1 525
	河曲	2 510	2 830	2 680	2 230	2 563
	府谷	2 600	3 020	2 420	2 280	2 580
	吴堡	2 660	2 710	2 640	2 430	2 610
	龙门	2 100	2 710	1 840	2 470	2 280
	潼关	2 440	2 640	2 580	2 060	2 430

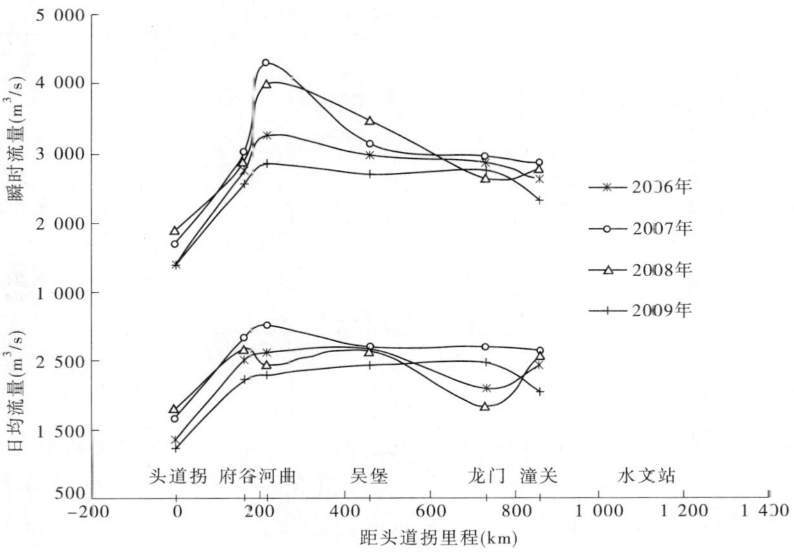

图 5-17　桃汛期洪峰流量沿程变化过程

从最大日均流量来看，头道拐—潼关沿程各站变化幅度减小。2006～2009 年，头道拐最大日均流量平均为 1 525 m^3/s，万家寨水库补水后河曲为 2 563 m^3/s，增大 1 038 m^3/s；河曲—府谷略有增加，到潼关平均为 2 430 m^3/s，较河曲减小 133 m^3/s，与瞬时最大流量沿程变化结果接近。

根据万家寨水库运用前的 1978～1998 年桃汛洪水资料，河曲洪峰流量平均为 2 463 m^3/s，到潼关为 2 681 m^3/s，平均增加 218 m^3/s，而相应最大日均流量河曲到潼关增加 347 m^3/s。万家寨水库的运用也直接影响了河曲河段的槽蓄水增量，补给水量减少，桃汛期最大瞬时流量从河曲到潼关减小，其中 1999～2005 年平均减小 107 m^3/s，2006～2009 年试验期间分别减小 140 m^3/s、170 m^3/s、80 m^3/s 和 210 m^3/s，平均为 150 m^3/s；最大日均流量从河曲到潼关 1999～2005 年仅增加 90 m^3/s，远小于之前的增加值，而 2006～2009 年均为减小，平均减小 132 m^3/s。

5.4.1.2　洪水传播时间

为了较准确地分析洪水传播时间，按涨水过程中前锋传播进行统计。表 5-8 为天桥水库出库府谷到潼关桃汛洪水传播时间及统计时刻对应流量。4 年洪水传播时间在 55.31～71.91 h不等，其差异主要与洪峰流量和河床边界有关。2007 年、2008 年洪峰流量大且比较接近（见表 5-7），相应洪水传播时间短也比较接近；2009 年洪峰流量最小，府谷—龙门的传播时间相应较长，龙门—潼关河段传播时间比其他 3 年长 10 h 以上，主要是因为永济滩附近出现洪水漫滩、洪峰削减、流速降低，造成洪水传播时间延长。2006 年洪峰流量介于中间，府谷—潼关的洪水传播时间也介于中间。

表 5-8　桃汛洪水洪峰沿程传播时间比较

站名	河段长度（km）	2006 年		2007 年		2008 年		2009 年	
		流量（m^3/s）	传播时间（h）	流量（m^3/s）	传播时间（h）	流量（m^3/s）	传播时间（h）	流量（m^3/s）	传播时间（h）
府谷		2 840		4 300		4 010		2 170	
吴堡	242	2 580	19.3	3 130	17.50	3 460	17.40	2 410	19.01
龙门	275	2 870	18.8	2 440	17.50	2 640	17.01	2 270	18.90
潼关	128	2 300	23.6	2 300	22.01	2 520	20.90	2 200	34.00
合计	645		61.7		57.01		55.31		71.91

5.4.2　含沙量沿程衰减

试验期间，头道拐含沙量过程没有明显的沙峰，瞬时最大含沙量为 7.8 ~ 13.5 kg/m^3，沙峰主要是由水库排沙造成的。2006 年万家寨水库最大出库含沙量为 41.7 kg/m^3，经过天桥水库后为 37.8 kg/m^3。2007 年万家寨水库出库有 3 次最大含沙量大于 50 kg/m^3 的沙峰过程，第一次在涨水初期，沙峰为 59.4 kg/m^3，经天桥水库排沙，沙峰过程延长、峰值增至 62.6 kg/m^3；后 2 次沙峰分别为 52.7 kg/m^3 和 88.2 kg/m^3，经天桥水库后含沙量过程发生变化，出库府谷站只有 1 次最大含沙量为 25.3 kg/m^3 的较小沙峰过程。2008 年万家寨水库排沙在洪峰阶段后期，最大含沙量为 90.8 kg/m^3，经天桥水库后峰值减小为 64.6 kg/m^3。2009 年万家寨水库排沙在落水阶段，最大含沙量为 47.7 kg/m^3，经天桥水库后峰值减小为24.3 kg/m^3，在涨水阶段流量接近 2 000 m^3/s 时天桥水库出现最大含沙量 24.1 kg/m^3 的排沙过程。各年含沙量过程见图 5-13 ~ 图 5-16。

天桥水库出库的沙峰过程演进到潼关，各站最大含沙量均有不同程度衰减，其中府谷—吴堡衰减值最大，吴堡—潼关站当含沙量大时沿程为衰减、含沙量小时沿程增加（如 2006 年），见表 5-9 和图 5-18。

表 5-9　桃汛洪水期各站最大含沙量统计　（单位：kg/m^3）

项目	站名	2006 年	2007 年	2008 年	2009 年
最大瞬时含沙量	头道拐	7.8	12.8	13.5	8.2
	河曲	41.7	88.2	90.8	47.4
	府谷	37.8	62.6	64.6	24.3
	吴堡	14.3	37.1	56.3	22.8
	龙门	16.8	36.7	50.5	16.6
	潼关	17.9	33.8	37.9	15.9
最大日均含沙量	头道拐	7.6	11.6	12.7	7.3
	河曲	10.8	49.0	51.0	24.7
	府谷	13.2	34.5	30.4	18.0
	吴堡	10.7	26.6	39.3	18.5
	龙门	12.0	23.1	38.0	11.7
	潼关	15.6	24.7	29.3	14.0

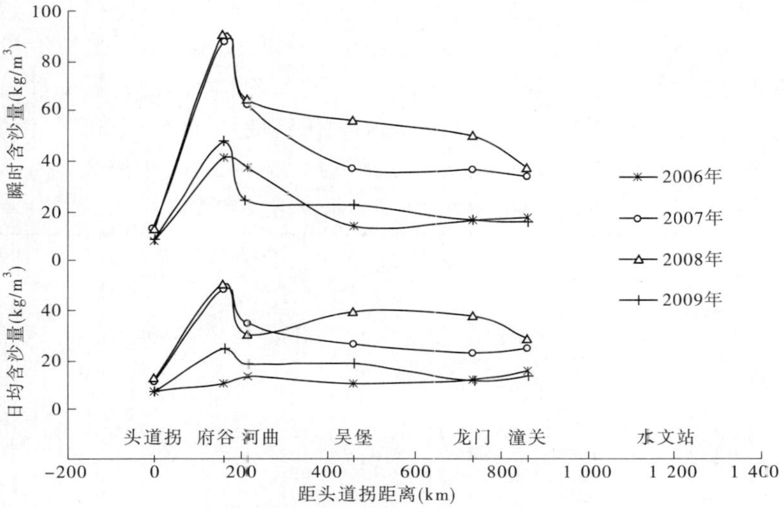

图 5-18 桃汛洪水期最大含沙量沿程变化

从日均最大含沙量变化看,2007 年、2008 年含沙量较大,沿程变化趋势基本一致,头道拐—河曲含沙量增大,河曲—潼关日均含沙量沿程减小;2006 年入库沙峰值最小,沿程到潼关基本为增大过程;2009 年出库沙峰值相对也较小,沿程调整幅度小。

2006~2009 年 4 年洪水过程表明,万家寨水库或天桥水库出库含沙量较大时,虽然经过沿程调整,但是到潼关站沙峰值仍然偏大;当出库含沙量小时,潼关站沙峰值也偏小。

5.4.3 水量、沙量沿程变化

2006~2009 年桃汛期头道拐站最大 10 日洪量为 10.80 亿~12.81 亿 m^3,经万家寨水库调节后,出库河曲站有不同程度增加,2006 年和 2007 年增加值较大,2008 年和 2009 年略有增加;河曲站最大 10 日水量 4 年平均为 12.22 亿 m^3,较 1987~1998 年和 1999~2005 年平均值分别增加 2.34 亿 m^3 和 3.63 亿 m^3;经过天桥水库后府谷站水量也略有增加,4 年平均增加 0.63 亿 m^3;府谷—潼关沿程各站各年变化不一致,有增加也有减少;到潼关站,4 年平均最大 10 日水量为 12.80 亿 m^3。2006~2009 年河曲到潼关最大 10 日水量平均仅增加 0.58 亿 m^3,小于万家寨水库运用前的 1987~1998 年相应增加值 3.34 亿 m^3,也小于 1999~2005 年相应增加值 1.08 亿 m^3。河曲—潼关区间受天桥水库、区间来水和洪水过程坦化的影响,各站间有增加也有减小,不同时期桃汛期各站最大 10 日水量变化见表 5-10。可见,1999~2005 年区间来水已显著减少,2006~2008 年更少,区间来水减少使水量的沿程增加值减少,水量沿程变化较小。

沙量沿程变化复杂,有增加也有减少。表 5-11 为相应于最大 10 日水量的沙量,可以看出,头道拐站 2006~2009 年平均沙量为 0.079 亿 t,较前两个时段偏大 39.0% 和 58.5%。头道拐—河曲,1987~1998 年沙量减少,1999~2005 年受万家寨水库拦沙作用的影响减少更多;2006 年桃汛期万家寨水库继续拦沙,河曲沙量较头道拐减少 46%;2007 年、2008 年万家寨水库排沙,河曲沙量分别增大 196% 和 73%;2009 年河曲沙量略小于头道拐。2006 年河曲—潼关沿程各站沙量均为增加;2007 年河曲站沙量偏大,到龙门总体为减少,龙门—潼关又有所增大,但潼关沙量仍小于河曲;2008 年河曲站沙量偏大,沿程到潼关减少和增大交替变化,但潼关沙量仍小于河曲;2009 年河曲—吴堡沙量沿程增加,吴堡—潼关沿程沙量总体减少,但潼关站沙量略大于河曲。2006 ~ 2009 年潼关站平均沙量为 0.137 3 亿 t,只有 1987 ~ 1998 年的 60%,但较 1999 ~ 2005 年偏大 11%。

表 5-10　4 年桃汛期最大 10 日水量沿程变化　(单位:亿 m^3)

站名	2006 年	2007 年	2008 年	2009 年	2006 ~ 2009 年年平均	1987 ~ 1998 年年平均	1999 ~ 2005 年年平均
头道拐	11.39	10.96	12.81	10.13	11.32	10.34	12.00
河曲	13.36	11.84	12.87	10.83	12.22	9.88	8.59
府谷	14.19	12.96	12.85	11.42	12.85	11.15	9.04
吴堡	13.87	13.14	13.83	11.85	13.17	11.15	9.28
龙门	13.56	12.64	11.66	11.98	12.43	11.67	9.48
潼关	13.46	12.96	13.84	11.01	12.80	13.22	9.67
河曲—潼关	0.10	1.12	0.97	0.18	0.58	3.34	1.08

表 5-11　4 年桃汛期最大 10 日水量对应沙量变化　(单位:亿 t)

站名	2006 年	2007 年	2008 年	2009 年	2006 ~ 2009 年年平均	1987 ~ 1998 年年平均	1999 ~ 2005 年年平均
头道拐	0.070 7	0.073 5	0.110 6	0.061 0	0.079 0	0.056 8	0.049 8
河曲	0.037 9	0.214 9	0.190 9	0.058 0	0.125 4	0.049 6	0.025 6
府谷	0.068 8	0.203 3	0.141 5	0.075 8	0.122 3	0.121 5	0.040 6
吴堡	0.090 0	0.196 8	0.169 4	0.095 6	0.136 1	0.153 0	0.071 4
龙门	0.084 4	0.165 3	0.125 7	0.064 0	0.108 9	0.176 0	0.078 2
潼关	0.151 7	0.201 0	0.126 4	0.070 0	0.137 3	0.227 8	0.123 8
河曲—潼关	0.113 8	-0.013 9	-0.064 5	0.012 0	0.011 9	0.178 2	0.098 2

从相应 10 日平均含沙量看(见表 5-12),2006 年受万家寨水库继续拦沙影响,河曲平均含沙量仅 2.84 kg/m^3,到龙门增加到 6.22 kg/m^3,龙门到潼关增加值较大,为 5.05 kg/m^3,潼关平均含沙量为 11.27 kg/m^3。2007 年河曲平均含沙量为 18.15 kg/m^3,远大于 2006 年,也大于前两个时段,沿程到龙门总体为减小过程,龙门到潼关又有所增加,潼关站平均含沙量为 15.50 kg/m^3,小于河曲站。2008 年河曲平均含沙量为 14.83 kg/m^3,沿程到潼关总体为减小过程,潼关站为 9.13 kg/m^3。2009 年河曲含沙量略小于头道拐,到吴堡沿程增加,吴堡到龙门含沙量减小,到潼关又有所增加,潼关站平均含沙量为 6.36 kg/m^3。从 2006 ~ 2009 年平均含沙量看,与 1987 ~ 1998 年相比,河曲站

明显偏大，但府谷到潼关各站均较小；与 1999 ~ 2005 年相比，龙门以上各站含沙量均明显偏大，只有潼关站偏小。

表 5-12　4 年桃汛期相应最大 10 日水量的平均含沙量沿程变化　（单位：kg/m^3）

站名	2006 年	2007 年	2008 年	2009 年	2006 ~ 2009 年年平均	1987 ~ 1998 年年平均	1999 ~ 2005 年年平均
头道拐	6.21	6.71	8.63	6.02	6.97	5.46	4.20
河曲	2.84	18.15	14.83	5.36	10.26	5.07	2.58
府谷	4.85	15.69	11.01	6.64	9.52	11.03	3.81
吴堡	6.49	14.98	12.25	8.05	10.33	13.59	7.24
龙门	6.22	13.08	10.78	5.34	8.76	14.90	7.95
潼关	11.27	15.50	9.13	6.36	10.71	17.00	12.40
河曲—潼关	8.43	-2.65	-5.70	1.20	0.45	11.93	9.83

5.4.4　潼关站桃汛洪水特点

受各年凌情影响，头道拐桃汛洪水过程不同，万家寨水库调度方式不同，传播到潼关就形成不同的峰型。2006 年和 2008 年均为两个洪峰，洪水持续时间长，第二个为按试验指标优化调度形成的洪峰，涨水快、落水也快；2007 年和 2009 年为单一的洪水峰型，持续时间短，2007 年涨水速度快，但落水过程时间长，2009 年涨水过程时间长，落水快。

如表 5-13 所示，2006 ~ 2009 年桃汛试验期潼关站最大洪峰流量分别达到 2 620 m^3/s、2 850 m^3/s、2 790 m^3/s、2 340 m^3/s，平均为 2 650 m^3/s，与 1987 ~ 1998 年的平均值接近，较万家寨水库运用后的 1999 ~ 2005 年平均值增大 57.1%。洪水期瞬时流量大于 2 000 m^3/s持续时间分别为 63 h、77 h、63 h 和 12 h，流量大于 1 500 m^3/s 持续时间分别为 88 h、98 h、106 h 和 51 h。2006 ~ 2008 年大流量持续时间均比较长，2009 年由于漫滩滞洪，潼关洪峰流量减小，大流量出现时间也短。

万家寨水库或天桥水库排沙过程传播到潼关，不仅含沙量值发生变化，沙峰与洪峰对应关系也发生变化。2006 年最大瞬时含沙量只有 17.9 kg/m^3，沙峰出现时间与洪峰期大流量过程基本对应（见图 5-13）；2007 年最大瞬时含沙量达 33.8 kg/m^3，出现在落水阶段，沙峰滞后于洪峰约 3 d，相应流量在 1 400 m^3/s 左右（见图 5-14）；2008 年最大瞬时含沙量为 37.9 kg/m^3，出现在落水阶段，滞后于洪峰过程约 1.5 d，相应流量约 1 400 m^3/s（见图 5-15）；2009 年最大瞬时含沙量仅 16.2 kg/m^3，在洪水过程的落水阶段，对应流量仅 1 110 m^3/s（见图 5-16）。

在水流传播过程中，由于沙峰的传播速度小于洪峰，水库在涨水初期排沙时，到潼关站水、沙峰基本对应；洪峰阶段后期排沙时，沿程沙峰滞后于洪峰的时间逐渐增长，到潼关站沙峰滞后更加明显，往往处于落水阶段。

2006 ~ 2009 年最大 10 日水量在 11.01 亿 ~ 13.46 亿 m^3，平均值为 12.80 亿 m^3，与万家寨水库运用后 1999 ~ 2005 年平均值相比增大 3.13 亿 m^3，与万家寨水库运用前 1987 ~

1998 年平均值相比减小 0.42 亿 m^3。从 10 日平均沙量看,4 年平均为 0.137 3 亿 t,大于 1999 ~ 2005 年时段平均值 0.123 8 亿 t,小于 1987 ~ 1998 年时段平均值 0.227 8 亿 t。而 10 日平均含沙量为 10.61 kg/m^3,小于 1999 ~ 2005 年平均值 12.4 kg/m^3,更小于 1987 ~ 1998 年时段平均值 17.0 kg/m^3。

4 年桃汛试验表明(见表 5-13),通过万家寨水库优化调度和补水运用形成的桃汛洪水过程,到潼关站洪峰流量均大于 1999 ~ 2005 年相应值,除 2009 年外,其余都接近万家寨水库运用前 1987 ~ 1998 年平均值;最大 10 日水量恢复到万家寨水库运用前状况,10 日沙量均小于万家寨水库运用前平均沙量,但 2007 年、2008 年万家寨水库排沙较多,潼关站沙峰滞后于洪峰,不利于潼关河床冲刷。

表 5-13　潼关站桃汛洪水水沙特征

项目		2006 年	2007 年	2008 年	2009 年	1987 ~ 1998 年平均值	1999 ~ 2005 年平均值
最大瞬时流量(m^3/s)		2 620	2 850	2 790	2 340	2 640	1 687
最大日均流量(m^3/s)		2 440	2 640	2 580	2 060	2 368	1 547
洪峰出现次数		2	1	2	1		
最大瞬时含沙量(kg/m^3)		17.9	33.8	37.9	16.2	28.4	22.8
最大日均含沙量(kg/m^3)		15.6	24.7	29.3	14.1	24.4	17.0
最大 10 日	水量(亿 m^3)	13.46	12.96	13.78	11.01	13.22	9.67
	对应沙量(亿 t)	0.151 7	0.201 0	0.126 4	0.070 0	0.227 8	0.123 8
	平均含沙量(kg/m^3)	11.27	15.50	9.13	6.35	17.0	12.4
流量大于 2 000 m^3/s 的小时数(h)		63	77	63	12		
流量大于 1 500 m^3/s 的小时数(h)		88	98	106	51		
流量大于 1 000 m^3/s 的小时数(h)		146	123	132	180		

5.5　原型试验效果分析

5.5.1　有效降低了潼关高程

5.5.1.1　桃汛期潼关附近同流量水位降低

2006 ~ 2009 年桃汛洪水前后潼关高程均发生不同程度下降,图 5-19 为潼关(六)断面水位流量关系,由图 5-19 可以看出,2006 年桃汛前潼关高程为 327.99 m,桃汛后潼关高程降低为 327.79 m,桃汛前后潼关高程冲刷降低 0.20 m。2007 年桃汛前潼关高程为 327.98 m,桃汛后潼关高程降低为 327.93 m,桃汛前后潼关高程冲刷降低 0.05 m。2008 年桃汛前潼关高程为 328.05 m,桃汛后潼关高程降低为 327.98 m,桃汛前后潼关高程冲刷降低 0.07 m。2009 年桃汛前潼关高程为 328.11 m,桃汛后潼关高程降低为 327.98 m,桃汛前后潼关高程冲刷降低 0.13 m(见表 5-14)。

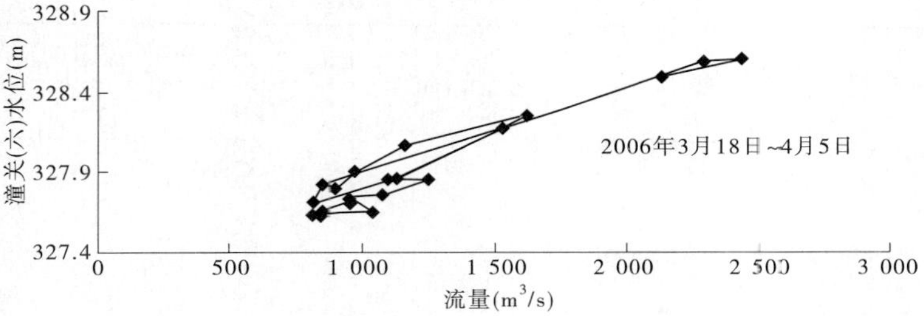

(a)

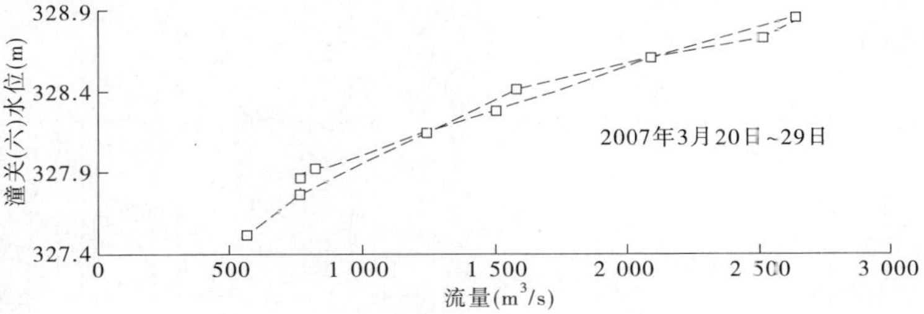

(b)

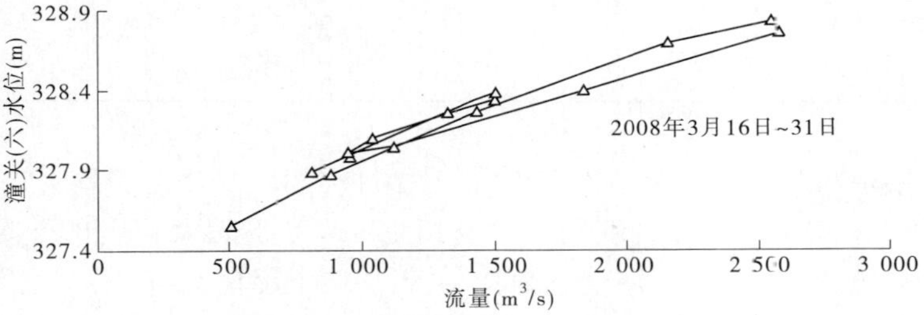

(c)

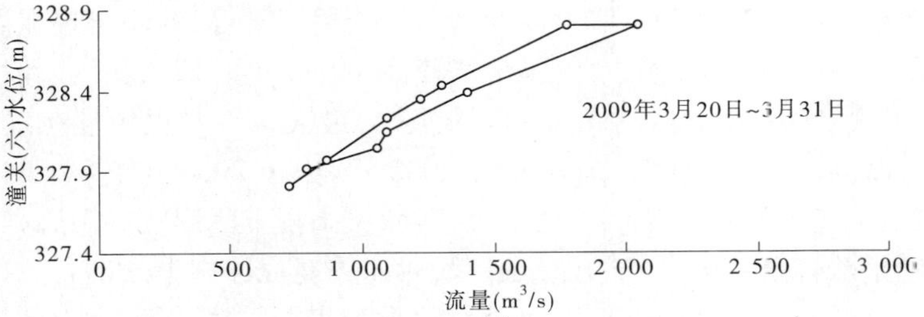

(d)

图 5-19　潼关(六)断面水位流量关系

位于潼关(六)断面下游 2.616 km 的潼关(八)断面,河床展宽,桃汛洪水前后 1 000 m^3/s流量对应水位也发生下降,但下降值与潼关高程变化值有所不同。潼关(八)断面1 000 m^3/s流量对应水位 2006 年桃汛前后下降 0.15 m,2007 年桃汛前后下降 0.08 m,2008 年桃汛前后下降 0.29 m,2009 年桃汛前后下降 0.16 m。

坫埼断面桃汛洪水前后 1 000 m^3/s 流量水位也发生下降,但 2007 ~ 2009 年下降值小,2006 年下降值大。桃汛洪水前后库水位在 313 ~ 318 m,回水影响范围均在坫埼以下,坫埼以上冲刷下降主要是大流量造成的沿程冲刷,而 2006 年下降值大与低水位持续时间长有关。

表 5-14　桃汛洪水前后同流量水位变化

项目		潼关高程(m)	1 000 m^3/s 流量对应水位(m)	
			潼关(八)	坩埼
2006 年	试验前	327.99	327.47	323.99
	试验后	327.79	327.32	323.62
	变化值	-0.20	-0.15	-0.37
2007 年	试验前	327.98	327.37	323.93
	试验后	327.93	327.29	323.90
	变化值	-0.05	-0.08	-0.03
2008 年	试验前	328.05	327.53	323.89
	试验后	327.98	327.24	323.81
	变化值	-0.07	-0.29	-0.08
2009 年	试验前	328.11	327.46	323.84
	试验后	327.98	327.30	323.78
	变化值	-0.13	-0.16	-0.06

从4年桃汛水沙条件和潼关高程变化看，除2009年外，洪峰流量均大于2 500 m^3/s，2007年最高，达2 850 m^3/s，10日洪量均大于13亿 m^3，但是潼关高程的下降值并没有与洪峰流量或洪量成正比，而且下降值均偏小，4年平均下降值只有0.11 m，低于预期值。对比4年桃汛期潼关高程的下降值和含沙量过程可见，2007年和2008年潼关站最大含沙量较大，特别是沙峰和洪峰的对应关系均为沙峰滞后于洪峰，沙峰出现在洪水的落水阶段，相应潼关高程下降值较小；而2006年沙峰峰值小且在洪峰期大流量阶段，潼关高程下降值为4年中最大；2009年虽然洪峰为4年中最小，最大含沙量也出现在洪峰过后，但含沙量比较小，潼关高程下降值大于2007年和2008年，小于2006年。4年试验结果表明，当桃汛洪峰流量大于2 500 m^3/s 后继续增大，对潼关高程升降影响的敏感程度锐减，而含沙量较大，特别是沙峰滞后于洪峰的流量过程，对潼关高程冲刷十分不利。

从洪水期河床的变形过程来看，涨水过程中附加水面坡度为正、河床发生冲刷，落水过程中附加水面坡度为负、河床发生淤积。对于沙峰在落水阶段的情况，落水期的淤积强度大于洪峰和沙峰对应的落水期淤积强度，相应削弱了洪水过程对河床的冲刷效果。

从河道边界条件看，2003年以来黄淤45—黄淤36河段为累计冲刷，必然造成河床的粗化，相同水流条件的冲刷强度势必会削弱。

5.5.1.2　对年内潼关高程变化产生有利影响

2006～2009年桃汛试验期，洪水前后潼关高程下降程度不同，桃汛后回淤程度也不同。表5-15为4年年内潼关高程的变化情况，其中2006年桃汛期潼关高程下降值大，到汛前的回淤值也大，2007年下降值小，之后没有回淤，2008～2009年的回淤值也小，说明如果桃汛期潼关高程不下降，对于4～6月的小流量过程也难以使潼关高程发生冲刷，到汛前会保持在较高值。虽然4年桃汛试验潼关高程平均下降值只有0.11 m，低于预期值，但是对于汛前保持在较低值、年内潼关高程没有累计抬升起到一定的作用。

表5-15　年内潼关高程变化　（单位：m）

年份	桃汛期潼关高程		至汛前回淤值	汛前潼关高程	汛后潼关高程
	试验前	试验后			
2005年					327.75
2006年	327.95	327.75	0.35	328.10	327.79
2007年	327.98	327.93	0	327.93	327.73
2008年	328.03	327.96	0.10	328.06	327.72
2009年	328.11	327.98	0.04	328.02	327.82

5.5.1.3　遏制潼关高程的持续抬升

为了分析桃汛期潼关高程变化对汛后潼关高程的累积影响，以下设计了两个对比方案：①以2006～2008年潼关水文站实际水沙过程为基本方案（与模型验证系列相同，本节称试验方案），代表优化的桃汛洪水过程；②以桃汛期头道拐最大10日水沙过程，同时考虑正常情况下万家寨水库蓄泄水情况，代替相应的2006～2008年潼关站最大10日水沙过程作为对比方案（以下称不试验方案），代表桃汛期没有进行优化调度的水沙过程。利用前文2.2中建立的三门峡库区一维泥沙水动力学模型进行方案计算，对比分析桃汛洪水过程的优化和不优化对库区冲淤调整和潼关高程变化的影响。

计算河段从潼关以上的黄淤45（上源头）至坝前；初始边界条件采用2005年汛后地形；试验方案坝前水位为实测过程，不试验方案桃汛期坝前水位以2003～2005年桃汛期坝前水位平均值控制，相应起调水位为315.7 m，其他时期与对应时间实测坝前水位一致。

两组方案水沙条件差别主要是桃汛期。试验方案水沙特征见表5-13，不试验方案主要水沙特征见表5-16，此方案较试验方案洪峰小、10日洪量少、含沙量低。

表5-16　不试验方案桃汛期潼关站水沙特征

项目	2006年	2007年	2008年
最大日均流量（m^3/s）	1 360	1 680	1 820
最大10日水量（亿m^3）	11.39	10.96	12.81
最大10日沙量（亿t）	0.071	0.074	0.111
平均含沙量（kg/m^3）	6.2	6.8	8.7

表5-17给出了两个方案潼关以下各河段冲淤过程计算结果，图5-20为3年累计冲淤量分布。可以看出，两方案非汛期淤积量较大的河段主要有黄淤12—黄淤22与黄淤

22—黄淤 30 两个河段,汛期的冲刷量基本上也是这两个河段较大,这与三门峡水库自 2003 年采用非汛期 318 m 控制运用以来库区冲淤特点是一致的,3 年的累积淤积集中在黄淤 22 以下河段。

表 5-17　2006～2008 年桃汛洪水试验与不试验各河段冲淤量计算结果　(单位:亿 t)

时间（年-月）		河段冲淤量						
		坝址—黄淤 12	黄淤 12—黄淤 22	黄淤 22—黄淤 30	黄淤 30—黄淤 36	黄淤 36—黄淤 41	坝址—黄淤 41	黄淤 41 以下累计
试验方案	2005-11～2006-06	0.087	0.329	0.280	0.066	0.025	0.787	0.787
	2006-07～2006-10	-0.059	-0.242	-0.209	-0.039	-0.038	-0.586	0.201
	2006-11～2007-06	0.123	0.233	0.155	0.066	0.015	0.592	0.793
	2007-07～2007-10	-0.026	-0.185	-0.187	-0.072	-0.027	-0.497	0.296
	2007-11～2008-06	0.043	0.230	0.234	0.066	0.024	0.597	0.893
	2008-07～2008-10	0.084	-0.113	-0.150	-0.135	-0.017	-0.331	0.562
	累计	0.252	0.252	0.123	-0.048	-0.018	0.562	
不试验方案	2005-11～2006-06	0.085	0.321	0.231	0.161	0.074	0.872	0.872
	2006-07～2006-10	-0.057	-0.224	-0.195	-0.069	-0.026	-0.571	0.301
	2006-11～2007-06	0.120	0.228	0.146	0.085	0.040	0.618	0.919
	2007-07～2007-10	-0.026	-0.178	-0.163	-0.103	-0.021	-0.490	0.429
	2007-11～2008-06	0.043	0.211	0.241	0.086	0.046	0.625	1.054
	2008-07～2008-10	0.048	-0.113	-0.146	-0.027	-0.031	-0.269	0.785
	累计	0.213	0.245	0.114	0.133	0.082	0.785	

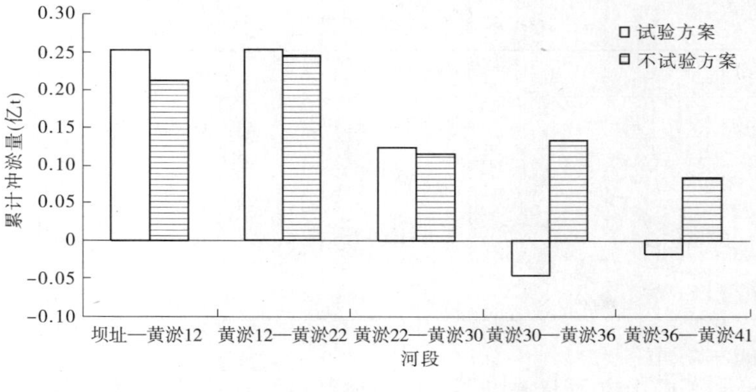

图 5-20　3 年累计各河段冲淤量

从非汛期淤积量来看，各年均表现为不试验方案偏大，年平均偏大 0.046 亿 t，其中黄淤 30 以下河段淤积量偏小、以上河段淤积量偏大，黄淤 12 以下差异较小，黄淤 30—黄淤 36 河段差异最大，其次为黄淤 36—黄淤 41 河段。不试验方案黄淤 30—黄淤 41 河段非汛期 3 年平均淤积量 0.164 亿 t，占全河段的 23%，试验方案相应淤积量 0.087 亿 t，占全河段的 13%。

从汛期平均冲刷量来看，试验方案冲刷 0.471 亿 t，不试验方案冲刷 0.443 亿 t，较试验方案偏小 0.028 亿 t，其冲刷量沿程分布与非汛期淤积分布相关，非汛期淤积量大的河段汛期冲刷量也大。两方案均为黄淤 12—黄淤 30 汛期冲刷量最大，坝前段和黄淤 36—黄淤 41 河段冲刷量最小。与试验方案相比，不试验方案黄淤 30—黄淤 36 河段汛期平均冲刷量偏大 0.016 亿 t，黄淤 36—黄淤 41 河段汛期平均冲刷量偏大 0.001 亿 t，但都小于对应河段非汛期平均多淤积的泥沙量。

从全年冲淤变化来看，不试验方案年均淤积量为 0.262 亿 t，试验方案为 0.187 亿 t，年均少淤积 0.075 亿 t，3 年累计少淤积 0.224 亿 t。试验方案淤积量的减少发生在黄淤 30—黄淤 41 河段，而黄淤 12—黄淤 30 河段淤积量略有增加，但这部分淤积对潼关高程影响较小，遇大水年份也容易冲刷出库。可见，桃汛洪水期进行优化调度对潼关附近河床冲淤调整是有利的。

综合分析 2006 ~ 2008 年两个方案潼关以下库区冲淤量及其分布，在所给计算水沙条件下，各年非汛期试验方案淤积总量均比不试验方案少，淤积重心也更靠近坝前，虽然不同年份存在一些差异，但桃汛期进行洪水过程优化调度，都会对当年库区冲淤分布产生有利影响。从各年汛期库区冲淤情况来看，计算年份汛期水沙条件完全相同，但由于非汛期库区淤积情况的差异，试验方案汛期冲刷量均大于不试验方案，可见，非汛期泥沙落淤接近坝前，汛期冲刷出库的泥沙量也会相对增大。因此，桃汛期洪水进行优化调度对潼关附近断面冲淤调整具有累积性正面作用。

潼关高程变化模型计算结果见图 5-21 和表 5-18。总体来看，从 2006 年桃汛后开始到 3 年结束，不试验方案各时期的潼关高程均高于试验方案。

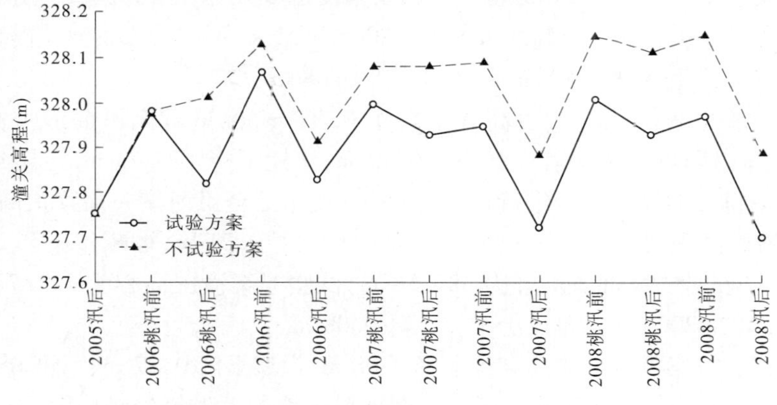

图 5-21　2006 ~ 2008 年桃汛洪水是否优化调度潼关高程变化过程

表 5-18 2006～2008 年桃汛洪水是否优化调度潼关高程变化差异

时间点	试验方案		不试验方案		说明
	潼关高程(m)	变化值(m)	潼关高程(m)	变化值(m)	
2005 汛后	327.75		327.75		
2006 桃汛前	327.98	0.23	327.98	0.23	
2006 桃汛后	327.82	-0.16	328.01	0.03	桃汛期
2006 汛前	328.07	0.25	328.13	0.12	
2006 汛后	327.83	-0.24	327.91	-0.22	汛期
2007 桃汛前	328.00	0.17	328.08	0.17	
2007 桃汛后	327.93	-0.07	328.08	0	桃汛期
2007 汛前	327.95	0.02	328.09	0.01	
2007 汛后	327.72	-0.23	327.88	-0.21	汛期
2008 桃汛前	328.01	0.29	328.15	0.27	
2008 桃汛后	327.93	-0.08	328.11	-0.04	桃汛期
2008 汛前	327.97	0.04	328.15	0.04	
2008 汛后	327.70	-0.27	327.89	-0.26	汛期
桃汛平均		-0.103		-0.003	
汛期平均		-0.247		-0.230	

2006 年试验方案桃汛期潼关高程下降 0.16 m,桃汛后至汛前回升 0.25 m,整个非汛期累计上升 0.32 m,汛期下降了 0.24 m,运用年上升 0.08 m;不试验方案 2006 年桃汛期潼关高程上升了 0.03 m,桃汛后至汛前继续抬高 0.12 m,整个非汛期潼关高程累计上升 0.38 m,汛期下降了 0.22 m,运用年上升 0.16 m。可见,与不试验方案相比,试验方案桃汛期潼关高程下降幅度大 0.19 m,桃汛后回淤幅度也较大,汛前潼关高程偏低 0.06 m,汛期因非汛期淤积分布有利下降幅度也偏大。2006 年汛末,不试验方案潼关高程为 327.91 m,试验方案潼关高程为 327.83 m,后者多下降 0.08 m。

2007 年试验方案桃汛期潼关高程下降了 0.07 m,桃汛后至汛前潼关高程回升了 0.02 m,整个非汛期潼关高程累计上升了 0.12 m,汛期下降了 0.23 m,运用年下降 0.11 m;不试验方案桃汛期潼关高程维持在 328.08 m,桃汛后至汛前潼关高程抬高了 0.01 m,整个非汛期潼关高程累计上升了 0.18 m,汛期下降了 0.21 m,运用年下降 0.03 m。到 2007 年汛后,不试验方案潼关高程为 327.88 m,试验方案潼关高程为 327.72 m,二者相差 0.16 m,后者在 2006 年的基础上又多下降 0.08 m。

2008 年试验方案桃汛期潼关高程下降 0.08 m,汛期下降 0.27 m;不试验方案桃汛期下降 0.04 m,汛期下降了 0.26 m。试验方案潼关高程的下降值仍然偏大,但两方案的差值小于 2006 年和 2007 年。到 2008 年汛后,试验方案潼关高程为 327.70 m,不试验方案潼关高程为 327.89 m，二者相差 0.19 m。

从 3 年平均情况来看，试验方案桃汛期潼关高程平均下降 0.103 m，汛期平均下降 0.247 m，而不试验方案桃汛期潼关高程平均下降 0.003 m，汛期平均下降 0.230 m。显然，经过优化的桃汛洪水过程冲刷作用明显偏大，同时由于大流量过程和三门峡水库降低水位对库区淤积分布的改善，有利于汛期同样水沙条件下潼关附近河床的冲刷。因此，试验方案汛期潼关高程冲刷下降值略大于不试验方案相应年份高程冲刷下降值。

从 3 年累计影响结果来看，到 2008 年汛后，试验方案潼关高程是 327.7 m，不试验方案潼关高程是 327.89 m，两者相差 0.19 m，也就是说，若 2006 ~ 2008 年不进行“利用并优化桃汛洪水过程冲刷降低潼关高程的试验”，3 年结束时潼关高程值比试验方案相应抬高 0.19 m，较初始值抬高 0.14 m。

从两个方案潼关高程变化差异可以看出，在所给计算水沙条件下，各年桃汛期试验方案潼关高程下降幅度均明显大于不试验方案，虽然桃汛后—汛前潼关高程回升幅度具有随桃汛期下降幅度增大而增大的特点，但就整个非汛期而言，桃汛期进行优化调度可以减小非汛期潼关高程淤积抬升 0.02 ~ 0.06 m，同时，由于桃汛洪水过程对库区非汛期淤积分布也有利，使得汛期相同水沙条件下潼关高程下降值在一般情况下也略大。从各年汛后潼关高程计算结果对比看出，两个方案汛后潼关高程差幅逐年扩大，说明桃汛期进行优化调度对潼关高程的有利作用是具有累计效果的。而优化调度包含了两方面的内容：一是通过万家寨水库补水实现潼关站洪水过程的优化；二是控制洪水期三门峡水库的运用水位，两方面的差异使试验方案的累计效果明显优于不试验方案。

实际上，若桃汛期万家寨水库不实施优化调度而按现行的运用方式，在洪峰期万家寨水库进行蓄水运用，出库的洪峰和洪量小于入库，到潼关站洪峰和洪量更小，两个方案间潼关高程的差值更大，说明实际优化调度的效果可能比计算结果更好。

5.5.2 潼关附近断面发生调整

5.5.2.1 横断面形态调整

图 5-22 ~ 图 5-25 为 2006 ~ 2009 年桃汛前后潼关（六）断面套汇图，2006 年试验之前（3 月 19 日）潼关（六）断面为两股河，且以左岸一股为主流，而洪水之后，右岸一股河淤积萎缩，左岸一股河冲深扩大，且以冲深为主，断面基本调整为一股河；而 2007 年、2008 年和 2009 年桃汛洪水前后均为单一河槽，但洪水后主槽面积显著扩大，从图可以直观看出洪水前后主槽宽度变化较小，纵深变化较大，断面形态由 V 形演变成 U 形。

对主槽断面特征（以 328 m 高程以下代表主槽）统计表明（见表 5-19），2006 年洪水前后主槽河宽变化较小，在 710 m 左右，洪水后主槽面积增大 387 m^2，平均水深增加 0.53 m，河相系数由 19.3 减小到 14.0；2007 年主槽河宽缩窄到 329 m，洪水后主槽面积增大 672 m^2，平均水深增加 2.04 m，河相系数由 7.8 进一步减小到 4.2；2008 年洪水后主槽河宽缩窄到 264 m，但主槽面积增大 801 m^2，平均水深增加，河相系数减小；2009 年洪水前后主槽河宽变化较小，仍在 260 m 左右，洪水后主槽面积增大，平均水深增加，河相系数减小。从 4 年的原型试验来看，桃汛洪水期间潼关（六）断面主槽均发生冲刷，平均水深增加，优化后的桃汛洪水对潼关断面的冲淤调整还是比较明显的。

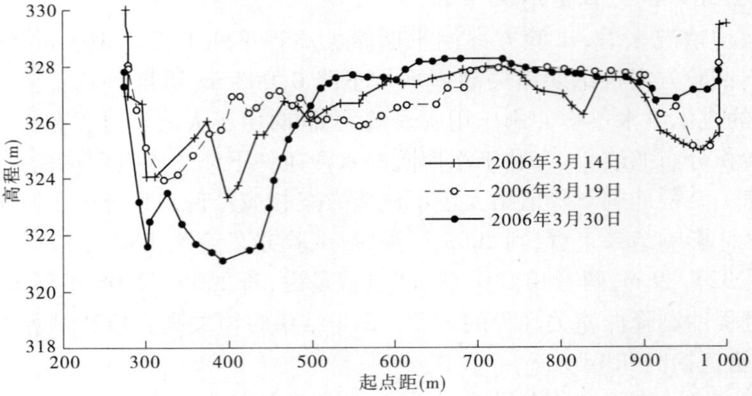

图 5-22　2006 年桃汛试验前后潼关(六)断面套汇图

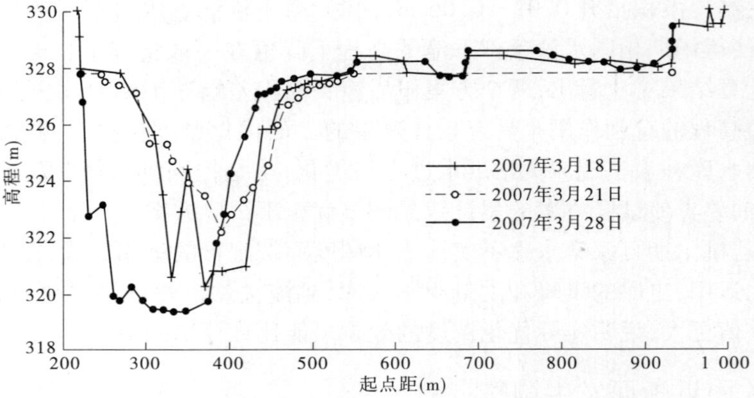

图 5-23　2007 年桃汛试验前后潼关(六)断面套汇图

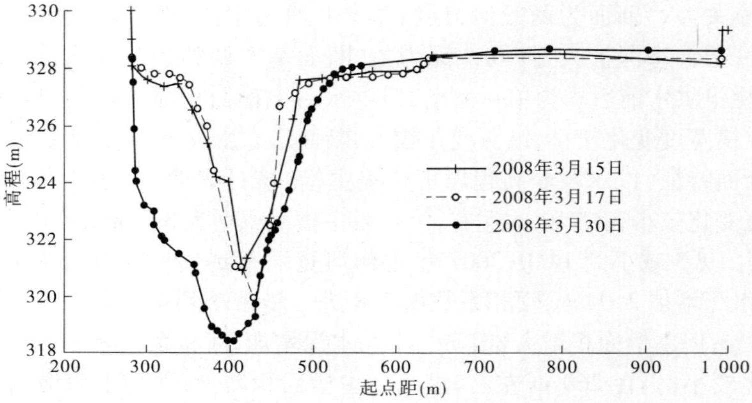

图 5-24　2008 年桃汛试验前后潼关(六)断面套汇图

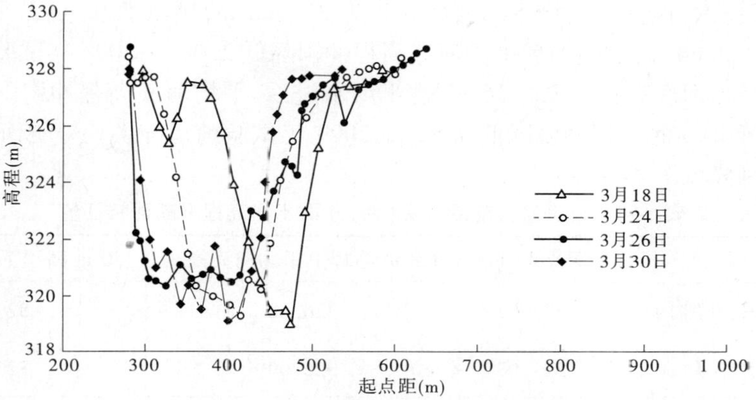

图 5-25　2009 年桃汛试验前后潼关(六)断面套绘图

表 5-19　桃汛试验前后潼关(六)断面 328 m 高程下主槽断面特征值

项目		河宽 B(m)	主槽面积 A(m^2)	平均水深 H(m)	$\sqrt{B}/H$
2006 年	试验前(3 月 19 日)	712	984	1.38	19.3
	试验后(3 月 30 日)	717	1 371	1.91	14.0
	变化值	5	387	0.53	-5.3
2007 年	试验前(3 月 21 日)	329	764	2.32	7.8
	试验后(3 月 28 日)	329	1 436	4.36	4.2
	变化值	0	672	2.04	-3.6
2008 年	试验前(3 月 17 日)	335	615	1.84	10.0
	试验后(3 月 30 日)	264	1 416	5.36	3.0
	变化值	-71	801	3.52	-7.0
2009 年	试验前(3 月 21 日)	274	1 012	3.69	4.5
	试验后(3 月 30 日)	253	1 197	4.73	3.4
	变化值	-21	185	1.04	-1.1

5.5.2.2　河床高程降低

河床高程变化表现在河床最低点即深泓点和河底平均高程的变化。表 5-20 为 2006～2009年桃汛洪水前后潼关(六)断面深泓点高程和相同水位下的平均河底高程,可以看出,只有 2009 年桃汛洪水前后深泓点高程有所抬升,其他年份桃汛洪水前后深泓点高程和河底平均高程均有不同程度下降。从深泓点高程变化看,2006 年下降值最大为 2.83 m,2008 年冲刷后深泓点最低;从 328 m 高程下的平均河底高程变化看,2008 年下降值最大。其中 2006 年试验前潼关(六)断面主河槽平均河底高程为 326.62 m,桃汛洪水过后,平均河底高程冲刷降低到 326.09 m,试验前后平均河底高程冲刷降低 0.53 m;2007

年试验前潼关(六)断面主河槽平均河底高程为 325.68 m,桃汛洪水过后,平均河底高程冲刷降低到 323.64 m,试验前后平均河底高程冲刷降低 2.04 m;2008 年试验前潼关(六)断面主河槽平均河底高程为 326.16 m,桃汛洪水过后,平均河底高程冲刷降低到 322.64 m,试验前后平均河底高程冲刷降低 3.52 m;2009 年试验前后潼关(六)断面主河槽平均河底高程冲刷降低 1.04 m。

表 5-20　桃汛试验前后潼关(六)断面不同高程下断面特征值　(单位:m)

项目		深泓点高程	328 m 高程下平均河底高程	330 m 高程下平均河底高程
2006 年	试验前(3 月 19 日)	323.91	326.62	326.62
	试验后(3 月 30 日)	321.08	326.09	326.09
	变化值	-2.83	-0.53	-0.53
2007 年	试验前(3 月 21 日)	320.60	325.68	326.81
	试验后(3 月 28 日)	319.37	323.64	326.11
	变化值	-1.23	-2.04	-0.70
2008 年	试验前(3 月 17 日)	319.97	326.16	327.30
	试验后(3 月 30 日)	318.38	322.64	326.30
	变化值	-1.59	-3.52	-1.00
2009 年	试验前(3 月 21 日)	318.53	324.31	
	试验后(3 月 30 日)	319.03	323.27	
	变化值	0.50	-1.04	

从 330 m 高程下全断面看,在河宽变化不大的情况下,2006 ~ 2008 年桃汛试验前后潼关(六)断面全断面平均河底高程也都发生了明显冲刷下降。

5.5.3　水库及河道冲淤调整

5.5.3.1　万家寨库区淤积量减少,淤积形态得到调整

万家寨水库桃汛期正常运用情况下,为了防凌安全,桃汛之前将库水位逐步降低到 960 ~ 965 m,桃汛洪水期蓄水削峰,至桃汛结束时,水位达到 976 ~ 977 m,年平均蓄水量约 3 亿 m^3。因此,桃汛期水库一般是蓄水运用,基本上不排沙,也就是说若万家寨水库在不试验情况下,入库的泥沙绝大部分(约 80%)会淤积在库区,排沙比仅 20% 左右。

2006 ~ 2009 年开展优化桃汛洪水冲刷潼关高程试验期间,万家寨水库降低蓄水位为桃汛洪水补水。在补水过程中以发电水位 952 m 为底限,当蓄水位低于三角洲顶点高程时库区易发生冲刷。4 年试验补水期间,万家寨水库最低库水位分别为 952.72 m、952.18 m、954.4 m 和 951.97 m,受前期淤积发展的影响冲淤表现不同。根据输沙平衡计算,试验期最大 10 日排沙量和相应进出库水沙特征见表 5-21,4 年原型试验期间万家寨

水库总排沙量为0.527 3亿t,库区年平均冲刷泥沙0.054 1亿t,2007年和2008年为冲刷,2006年和2009年略有淤积。若不进行试验,万家寨水库蓄水位一般为960~966 m,多在三角洲顶点以上,冲刷调整极其有限。

表5-21　2006~2009年桃汛试验期间万家寨水库冲淤量变化(输沙率法)

年份	万家寨入库站10日水沙特征			万家寨出库站10日水沙特征			万家寨水库冲淤量(亿t)
	水量(亿m^3)	沙量(亿t)	平均含沙量(kg/m^3)	水量(亿m^3)	沙量(亿t)	平均含沙量(kg/m^3)	
2006	10.72	0.065 1	6.07	12.90	0.054 8	4.25	0.010 3
2007	10.84	0.073 9	6.82	10.30	0.218 6	21.22	-0.144 7
2008	12.81	0.110 6	8.63	11.89	0.197 0	16.57	-0.086 4
2009	10.80	0.061	5.65	10.69	0.056 9	5.32	0.004 1
平均	11.29	0.077 7	6.88	11.45	0.131 8	11.52	-0.054 1

注:表中万家寨水库冲淤量以最大10日排沙量时间计算,入库站为头道拐,出库站为河曲。

桃汛试验期间,万家寨水库平均发生了冲刷,库区淤积形态也得到了有效调整。图5-26~图5-29分别为2006~2009年桃汛试验期间万家寨库区淤积纵剖面图。由图5-26可以看出,2005年汛后淤积三角洲顶点高程约为962 m,距坝约32 km,2006年桃汛试验期间,虽然万家寨水库有所淤积,但是由于补水运用时水库运用水位降低到952.72 m,三角洲顶坡段发生冲刷,试验后三角洲顶点向坝前推进约8 km,有效地改变了水库淤积形态,从而增加了水库的有效库容。

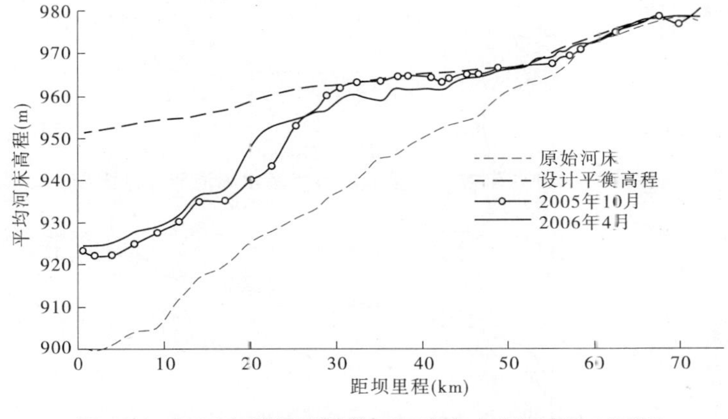

图5-26　2006年桃汛试验前后万家寨水库河床纵剖面图

由图5-27可以看出,2006年汛后淤积三角洲顶点高程为957.7 m,距坝约22 km;2007年桃汛试验期间,由于万家寨水库最低运用水位降低到952.18 m,低于淤积三角洲顶点,使三角洲顶坡段发生冲刷,试验后三角洲顶点向坝前推进约6.5 km,顶点高程约为948 m。

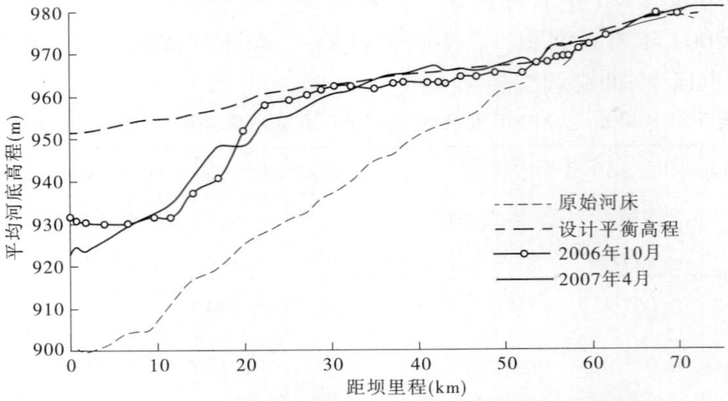

图 5-27　2007 年桃汛试验前后万家寨水库河床纵剖面图

由图 5-28 可以看出,2007 年由于万家寨水库汛期运用水位较高,淤积纵剖面高程已明显高于设计时的淤积平衡纵剖面,这种不利的淤积形态会影响水库长期综合效益的发挥。因此,2008 年桃汛试验期运用水位降低,使三角洲面的淤积物得以冲刷,顶坡面高程降低 2~5 m,改善了这种不利的淤积形态,增加了水库的有效库容。2009 年桃汛期头道拐流量较小,在万家寨水库运用水位降低期间三角洲顶坡面高程降低幅度较小(见图 5-29)。

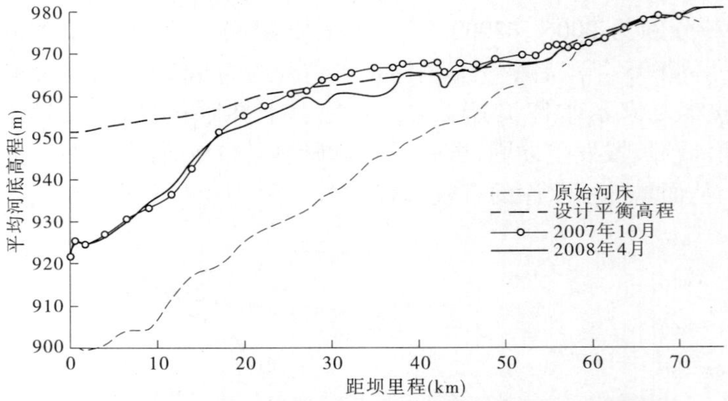

图 5-28　2008 年桃汛试验前后万家寨水库河床纵剖面图

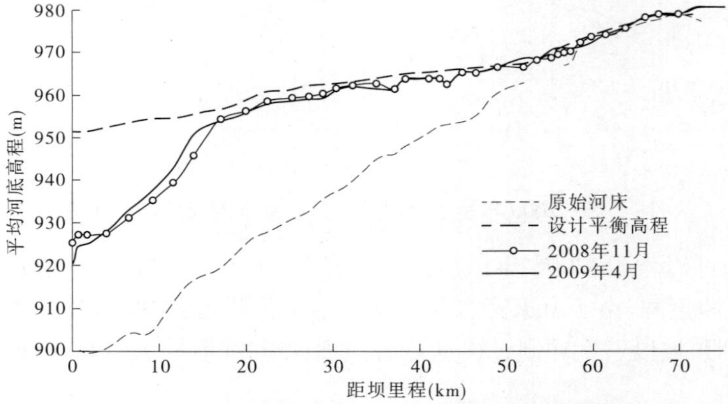

图 5-29　2009 年桃汛试验前后万家寨水库河床纵剖面图

5.5.3.2 天桥库区排沙量大

天桥水库由于库容有限，为了保持有限的发电库容，近年来每年都要利用桃汛洪水降低库水位排泄前期淤积的泥沙。2006～2009 年桃汛试验期间，天桥水库在万家寨水库泄放大流量之前，提前降低坝前水位泄空拉沙，大流量通过之后，逐步蓄水正常发电运用。根据输沙平衡计算，2006～2009 年试验期最大 10 日排沙量和相应进出库水沙特征见表 5-22。由表可以看出，2006 年和 2009 年试验期间天桥库区是冲刷的，2007 年和 2008 年试验期间天桥库区有所淤积。4 年平均天桥水库为微冲，年平均冲刷 15 万 t 泥沙。

表 5-22　2006～2009 年桃汛试验期间天桥水库冲淤量变化（输沙率法）

年份	入库（河曲水文站）10 日水沙特征			出库（府谷水文站）10 日水沙特征			天桥水库冲淤量（亿 t）
	水量（亿 m^3）	沙量（亿 t）	平均含沙量（kg/m^3）	水量（亿 m^3）	沙量（亿 t）	平均含沙量（kg/m^3）	
2006	12.90	0.054 8	4.25	13.52	0.087 2	6.45	－0.032 4
2007	10.30	0.218 6	21.22	11.57	0.207 5	17.93	0.011 1
2008	11.89	0.197 0	16.57	11.37	0.162 9	14.33	0.034 1
2009	10.69	0.056 9	5.32	11.43	0.075 6	6.61	－0.018 7
平均	11.45	0.131 8	11.52	11.97	0.133 3	11.13	－0.001 5

注：表中天桥水库冲淤量以最大 10 日排沙量时间计算。

2006～2009 年天桥水库的全年排沙量主要集中在 3～4 月和 6～9 月的较大流量过程，而 3～4 月的排沙量主要集中在桃汛期，见表 5-23。2006～2009 年汛期水量偏枯，入库最大日均流量仅 1 600 m^3/s，水库排沙量较小甚至非常小，而 4 年桃汛试验期 10 日排沙量年平均 0.133 3 亿 t，占 3～4 月的 93%。万家寨水库运用前 1987～1998 年 3～4 月天桥水库排沙量年均为 0.179 2 亿 t，水库运用后的 1999～2005 年 3～4 月份排沙量年均仅 0.0560 亿 t，占全年排沙量的 30.5%。可见，桃汛试验增加了天桥水库的排沙量，对天桥水库库容的保持起决定作用。

表 5-23　天桥水库年内排沙量　　（单位：亿 t）

年份	3～4 月	6～9 月	年总量	3～4 月占总量的百分比（%）
2006	0.097 8	0.098 9	0.196 7	49.7
2007	0.219 5	0.036 7	0.256 2	85.7
2008	0.169 2	0.012 9	0.182 1	92.9
2009	0.086 1	0.003 4	0.089 5	96.2
2006～2009	0.143 2	0.038 0	0.181 1	79.0
1987～1998	0.179 2	0.854 0	1.105 3	16.2
1999～2005	0.056 0	0.117 5	0.183 8	30.5

5.5.3.3 三门峡库区淤积分布得以改善

桃汛洪水期间，三门峡水库属于正常的非汛期蓄水运用阶段，库区均处于淤积状态，小北干流来沙以及渭河华县站的来沙一般淤积在潼关以下库区。但是库区的淤积分布受三门峡水库桃汛起调水位的影响，起调水位越低，淤积重心越靠近大坝，越有利于水库汛前及汛期洪水期的降低水位排沙。

2006 年和 2009 年桃汛洪水前后对三门峡库区部分测验断面进行测量，测量断面的冲淤变化见图 5-30。由图 5-30 可见，桃汛试验期间三门峡水库潼关以下库区老灵宝（黄淤 26 断面）以上断面发生冲刷，而北村（黄淤 22 断面）以下断面发生淤积，黄淤 19 断面淤积量最大。这样，桃汛洪水前淤积在老灵宝以上河段的泥沙，在桃汛洪水期向下推移至北村以下，洪水期进入库区的泥沙也基本淤积在距坝约 50 km 的范围内，在汛期降低水位运用时极易冲刷出库，有利于减少库区累积性淤积，保持水库年内冲淤平衡。

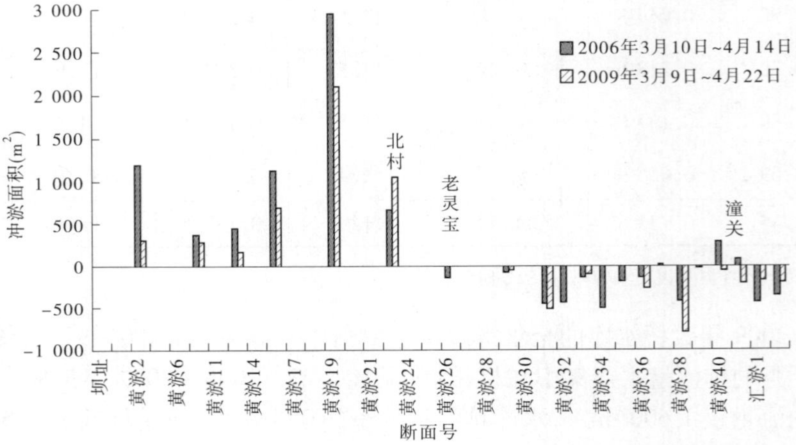

图 5-30　2006 年和 2009 年桃汛期三门峡潼关以下库区冲淤分布图

另外，从非汛期的冲淤分布也可以说明调整桃汛期运用方式和增大桃汛洪水过程的作用。图 5-31 为三门峡水库非汛期最高水位 318 m 控制运用以来桃汛试验前后库区的冲淤分布，从各断面淤积分布看，2003 ~ 2005 年黄淤 20—黄淤 32 断面之间淤积最为集中，占黄淤 41 断面以下的 76.0%，黄淤 20 断面以下占 24.1%，而 2006 ~ 2009 年黄淤 20—黄淤 32 断面之间淤积量 0.401 5 亿 m^3，占黄淤 41 以下的 62.3%，黄淤 20 断面以下所占比例增加到 39.9%，非汛期淤积物向坝前推移。

表 5-24 为 318 m 控制运用以来不同河段的非汛期冲淤量分布，可以看出，没有开展桃汛试验的 2003 ~ 2005 年间黄淤 22 以下淤积量占 43.1%，而开展桃汛试验的 2006 ~ 2009 年增加到 56.2%，黄淤 22—黄淤 36 河段淤积比例减少，黄淤 36—黄淤 41 两时段均为冲刷。说明桃汛期流量的增大和三门峡水库运用水位的降低，使得非汛期黄淤 22 以下淤积比例增加。

在 2006 ~ 2009 年桃汛期库水位降低到 313 m 以下，在桃汛洪水的作用下上段发生冲刷，下段发生淤积，对非汛期的淤积分布产生有利影响。

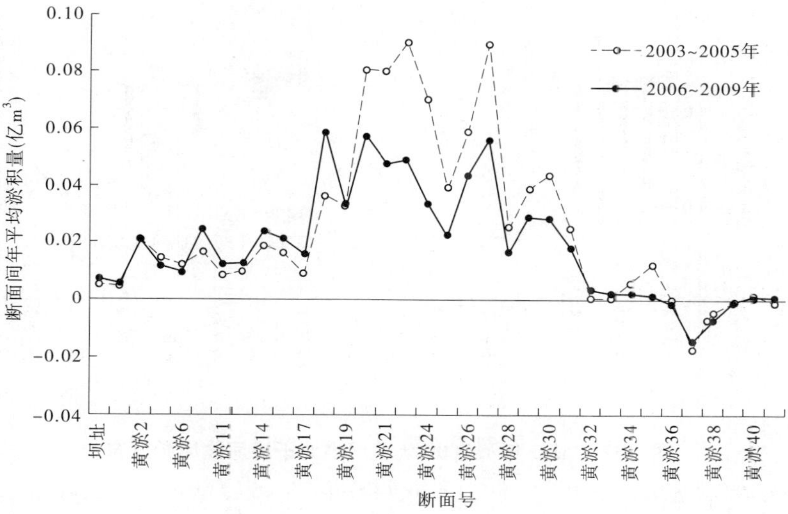

图 5-31　潼关以下非汛期冲淤分布对比

表 5-24　潼关以下各河段非汛期冲淤分布(年均值)

河段		坝址—黄淤 12	黄淤 12—黄淤 22	黄淤 22—黄淤 30	黄淤 30—黄淤 36	黄淤 36—黄淤 41	坝址—黄淤 41
淤积量(亿 t)	2003～2005 年	0.082 1	0.283 2	0.414 0	0.089 9	−0.022 2	0.847 0
	2006～2009 年	0.109 7	0.271 1	0.250 4	0.054 9	−0.022 8	0.644 4
占全河段的百分比(%)	2003～2005 年	9.7	33.4	48.9	10.6	−2.6	100
	2006～2009 年	14.1	42.1	38.9	8.5	−3.6	100

5.5.3.4　北干流各河段发生冲淤调整

在黄河北干流府谷—龙门峡谷型河段,4 年桃汛洪水期间有冲有淤,冲淤交替,而龙门—潼关冲积性河段均是冲刷的,平均冲刷量为 0.036 2 亿 t(见表 5-25)。

表 5-25　桃汛试验期小北干流河段冲淤量

年份	2006(14 d)	2007(10 d)	2008(14 d)	2009(10 d)	4 年平均
冲淤量(万 t)	−711	−347	−360	−28	−362

从 2006 年和 2009 年桃汛洪水期小北干流河段各断面冲淤变化(见图 5-32)来看,除个别断面为淤积外,多数断面发生冲刷。

桃汛期含沙量相对较低,流量越大河段冲刷量越大。经过优化的桃汛洪水洪峰流量达 2 500 m^3/s 以上,因此与万家寨水库正常蓄水运用相比,小北干流河段的冲刷量应该是增大的。由于 2006～2008 年桃汛洪水期间小北干流河段基本没有发生洪水漫滩,冲刷主要发生在河槽内,因此小北干流冲刷量的增加有利于河槽过洪能力的提高。

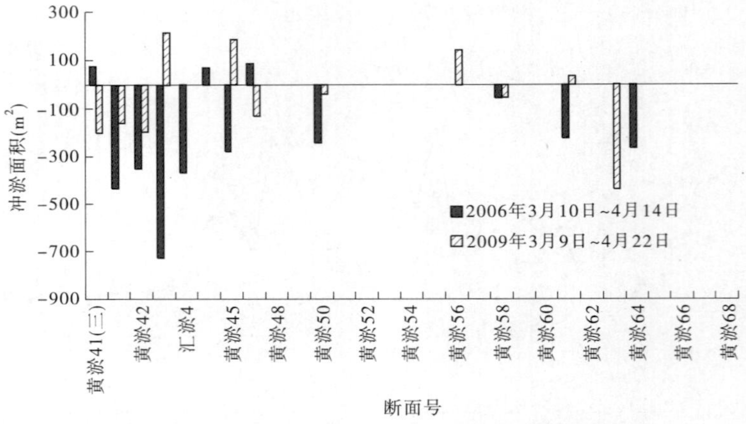

图 5-32　2006 年和 2009 年黄河小北干流河段冲淤分布

从不同阶段平滩流量变化看(见表 5-26),1986 年汛后平均在 5 000 m^3/s 左右,1998 年平滩流量最小在 2 000 ~ 2 800 m^3/s,2005 年汛后多数河段在 2 600 ~ 3 500 m^3/s,2008 年汛后在2 800 ~ 4 500 m^3/s,较 2005 年汛后有所增加,平滩流量的增加有低含沙小流量过程的塑槽作用,也有桃汛洪水的冲刷作用。

表 5-26　小北干流分段平滩流量变化　(单位:m^3/s)

河段	1986 年汛后	1998 年汛后	2005 年汛后	2008 年汛后
黄淤 68—黄淤 64	6 280	2 700	3 500 ~ 4 000	3 000 ~ 4 500
黄淤 63—黄淤 59	5 230	2 770	2 600 ~ 3 500	2 800 ~ 3 500
黄淤 58—黄淤 54	4 470	2 570	2 700 ~ 3 500	3 000 ~ 4 500
黄淤 53—黄淤 50	5 450	2 010	2 800 ~ 3 500	2 800 ~ 3 500
黄淤 49—黄淤 45	5 370	2 100	3 000 ~ 3 500	3 000 ~ 3 800
汇淤 6—黄淤 41	5 240	2 470	2 400 ~ 3 500	2 800 ~ 4 000

5.6　小　结

(1)2006 ~ 2009 年,黄河宁蒙河段凌汛洪水具有以下两个显著特点:一是虽然宁蒙河段槽蓄水增量较大,但开河缓慢或分段开河,到头道拐凌汛洪峰流量均较小;二是头道拐最大 10 日水量较历史时期偏大。较小的洪峰过程为利用万家寨水库塑造较大洪水过程增加了很大难度。

(2)2006 ~ 2009 年 4 次利用并优化桃汛洪水过程冲刷降低潼关高程试验开展期间,由于上游凌汛洪水开河形式不同,以及宁蒙河段的工情、险情不同,凌汛洪水过程也不同,万家寨水库分别采取了“先蓄后放”、“先泄后蓄再放”等调度方式。

(3)4 年试验期间,宁蒙河段开河形成的凌汛洪水过程,经万家寨水库调控洪峰流量增加,经大北干流和小北干流河段传播到潼关,其洪水峰型与万家寨水库出库过程相似,沿程洪峰流量略有衰减，整个洪水过程略有坦化。最大10日水量从河曲到潼关沿程变化不大（平均增加0.58亿m^3），与历史时期1987～1998年平均增加3.34亿m^3相比明显减少。

当万家寨水库或天桥水库出库含沙量较大时，虽然经过沿程调整，传播到潼关站沙峰值仍然偏大；当出库含沙量较小时，传播到潼关站沙峰值也偏小。

（4）通过4年的试验，潼关河段的河势得到了调整，使试验前的两股河变成了单股河；每年的桃汛试验前后，潼关断面都发生较为强烈的冲刷，平均河底高程均发生不同程度降低，桃汛洪水前后潼关高程分别下降0.20 m、0.05 m、0.07 m、0.13m，4年平均下降0.11 m。桃汛试验期潼关高程的下降值小于预期值，初步分析认为，除河道边界条件外，潼关站沙峰滞后于洪峰，对潼关河床冲刷产生了不利影响。

（5）数学模型计算结果表明，2006～2008年各年桃汛期试验方案潼关高程下降幅度均明显大于不试验方案；到汛前潼关高程试验方案较不试验方案偏低；同时由于试验方案库区非汛期淤积分布有利，使得汛期相同水沙条件下潼关高程下降值也略大。从各年汛后潼关高程看，两个方案汛后潼关高程差幅逐年扩大，到2008年汛后，试验方案潼关高程是327.7 m，不试验方案潼关高程是327.89 m，两者相差0.19 m，也就是说，若2006～2008年不进行“利用并优化桃汛洪水过程冲刷降低潼关高程的试验”，3年结束时潼关高程值比开展试验方案的相应值高0.19 m，较初始值抬升0.11 m。说明桃汛期进行优化调度对潼关高程的有利作用具有累积效果，对遏制潼关高程抬升具有重要作用。

（6）试验期间，万家寨水库和三门峡水库坝前水位较历年同期降低较多，桃汛洪水有效改善了库区淤积形态，减少库区淤积，对保持水库有效库容产生了较好的效果。天桥水库由于试验期间塑造的较大流量过程入库，增加了天桥水库的排沙量，对天桥水库库容的保持起重要作用。

参考文献

[1] 侯素珍，林秀芝，等. 利用并优化桃汛洪水冲刷潼关高程试验分析[J]. 泥沙研究，2008（4）：54-57.

[2] 林秀芝，侯素珍，常温花，等. 2008年利用并优化桃汛洪水冲刷潼关高程效果分析[J]. 水资源与水工程学报，2009（4）：77-79.

[3] 林秀芝，侯素珍，常温花，等. 利用并优化桃汛洪水降低潼关高程原型试验效果分析[J]. 人民黄河，2007（3）：14-15.

[4] 田勇，侯素珍，李小平，楚卫斌. 桃汛洪水冲刷降低潼关高程优化方案研究[J]. 人民黄河，2010（8）：13-15.

[5] 常温花，侯素珍，林秀芝，胡恬. 2007年利用并优化桃汛洪水冲刷降低潼关高程原型试验效果分析[C]//第四届黄河国际论坛论文集. 郑州：黄河水利出版社，2009.

[6] 林秀芝，侯素珍，李婷，等. 2009年利用并优化桃汛洪水冲刷潼关高程原型试验效果分析[C]//陈五一，夏军，朱鉴远主编，水文泥沙研究新进展——中国水力发电工程学会水文泥沙专业委员会第八届学术讨论会. 北京：中国水利水电出版社，2010.

第 6 章　桃汛期潼关高程变化对汛期潼关河床冲淤的影响

4 年原型试验效果分析表明，开展优化并利用桃汛洪水冲刷降低潼关高程试验不仅使桃汛期潼关高程降低，且对汛期的冲刷降低具有持续的作用，对遏制潼关高程抬升起直接作用。但是，不同的桃汛洪水对潼关河床具有不同的冲刷作用，不同的汛期洪水过程对潼关高程的冲刷作用也不同，前期河床条件对汛期河床冲淤有直接影响，而多项研究结果表明，潼关高程具有前期冲的多、后期回淤也多的特点。因此，桃汛期潼关高程冲刷下降值不同，在不同典型年份对年度潼关高程变化的影响程度也不同。以下通过实测资料分析、数学模型多方案计算和实体模型试验等手段，综合分析不同的桃汛洪水过程对汛期潼关高程变化的影响。

6.1　实测资料分析

桃汛洪水对汛期潼关高程变化的影响表现在两个方面：一是洪水期潼关高程下降的直接影响；二是桃汛洪水期三门峡库区冲淤分布的调整对汛期冲刷的影响，有利于汛期潼关高程的冲刷降低。

三门峡水库蓄清排浑控制运用以来库区具有非汛期淤积、汛期冲刷的特点，当非汛期淤积物靠近坝前时，汛期降低水位运用容易冲刷出库；当淤积部位远离坝前时，在汛期大流量情况下才会冲刷出库。图 6-1 点绘了汛期单位水量冲刷量（冲刷强度）与黄淤 30 断面以下非汛期淤积量关系。由图 6-1 可以看出，除个别年份外，随非汛期淤积量的增加，汛期冲刷强度有明显增加趋势。桃汛期降低水位运用，淤积物向坝前推进，库水位 313 m 时黄淤 26 以上发生冲刷，淤积集中在黄淤 22 以下，对汛期的冲刷非常有利，汛期冲刷量的增加有利于控制潼关高程抬升。

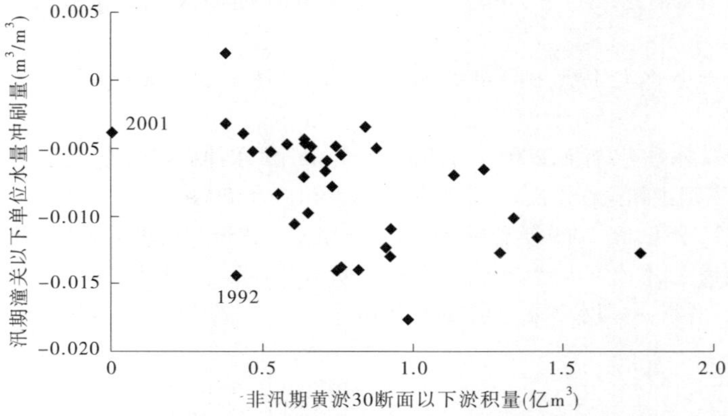

图 6-1　汛期单位水量冲刷量与非汛期淤积量关系

在4年原型试验效果分析中，已经直观看到了桃汛期潼关高程下降对汛前初始值的影响（见表5-15），由于近几年黄河干流枯水少沙，桃汛期的冲刷对汛前潼关高程维持在较低值具有重要作用；2006～2008年试验方案和不试验方案计算结果的对比分析也表明，两个方案各年桃汛期潼关高程变化值不同，汛后潼关高程也存在一定差值，而且汛后潼关高程差幅逐年扩大，说明桃汛期进行优化调度对潼关高程的有利作用是具有累积效果的。

根据历史资料分析，桃汛后潼关高程对汛前潼关高程具有一定影响（见图6-2），说明桃汛后潼关高程越低，汛前潼关高程一般也较低。从而可以说明，桃汛期潼关高程冲刷降低越多，汛前潼关高程越低。并有如下关系式

$$H_{汛前} = 0.964\ 1\ H_{桃汛后} + 11.945 \tag{6-1}$$

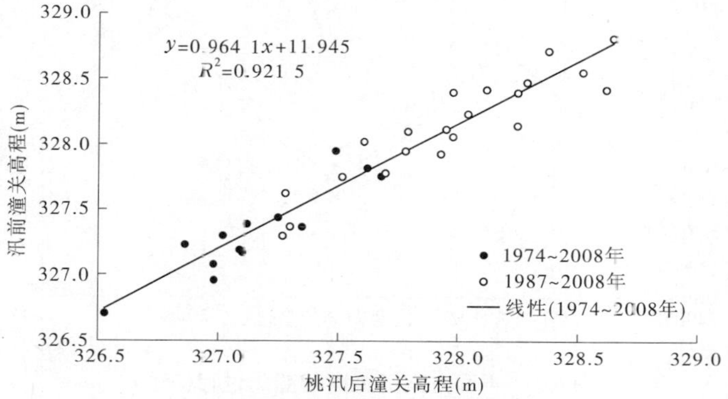

图6-2　汛前潼关高程与桃汛后潼关高程相关图

汛前较低的潼关高程对汛期防洪安全更为有利，对汛后潼关高程也有一定影响。以汛前潼关高程 $H_{汛前}$ 代表边界条件，以汛期径流量 $W_{汛期}$ 代表水流总能量，回归分析表明，汛后潼关高程 $H_{汛后}$ 与汛前潼关高程和汛期水量相关系数为0.93，存在以下关系式

$$H_{汛后} = 84.976 + 0.741H_{汛前} - 0.003\ 26W_{汛期} \tag{6-2}$$

合并式(6-1)和式(6-2)得

$$H_{汛后} = 0.714\ 4H_{桃汛后} - 0.003\ 26W_{汛期} + 93.83 \tag{6-3}$$

尽管影响汛后潼关高程的因素很多，如非汛期的三门峡水库运用水位和潼关站水沙量、汛期流量含沙量过程和来源等，仅依靠上述简单关系定量反映桃汛期潼关高程变化的影响与实际情况还有很大差距，但可以定性说明，在汛期径流量相近的情况下，桃汛后潼关高程越低，汛后潼关高程也越低。桃汛期潼关高程的冲刷下降将对年内潼关高程产生有利影响。

6.2　数学模型研究

为分析桃汛期潼关高程变化对汛期的影响，根据前文建立的三门峡库区泥沙水动力学模型，通过不同组合方案计算，分析桃汛期潼关高程变化对汛期潼关河段冲淤变化的影响。

6.2.1 不同优化过程对年内潼关高程变化的影响

在第 4 章优化桃汛洪水过程的计算中，以 2005 年 11 月 ~2006 年 10 月潼关站水沙资料为基础，各方案设计水沙过程取代桃汛期最大 10 日水沙过程，在计算不同桃汛方案的同时，计算了不同方案桃汛过程对 2006 年汛期潼关高程变化的影响。对应不同的桃汛方案，到汛前潼关高程值不同，同样的汛期水沙条件潼关高程的下降值也有差异。

图 6-3 和图 6-4 为不同方案潼关高程变化过程。可以看出，桃汛前各方案潼关高程值相同均为 327.98 m，经过桃汛期不同洪水过程，各方案潼关高程下降幅度出现了明显差异，见表 6-1，其中方案 5 下降幅度最大，方案 8 下降幅度最小，两者相差 0.14 m。

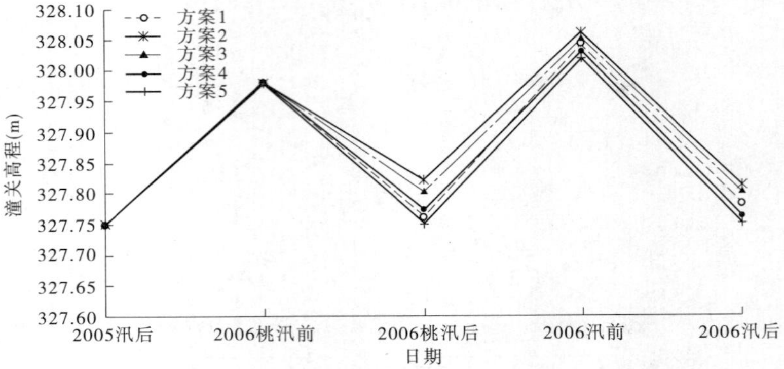

图 6-3　不同方案潼关高程变化过程(一)

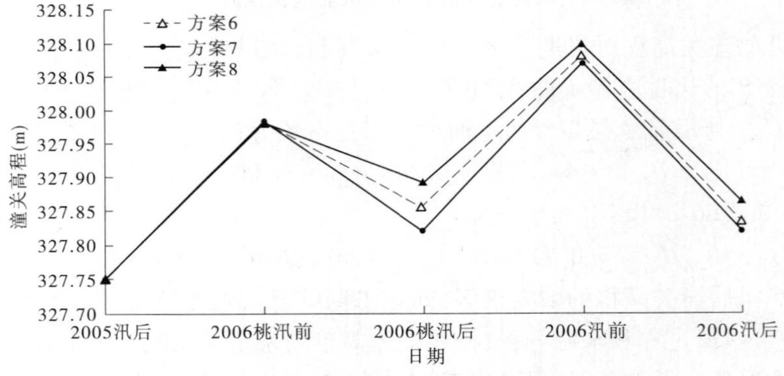

图 6-4　不同方案潼关高程变化过程(二)

表 6-1　各方案不同时段潼关高程变化值　（单位：m）

时段	方案 1	方案 2	方案 3	方案 4	方案 5	方案 6	方案 7	方案 8
桃汛期	-0.22	-0.16	-0.18	-0.21	-0.23	-0.13	-0.16	-0.09
桃汛后 - 汛前	0.28	0.24	0.25	0.26	0.27	0.23	0.25	0.21
汛期	-0.26	-0.25	-0.25	-0.27	-0.27	-0.25	-0.25	-0.24
运用年	0.03	0.07	0.05	0.01	0	0.08	0.07	0.11

桃汛过后到汛前，三门峡水库按318 m控制运用，各河段逐渐回淤，潼关高程开始上升，各方案回升幅度不同，其中方案1回升幅度最大，其次为方案5和方案4，方案8回升幅度最小，计算结果反映了冲积性河道洪水期河床冲刷量大、洪水过后回淤量也相对较大的特点。从汛前潼关高程大小差异来看，方案8汛前潼关高程最高，为328.10 m，方案5最低，为328.02 m，两者差幅为0.08 m，可见，随着泥沙回淤，各方案潼关高程差幅比桃汛后有所减小，但桃汛洪水造成的差异还明显存在，其基本特点依然是桃汛期潼关高程下降幅度大的方案汛前潼关高程值也相对较低。

各方案汛期水沙条件相同，但由于非汛期特别是桃汛期冲淤分布差异，以及汛前潼关高程不同，各方案汛期潼关高程变化值也略有不同，其中方案4和方案5下降幅度最大，为0.27 m；方案1下降了0.26 m；方案8下降幅度最小，为0.24 m；其余方案下降幅度为0.25 m。可见，桃汛期潼关高程下降幅度较大的方案4和方案5汛期下降幅度相对其他方案大，主要原因是方案4和方案5桃汛洪水期库区淤积重心向坝前推进的距离较大（见图4-14），对库区非汛期冲淤分布产生了有利的影响。方案4和方案5桃汛洪水洪峰流量大，使得非汛期淤积重心更靠坝前，有利于汛期将库区淤积物冲刷出库以及潼关高程降低。到汛末，方案5和方案4潼关高程分别为327.75 m和327.76 m，方案8潼关高程最高为327.86 m，最高和最低相差0.11 m。

由于桃汛洪水过程的差异，桃汛期潼关高程下降值的不同，以及对非汛期淤积分布产生不同影响，对全年潼关高程下降值以及汛末潼关高程产生累计影响，桃汛期潼关高程下降值大的方案，全年的抬升值也小或下降值大，到汛末潼关高程也较低。

6.2.2 不同组合方案的计算分析

桃汛期潼关高程冲刷下降值不同，对不同典型年份年度潼关高程变化的影响程度是否相同？为回答该问题，选择对潼关高程冲刷有利和不利的桃汛洪水过程，以及有利和不利的汛期代表年份进行组合，通过不同组合方案计算，分析桃汛期潼关高程变化对汛期潼关河段冲淤变化的影响。

6.2.2.1 计算方案及边界条件

1）方案设计

以汛期潼关高程下降值大小为主要参考，选取3个具有代表性年份水沙条件作为基本对比方案。1974～2008年汛期潼关高程平均下降0.36 m，1995年汛期潼关高程上升0.16 m，比1974～2008年平均值少下降0.52 m，选作不利代表年；2006年汛期潼关高程下降0.31 m，与1974～2008年平均值接近，选作一般代表年；2003年汛期潼关高程下降0.88 m，比1974～2008年平均值多下降0.52 m，选作有利代表年。

桃汛期洪水过程，以前文4.2节中较优方案1作为桃汛期潼关高程冲刷效果较好的代表；2001年桃汛期潼关高程抬升0.07 m，相应潼关站水沙过程作为不利情况的代表。

以上述1995年、2006年和2003年水沙过程为基础，分别将优化方案1和2001年桃汛水沙过程代替不同典型年中相应的桃汛过程，即有利和不利的桃汛洪水过程与有利和不利的汛期水沙过程进行组合，形成6组代表方案，见表6-2。

表 6-2　组合方案特征

方案	方案组成
组合方案 1	桃汛方案 1 + 1995 年
组合方案 2	2001 年桃汛 + 1995 年
组合方案 3	桃汛方案 1 + 2006 年
组合方案 4	2001 年桃汛 + 2006 年
组合方案 5	桃汛方案 1 + 2003 年
组合方案 6	2001 年桃汛 + 2003 年

2）方案水沙特征

桃汛期水沙过程见表 6-3，优化方案 1 水、沙量分别为 13.0 亿 m^3、0.232 亿 t，最大流量为 2 500 m^3/s，为相对有利过程；2001 年桃汛期 10 日水、沙量分别为 7.60 亿 m^3、0.086 亿 t，最大流量为 1 330 m^3/s，为相对不利水沙过程。

表 6-3　桃汛期水沙过程

天数(d)	桃汛优化方案 1		2001 年桃汛	
	流量(m^3/s)	含沙量(kg/m^3)	流量(m^3/s)	含沙量(kg/m^3)
1	900	11	649	7.6
2	1 000	11.7	598	7.0
3	1 300	15.5	582	6.3
4	2 500	22.3	1 330	15.1
5	2 500	22.3	1 150	12.2
6	2 500	22.3	984	15.2
7	1 600	17.8	920	14.0
8	1 050	12.7	849	11.1
9	900	11	833	9.0
10	800	10	899	8.7
水量(亿 m^3)、沙量(亿 t)	13.0	0.232	7.60	0.086

3 个典型代表年份流量、含沙量过程见图 6-5 ~ 图 6-7，水沙特征值见表 6-4。1995 年非汛期（不含桃汛）水、沙量分别为 127.0 亿 m^3、1.622 亿 t；汛期水、沙量分别为 113.7 亿 m^3、6.78 亿 t，来沙系数达 0.055 7，为不利水沙年份，潼关高程淤积抬升。2006 年非汛期（不含桃汛）水、沙量为 133.2 亿 m^3、0.722 亿 t；汛期水、沙量分别为 95.9 亿 m^3、1.70 亿 t，最大含沙量仅 58.5 kg/m^3，来水量枯来沙量也很少，潼关高程发生冲刷。2003 年非汛期（不含桃汛）水沙量为 74.4 亿 m^3、0.608 亿 t；汛期水、沙量为 156.5 亿 m^3、5.33 亿 t，来沙系数为 0.023 1。2003 年汛期水量大、洪峰流量也最大，潼关高程冲刷值也最大。

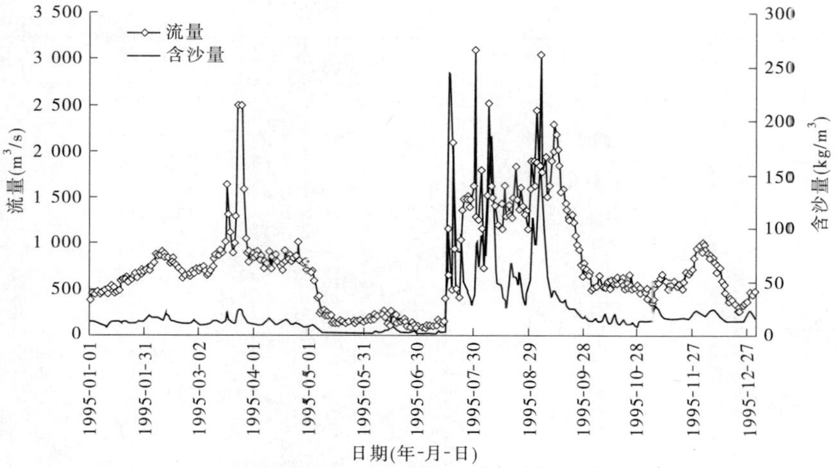

图 6-5　1995 年潼关站流量、含沙量过程

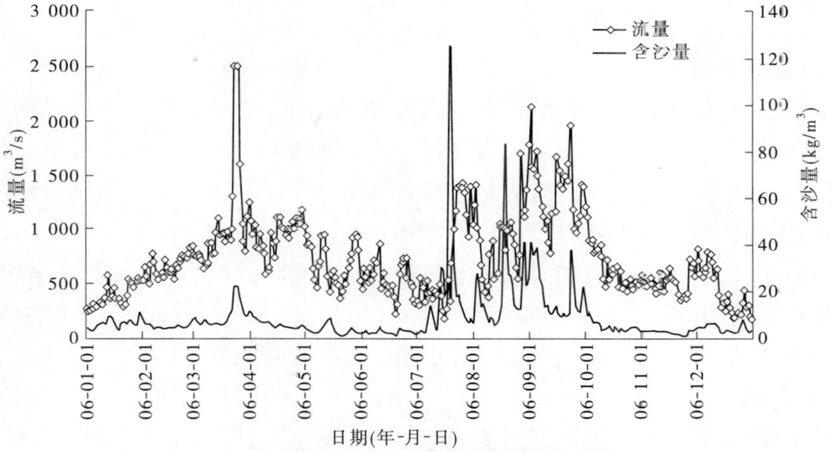

图 6-6　2006 年潼关站流量、含沙量过程

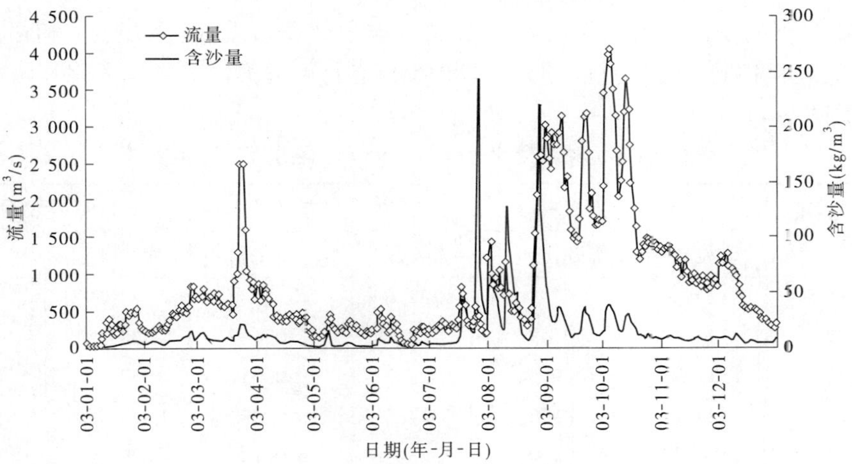

图 6-7　2003 年潼关站流量、含沙量过程

表 6-4　典型年实测特征值

项目		1995 年	2006 年	2003 年
汛期	水量(亿 m^3)	113.7	95.9	156.5
	沙量(亿 t)	6.78	1.70	5.33
	平均来沙系数(kg·s/m^6)	0.055 7	0.019 6	0.023 1
	最大日均流量(m^3/s)	4 160	2 600	4 220
	最大日均含沙量(kg/m^3)	302	58.5	265
	潼关高程变化(m)	0.16	-0.31	-0.88
非汛期(不含桃汛)	水量(亿 m^3)	127.0	133.2	74.4
	沙量(亿 t)	1.622	0.722	0.608
桃汛期(10 日)	水量(亿 m^3)	13.78	13.45	6.84
	沙量(亿 t)	0.246	0.151	0.080
	最大日均流量(m^3/s)	2 420	2 620	1 120
	最大日均含沙量(kg/m^3)	21.1	17.1	20.4
	潼关高程变化(m)	-0.20	-0.20	-0.15

3) 计算边界条件

不同的组合方案分别采用相应水沙年份初期的地形,组合方案 1 和 2 采用 1994 年汛后三门峡库区实测大断面资料及其对应床沙级配资料;组合方案 3 和 4 采用 2005 年汛后三门峡库区实测大断面资料及其对应床沙级配资料;组合方案 5 和 6 采用 2002 年汛后三门峡库区实测大断面资料及其对应床沙级配资料。

计算范围为上塬头到三门峡大坝。进口在潼关上游黄淤 45 断面,直接采用潼关站水沙条件。坝前水位控制:汛期按相应年份实际水位控制,桃汛期按 313 m 控制,非汛期其他时段坝前水位若超过 318 m 则按 318 m 控制,否则按实测资料控制。

6.2.2.2　计算结果分析

各组合方案潼关高程变化计算结果见表 6-5 ~ 表 6-7。

1) 组合方案 1 和组合方案 2 对比

表 6-5 为不同桃汛洪水过程与 1995 年组合方案计算结果,组合方案 1 和组合方案 2 桃汛前潼关高程相同,但经历桃汛期不同水沙过程后,两方案潼关高程变化开始表现出明显差异(见图 6-8)。

表 6-5　不同桃汛洪水过程与 1995 年组合方案计算结果　(单位:m)

时期	组合方案 1		组合方案 2		1995 年实际值	
	潼关高程	变化值	潼关高程	变化值	潼关高程	变化值
上一年汛后	327.69		327.69		327.69	
桃汛前	328.17	0.48	328.17	0.48	328.15	0.46
桃汛后	327.93	-0.24	328.22	0.05	327.95	-0.20
汛前	328.19	0.26	328.31	0.09	328.12	0.17
汛后	328.29	0.10	328.43	0.12	328.28	0.16
运用年变化值		0.60		0.74		0.59

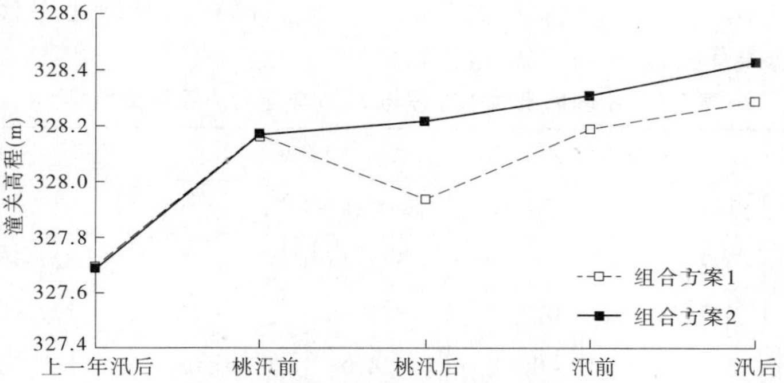

图 6-8　1995 年组合方案潼关高程变化过程

组合方案 1 中桃汛洪水有利，桃汛期潼关高程下降了 0.24 m，桃汛后至汛前随着河道回淤潼关高程回升了 0.26 m，整个非汛期潼关高程累计上升了 0.50 m；组合方案 2 桃汛洪水不利，桃汛期潼关高程上升了 0.05 m，桃汛后至汛前潼关高程继续抬高 0.09 m，整个非汛期潼关高程累计上升了 0.62 m。

可见，桃汛期组合方案 1 的潼关高程下降值大，但桃汛后回淤幅度也较大，达 0.26 m，汛前潼关高程为 328.17 m；组合方案 2 桃汛期潼关高程是淤积抬高的，桃汛后潼关高程继续抬升，但抬升幅度仅为 0.09 m，小于组合方案 1，但汛前潼关高程为 328.31 m，高于组合方案 1。整个非汛期，组合方案 1 的潼关高程上升值比组合方案 2 小 0.12 m，即桃汛洪水过程有利，汛前潼关高程也较低。

汛期潼关高程均为抬升，组合方案 1 抬升 0.10 m，组合方案 2 抬升 0.12 m，略大于方案 1。到汛后，组合方案 1 潼关高程为 328.29 m，组合方案 2 潼关高程为 328.43 m，较组合方案 1 高 0.14 m。可见，与 1995 年不利型水沙条件组合相比，桃汛期水沙过程较有利的组合方案不但非汛期潼关高程上升幅度小，而且其洪水过程对库区非汛期淤积分布也有利，使得汛期相同水沙条件下潼关高程抬升值也略小。

从全年角度看，组合方案 1 潼关高程共计上升了 0.60 m，组合方案 2 潼关高程共计上升了 0.74 m，前者比后者少抬升 0.14 m。从 1995 年实际情况看，桃汛洪峰和洪量均有利、三门峡水库起调水位也较低，年内的变化值与组合方案 1 相近。可见桃汛期洪水差异对与 1995 年组合型水沙条件年内潼关高程变化影响十分显著。

2）组合方案 3 和组合方案 4 对比

表 6-6 为不同桃汛洪水过程与 2006 年组合方案计算结果，组合方案 3 和组合方案 4 桃汛前潼关高程的变化相同，但经历桃汛期不同水沙过程后，两方案潼关高程变化也开始表现出明显差异（见图 6-9）。

组合方案 3 中桃汛洪水有利，桃汛期潼关高程下降了 0.22 m，桃汛后至汛前随着河道回淤潼关高程回升了 0.28 m，整个非汛期潼关高程累计上升了 0.29 m；组合方案 4 桃汛洪水不利，桃汛期潼关高程上升了 0.05 m，桃汛后至汛前潼关高程继续抬高 0.08 m，整个非汛期潼关高程累计上升了 0.36 m。可见，桃汛期组合方案 3 潼关高程下降值大，但桃汛后回淤幅度也较大，汛前潼关高程为 328.04 m；组合方案 4 桃汛期潼关高程是淤积抬高的，桃汛后潼关高程继续抬升，但抬升幅度仅为 0.08 m，显著小于组合方案 3，汛前潼关高程为 328.11 m。整个非汛期,组合方案 3 的潼关高程上升值比组合方案 4 小 0.07 m,即桃汛洪水过程有利,汛前潼关高程也较低。

表 6-6　不同桃汛洪水过程与 2006 年组合方案计算结果　(单位:m)

时期	组合方案 3		组合方案 4		2006 年实际值	
	潼关高程	变化值	潼关高程	变化值	潼关高程	变化值
上一年汛后	327.75		327.75		327.75	
桃汛前	327.98	0.23	327.98	0.23	327.99	0.24
桃汛后	327.76	-0.22	328.03	0.05	327.79	-0.2
汛前	328.04	0.28	328.11	0.08	328.1	0.31
汛后	327.79	-0.25	327.89	-0.22	327.79	-0.31
年内变化值		0.04		0.14		0.04

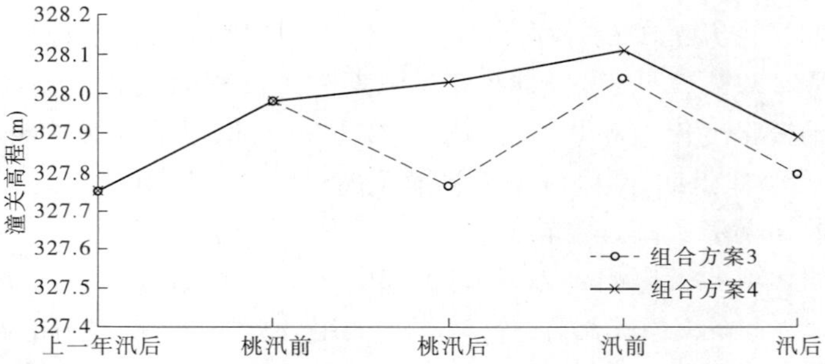

图 6-9　2006 年组合方案潼关高程变化过程

汛期潼关高程均为冲刷下降,组合方案 3 下降 0.25 m,组合方案 4 下降 0.22 m,略小于方案 3。到汛后,组合方案 3 潼关高程为 327.79 m,组合方案 4 潼关高程为 327.89 m,较组合方案 3 高 0.10 m。可见,与 2006 年一般类型水沙条件组合相比,桃汛期水沙过程较有利的组合方案不但非汛期潼关高程上升幅度小,而且其洪水过程对库区非汛期淤积分布也有利,使得汛期相同水沙条件下潼关高程冲刷下降值也略大。

从全年角度看,组合方案 3 潼关高程共计上升 0.04 m,组合方案 4 潼关高程共计上升 0.14 m,前者比后者少抬升 0.10 m。与 2006 年经过优化的实测桃汛洪水过程相比,组合方案 3 最大日均流量偏大、2 000 m^3/s 以上流量持续时间相同,年内潼关高程变化过程与 2006 年相近。可见,桃汛期洪水差异对 2006 年组合型水沙条件年内潼关高程变化影响比较明显。

3)组合方案 5 和组合方案 6 对比

表 6-7 为不同桃汛洪水过程与 2003 年组合方案计算结果,组合方案 5 和组合方案 6 桃汛前潼关高程的变化相同,但经历桃汛期不同水沙过程后,两方案潼关高程变化也开始表现出一定差异(见图 6-10)。

表 6-7　不同桃汛洪水过程与 2003 年组合方案计算结果　（单位：m）

时期	组合方案 5		组合方案 6		2003 年实际值	
	潼关高程	变化值	潼关高程	变化值	潼关高程	变化值
上一年汛后	328.78		328.78		328.78	
桃汛前	328.83	0.05	328.83	0.05	328.80	0.02
桃汛后	328.58	-0.25	328.88	0.05	328.65	-0.15
汛前	328.85	0.27	328.93	0.05	328.82	0.17
汛后	328.01	-0.84	328.04	-0.89	327.94	-0.88
年内变化值		-0.77		-0.74		-0.84

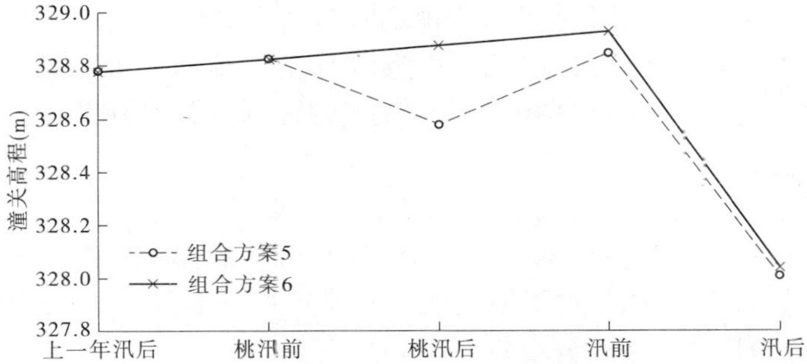

图 6-10　2003 年组合方案潼关高程变化过程

组合方案 5 中桃汛洪水有利，桃汛期潼关高程下降了 0.25 m，桃汛后至汛前随着河道回淤潼关高程回升了 0.27 m，整个非汛期潼关高程上升 0.07 m；组合方案 6 桃汛洪水不利，桃汛期潼关高程上升了 0.05 m，桃汛后至汛前潼关高程继续抬高 0.05 m，整个非汛期潼关高程累计上升 0.15 m。可见，桃汛期组合方案 5 潼关高程下降值大，但桃汛后回淤幅度也较大，汛前潼关高程达 328.85 m。

组合方案 6 桃汛期潼关高程是淤积抬高的，桃汛后潼关高程继续抬升，但抬升幅度仅为 0.05 m，显著小于组合方案 5，汛前潼关高程为 328.93 m。整个非汛期，组合方案 5 潼关高程上升值比组合方案 6 小 0.08 m，即桃汛洪水过程有利，汛前潼关高程也偏低。

汛期潼关高程均为冲刷下降，组合方案 5 下降 0.84 m，组合方案 6 下降 0.89 m，略大于方案 5。可见，与 2003 年有利型水沙条件组合相比，桃汛期水沙过程较有利的组合方案使非汛期潼关高程上升幅度小，且由于汛期洪水过程较有利，汛期洪水冲刷作用对潼关高程变化起主导作用，汛前潼关高程偏高的方案 6 汛期下降值偏大 0.05 m。到汛后，组合方案 5 潼关高程为 328.01 m，组合方案 6 潼关高程为 328.04 m，较组合方案 5 偏高 0.03 m。

可见有利的桃汛洪水过程与非常有利的汛期洪水过程组合时，汛期洪水冲刷对潼关高程变化起主导作用，桃汛洪水对潼关高程冲刷的累计效应减弱。

从全年变化值看，组合方案 5 潼关高程共计下降了 0.77 m，组合方案 6 潼关高程共计下降了 0.74 m，前者比后者仅多下降 0.03 m，可见桃汛期洪水差异对 2003 年组合型水沙条件年内潼关高程变化影响比较小。

对不同组合方案的综合分析表明，桃汛期的潼关高程变化对汛末潼关高程具有一定的累计作用，对不同的汛期流量过程其影响程度不同。对于汛期水沙过程不利的年份，潼关高程抬升或下降值小的情况，桃汛期潼关高程变化对运用年累计影响程度较大；对于汛期潼关高程下降幅度大的有利洪水过程，桃汛洪水对运用年潼关高程变化或汛末潼关高程的影响相对较小。也就是说，对于枯水或多沙年份，充分利用桃汛洪水过程对控制潼关高程更为重要。

6.3 实体模型试验

为分析桃汛期潼关高程冲淤变化程度对汛期潼关高程冲淤的影响，采用4组次水沙过程进行实体模型试验。4组次水沙过程由不同的桃汛洪水过程和不同的桃汛后到汛末水沙过程组合而成。桃汛洪水过程分别为对潼关高程冲刷有利和不利的两种水沙过程，桃汛后到汛末水沙过程分别为汛期洪水对潼关高程冲刷有利和不利的水沙过程。

6.3.1 试验方案

试验采用三门峡水库实体模型，试验范围从上塬头（黄淤45）到坝前。

试验初始地形采用2004年桃汛前大断面资料和相应年份1:1万比例尺河道地形图资料，并结合河道地形图加密内插小断面。

三门峡水库的运用方式为：桃汛期按313 m控制运用；除桃汛期外的非汛期按最高水位不超过318 m控制运用；汛期潼关站流量大于1 500 m^3/s时敞泄，反之则按305 m控制运用。

根据潼关高程冲刷条件和优化洪水过程分析研究结果，试验方案的桃汛洪水过程分别选取洪峰流量3 500 m^3/s和1 500 m^3/s持续10 d的水沙过程（见图6-11），桃汛后到汛末水沙过程分别选取1995年4月10日~10月31日（简称1995年）和2005年4月10日~10月31日水沙过程（简称2005年）（见图6-12），组合后的试验组次特征见表6-8，相应不同时段水沙特征见表6-9。

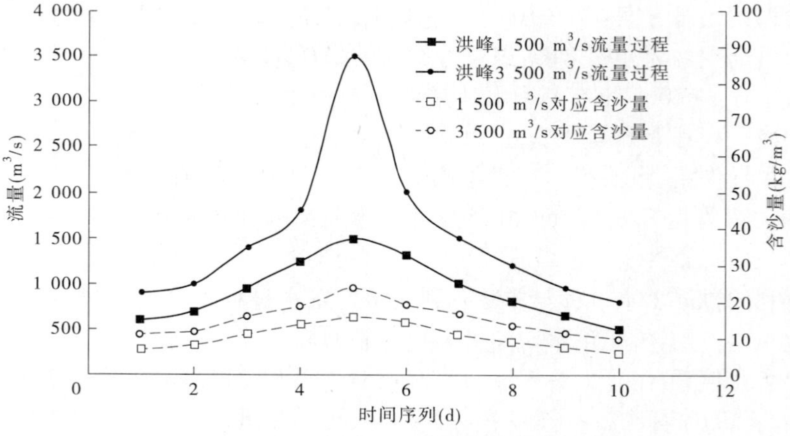

图6-11 模型试验桃汛期流量、含沙量过程

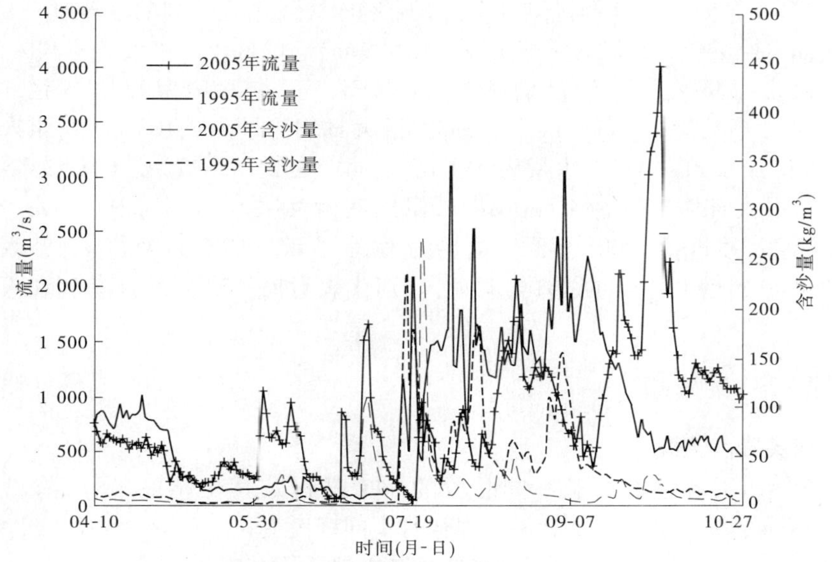

图 6-12　1995 年和 2005 年流量、含沙量过程

表 6-8　试验组次特征

组次	水沙组成(潼关站)
1	洪峰 3 500 m³/s 的桃汛过程 + 1995 年 4 月 10 日 ~ 10 月 31 日
2	洪峰 3 500 m³/s 的桃汛过程 + 2005 年 4 月 10 日 ~ 10 月 31 日
3	洪峰 1 500 m³/s 的桃汛过程 + 2005 年 4 月 10 日 ~ 10 月 31 日
4	洪峰 1 500 m³/s 的桃汛过程 + 1995 年 4 月 10 日 ~ 10 月 31 日

表 6-9　各方案水沙特征值统计

时段	项目	组次 1	组次 2	组次 3	组次 4
桃汛期	水量(亿 m³)	13.00	13.00	7.99	7.99
	沙量(亿 t)	0.225	0.225	0.092	0.092
	洪峰流量(m³/s)	3 500	3 500	1 500	1 500
4 ~ 6 月	水量(亿 m³)	25.82	31.34	31.34	25.82
	沙量(亿 t)	0.208	0.206	0.206	0.208
7 ~ 10 月	水量(亿 m³)	113.73	112.89	112.89	113.73
	沙量(亿 t)	6.789	2.472	2.472	6.789
	最大日均流量(m³/s)	3 100	4 030	4 030	3 100
	最大日均含沙量(kg/m³)	237	273	273	237
合计	水量(亿 m³)	152.55	157.23	152.22	147.54
	沙量(亿 t)	7.222	2.903	2.770	7.089

洪峰流量为3 500 m^3/s 的桃汛洪水代表有利于潼关高程冲刷的水沙过程，相应10日洪量13亿 m^3、沙量0.225亿t；洪峰流量为1 500 m^3/s 的桃汛洪水代表不利的水沙过程，相应10日洪量7.99亿 m^3、沙量0.092亿t；1995年汛期水量为113.73亿 m^3、沙量为6.789亿t，来沙系数为0.055 8 $kg\cdot s\cdot m^{-6}$，最大日均流量为3 100 m^3/s，汛期实测潼关高程上升0.16 m；2005年汛期水量为112.89亿 m^3，沙量为2.472亿t，来沙系数0.020 6 $kg\cdot s\cdot m^{-6}$，最大日均流量为4 030 m^3/s，汛期实测潼关高程下降0.40 m。1995年和2005年汛期水量接近，但2005年洪峰流量偏大，来沙量远小于1995年，来沙系数也小于1995年；两年汛期潼关高程冲淤差异明显，分别代表对潼关高程冲刷有利和不利的水沙过程。

6.3.2 试验结果分析

6.3.2.1 潼关高程变化

表6-10给出了各组次试验不同时段的潼关高程及其变化值，桃汛前潼关高程为328.17 m，不同组次试验过程中潼关高程均有不同程度变化。

表6-10 不同试验组次潼关高程变化情况

项目		组次1	组次2	组次3	组次4
特征		3 500 m^3/s +1995年	3 500 m^3/s +2005年	1 500 m^3/s +2005年	1 500 m^3/s +1995年
潼关高程(m)	桃汛前	328.17	328.17	328.17	328.17
	桃汛后	327.98	327.97	328.13	328.14
	汛前	328.06	328.02	328.07	328.13
	汛后	328.07	327.69	327.75	328.18
升降值(m)	桃汛期	-0.19	-0.20	-0.04	-0.03
	桃汛后-汛前	0.08	0.05	-0.06	-0.01
	汛期	0.01	-0.33	-0.32	0.05
	合计	-0.10	-0.48	-0.42	0.01

组次1为桃汛洪峰流量3 500 m^3/s 洪水过程加上1995年水沙过程。桃汛期潼关高程下降了0.19 m；4~6月份回淤0.08 m；汛期潼关高程基本没有发生变化，汛后潼关高程为328.07 m。

组次2为桃汛洪峰流量3 500 m^3/s 洪水过程加上2005年水沙过程。桃汛期潼关高程下降了0.20 m；4~6月份回淤0.05 m；汛期潼关高程下降0.33 m，汛后潼关高程为327.69 m。

组次3为桃汛洪峰流量1 500 m^3/s 洪水过程加上2005年水沙过程。桃汛期潼关高程仅下降0.04 m；4~6月份继续下降，下降值为0.06 m；汛期潼关高程下降0.32 m，汛后潼关高程为 327.75 m。

组次 4 为桃汛期洪峰流量 1 500 m^3/s 洪水过程加上 1995 年水沙过程。桃汛期潼关高程仅下降 0.03 m；4～6 月份和汛期 4～10 月份潼关高程略有抬升，汛后潼关高程为 328.18 m。

组次 1 和组次 2 相比，桃汛洪峰流量均为 3 500 m^3/s，汛期分别为 1995 年和 2005 年水沙过程。两组次桃汛期潼关高程下降值接近，汛期组次 2 下降明显、组次 1 变化很小，至汛末潼关高程下降值组次 2 较组次 1 大 0.38 m。组次 3 和组次 4 相比，桃汛洪峰流量均为 1 500 m^3/s，汛期分别为 2005 年和 1995 年水沙过程。两组次桃汛期潼关高程下降值均较小，汛期组次 4 略有淤积抬升，组次 3 冲刷下降，较组次 4 多下降 0.37 m，至汛末潼关高程下降值组次 3 较组次 4 大 0.43 m。总体来看，当桃汛洪峰流量大时，潼关高程下降值大，之后的回淤值也偏大；当桃汛洪峰流量小时，潼关高程下降值小，之后可能继续下降，也可能有少量回淤。在桃汛洪峰相同条件下，汛期的洪水条件对于潼关高程的影响起重要作用。

组次 1 和组次 4 相比，汛期均为不利的水沙过程，桃汛洪水过程不同。组次 1 桃汛洪峰为 3 500 m^3/s，桃汛期潼关高程下降值较大，桃汛后有所回淤，汛期没有发生冲刷；组次 4 桃汛洪峰为 1 500 m^3/s，桃汛期潼关高程下降值小，仅 0.03 m，较组次 1 偏小 0.16 m，桃汛后没有回淤，汛期回淤抬升 0.05 m；从汛后潼关高程看，组次 1 较组次 4 低 0.11 m。虽然组次 1 和组次 4 的汛期洪水条件一样，但由于桃汛条件不同，组次 1 桃汛洪峰流量较大，不仅使桃汛期潼关高程有较大幅度下降，而且对汛期潼关高程的变化产生一定影响。也就是说，虽然汛期水沙过程对潼关高程冲刷不利，但桃汛洪水过程有利，到汛末的潼关高程也会相对较低。

组次 2 和组次 3 相比，汛期均为有利的水沙过程，桃汛洪水过程不同。组次 2 桃汛洪峰为 3 500 m^3/s，桃汛期潼关高程下降 0.20 m，桃汛后有所回淤，汛期冲刷下降 0.33 m；组次 3 桃汛洪峰为 1 500 m^3/s，桃汛期潼关高程下降值仅 0.04 m，远小于组次 2 冲刷下降值，桃汛后继续冲刷，但到汛前潼关高程仍较组次 2 偏高 0.05 m，汛期冲刷下降 0.32 m；从汛后潼关高程看，组次 2 为 327.69 m，较组次 3 低 0.06 m。试验结果同样说明，桃汛期潼关高程冲刷下降对汛末潼关高程产生了有利影响。但是，组次 2 和组次 3 两方案潼关高程变化的差值，小于组次 1 和组次 4 两方案的相应差值。

试验结果表明，桃汛期潼关高程的冲淤变化对之后的非汛期和汛期有一定的影响。当汛期水沙条件有利时，桃汛期潼关高程的下降值对汛末潼关高程的累计影响较小；当汛期水沙条件不利时，桃汛期潼关高程的下降值对汛期的累计影响相对较大。

6.3.2.2 库区冲淤变化

1）各组次试验结果

组次 1 桃汛期潼关以下库区共淤积 0.160 亿 m^3，其中黄淤 24 断面以上为冲刷，以下为淤积；桃汛后到汛前淤积 0.148 亿 m^3，主要在黄淤 36 断面以下；汛期潼关以下库区共冲刷 0.917 亿 m^3，其中黄淤 36—黄淤 41 断面有冲有淤，总淤积量较小，黄淤 36 以下均有不同程度的冲刷，黄淤 22 断面以下较大，占潼关以下冲刷总量的 54%，各时段冲淤分布见图 6-13 和表 6-11。

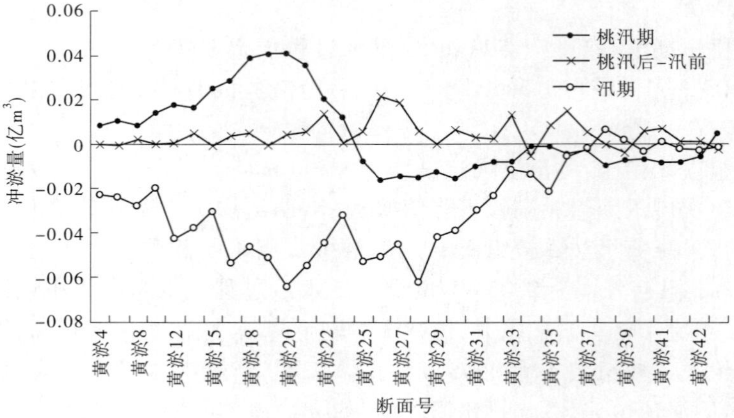

图 6-13　组次 1 各时段冲淤量

表 6-11　各组次试验冲淤分布　（单位：亿 m^3）

试验组次	时段	坝前—黄淤 22	黄淤 22—黄淤 30	黄淤 30—黄淤 36	黄淤 36—黄淤 41	坝前—黄淤 41
组次 1	桃汛期	0.297	−0.070	−0.033	−0.034	0.160
	汛期	−0.494	−0.323	−0.104	0.004	−0.917
	试验前后	−0.159	−0.335	−0.100	−0.016	−0.609
组次 2	桃汛期	0.279	−0.044	−0.047	−0.022	0.166
	汛期	−0.631	−0.351	−0.193	−0.050	−1.225
	试验前后	−0.327	−0.383	−0.143	−0.074	−0.927
组次 3	桃汛期	0.125	−0.022	−0.029	−0.010	0.064
	汛期	−0.592	−0.320	−0.165	−0.044	−1.121
	试验前后	−0.455	−0.292	−0.108	−0.062	−0.917
组次 4	桃汛期	0.143	−0.021	−0.037	−0.015	0.069
	汛期	−0.441	−0.251	−0.107	0.005	−0.795
	试验前后	−0.261	−0.206	−0.123	−0.004	−0.594

组次 2 桃汛期潼关以下库区共淤积 0.166 亿 m^3，其中黄淤 25 断面以上冲刷，黄淤 24 断面以下淤积；桃汛后到汛前淤积 0.132 亿 m^3，主要在黄淤 36 断面以下；汛期潼关以下库区均发生冲刷，冲刷量为 1.225 亿 m^3，黄淤 36 断面以上冲刷量较小，黄淤 36 以下冲刷普遍较大，其中黄淤 22 以下冲刷量占总量的 52%，各时段冲淤分布见图 6-14 和表 6-11。

组次 3 桃汛期潼关以下库区共淤积 0.064 亿 m^3，其中黄淤 26 断面以上除少数河段略有淤积外，其余河段以冲刷为主，黄淤 26 断面以下均为淤积；桃汛后到汛前淤积 0.140 亿 m^3，主要淤积分布在黄淤 25—黄淤 37；汛期潼关以下库区均发生冲刷，冲刷量为 1.121

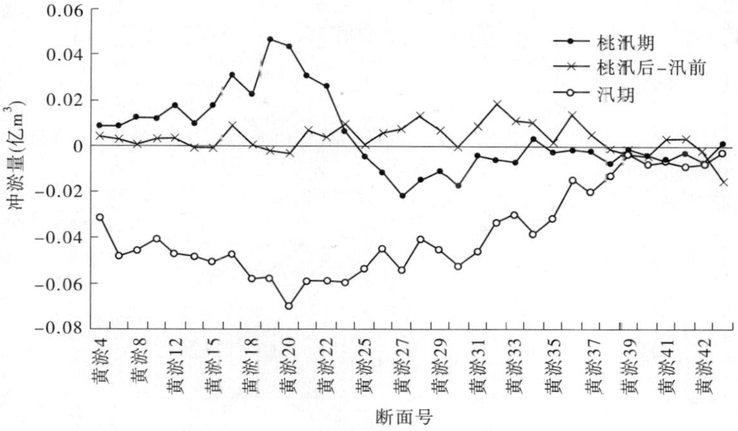

图 6-14　组次 2 各时段冲淤量

亿 m^3，黄淤 36 断面以上冲刷量较小，黄淤 36 以下冲刷普遍较大，其中黄淤 22 断面以下库段冲刷量占潼关以下总量的 53%，各时段冲淤分布见图 6-15 和表 6-11。

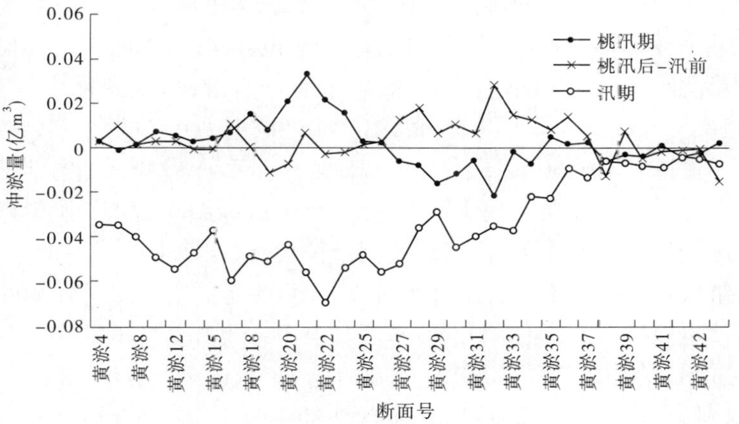

图 6-15　组次 3 各时段冲淤量

组次 4 桃汛期潼关以下库区共淤积泥沙 0.069 亿 m^3，其中黄淤 25 断面以上除少数河段略有淤积外，其余河段均有不同程度的冲刷，黄淤 25 断面以下均为淤积；桃汛后到汛前淤积 0.131 亿 m^3；汛期潼关以下库区共冲刷 0.795 亿 m^3，黄淤 36—黄淤 41 断面有冲有淤，总淤积量很小，黄淤 36 以下均有不同程度的冲刷，其中黄淤 22 以下冲刷量占潼关以下总量的 55%。各时段冲淤分布见图 6-16 和表 6-11。

2）试验结果比较

组次 1 和组次 2 桃汛洪峰流量为 3 500 m^3/s，桃汛期黄淤 22 以下为淤积、以上均为冲刷，冲刷量分别为 0.137 亿 m^3 和 0.113 亿 m^3，各河段冲淤量略有差异，潼关以下总淤积量分别为 0.160 亿 m^3 和 0.166 亿 m^3，试验结果总体接近；组次 3 和组次 4 桃汛洪峰为 1 500 m^3/s，桃汛期仍表现为黄淤 22 以下淤积、以上均为冲刷，但冲刷量分别为 0.061 亿 m^3 和 0.073 亿 m^3，小于组次 1 和组次 2，潼关以下淤积量分别为 0.064 亿 m^3 和 0.069 亿

m³,也小于组次 1 和组次 2。可见,桃汛期潼关以下各河段冲淤特点一致,不同洪峰情况的冲淤量有明显差异,对汛期冲淤的影响也不同。

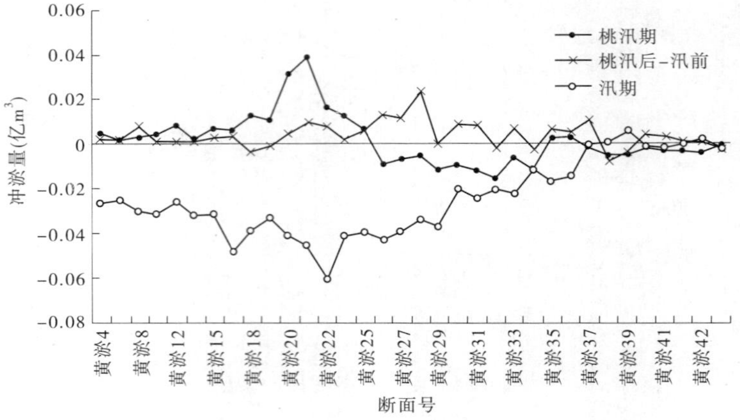

图 6-16　组次 4 各时段冲淤量

组次 1 和组次 4 分别为不同桃汛洪水过程与 1995 年的组合。两方案试验结果相比,其冲淤变化定性一致,但冲淤量值不同。方案 4 桃汛期黄淤 22 以上的冲刷量和黄淤 41 以下的淤积总量均小于组次 1;汛期黄淤 36 以上有冲有淤,总量变化小,黄淤 36 以下均发生冲刷,但组次 1 冲刷量为 0.917 亿 m³,组次 4 冲刷量为 0.795 亿 m³,组次 1 较组次 4 偏大 0.122 亿 m³,其中黄淤 30 以下偏大 0.125 亿 m³,黄淤 30 以上冲淤基本相当。对于整个时段组次 1 冲刷量较组次 4 偏大 0.015 亿 m³。试验结果说明,桃汛洪峰大时,桃汛期潼关以下库区冲淤调整幅度大,汛期的冲刷量偏大,试验期累计冲刷量也偏大。

组次 2 和组次 3 分别为不同桃汛洪水过程与 2005 年的组合。两方案试验结果相比,其冲淤变化定性也保持一致,但冲淤量值不同。组次 2 为有利桃汛洪水方案,桃汛期黄淤 22 以上的冲刷量和黄淤 41 以下的淤积总量均大于组次 1;汛期黄淤 36 以上有冲有淤,但总量变化小,黄淤 36 以下均发生冲刷,但组次 2 冲刷量为 1.225 亿 m³,组次 3 冲刷量为 1.121 亿 m³,组次 2 较组次 3 偏大 0.104 亿 m³,其中黄淤 36 以下偏大较多,黄淤 36 以上偏大较少。整个试验期组次 2 冲刷量较组次 3 偏大 0.010 亿 m³。

但是,不同的桃汛洪峰过程与不同的汛期组合,其差值不同,如组次 1 和组次 4 是与不利汛期水沙过程的组合,整个试验期冲刷量相差 0.015 亿 m³,而组次 2 和组次 3 是与有利汛期水沙过程的组合,试验期冲刷量相差 0.010 亿 m³,较上述值略有偏小,也就是说,与有利汛期水沙条件组合时,桃汛洪水冲刷的累计效果要小于与不利汛期水沙条件组合的情况。

图 6-17 为 4 个不同试验组次汛期的冲淤分布,可以看出组次 2 和组次 3 的冲刷量略大于其余两组,黄淤 36 以上也基本表现为冲刷。总体来看,不同桃汛过程与不同年份组合的试验结果表明,与 1995 年组合的两个方案(组次 1 和组次 4),汛期冲刷量相差 0.122 亿 m³,全试验时段冲刷量相差 0.015 亿 m³,略大于与 2005 年组合方案(组次 2 和组次 3)的相应差值 0.104 亿 m³、0.010 亿 m³,说明桃汛洪水过程的冲刷作用对不利水沙年份的

影响大于对有利年份的影响。

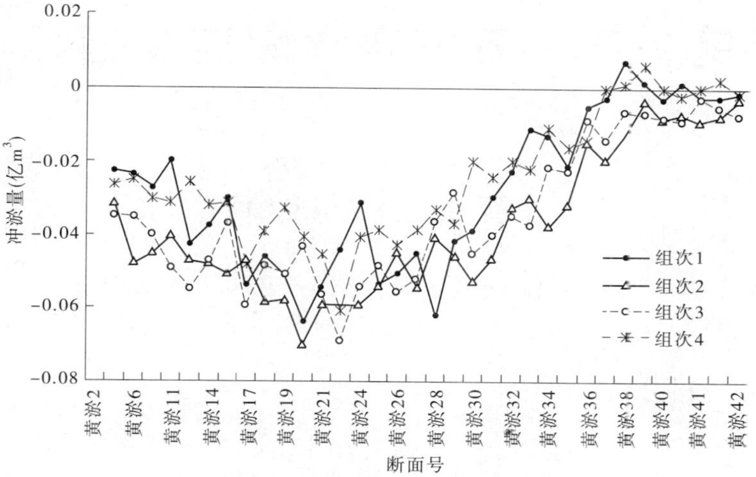

图 6-17 不同组次汛期冲淤分布

6.4 小 结

(1)实测资料分析结果表明,桃汛洪水对潼关高程具有直接冲刷作用,对非汛期淤积部位的调整,有利于汛期潼关高程冲刷,对控制汛后潼关高程具有重要作用。

(2)不同优化桃汛洪水过程对潼关高程的冲刷作用有一定差异,与桃汛后至汛期相同水沙条件组合后,这种差异一直影响到汛前和汛后的潼关高程。桃汛期潼关高程下降值大的方案,汛后潼关高程也较低,但是相对最优方案和相对较差的方案,到汛后潼关高程的差值小于桃汛后潼关高程的差值。

(3)桃汛优化洪水方案和不利方案分别与汛期有利、一般、不利水沙过程组合,结果表明:桃汛优化对汛后潼关高程均具有有利影响,桃汛期潼关高程下降值大,汛后潼关高程值也较低,相应的大流量对库区泥沙向下推移有利;与有利汛期水沙过程组合,桃汛洪水过程的差异对汛后潼关高程的影响较小;反之,与不利汛期水沙过程组合,桃汛洪水过程的差异对汛后潼关高程的影响较大。

(4)实体模型试验结果表明,桃汛期潼关高程的冲淤变化对之后的非汛期和汛期有一定的影响。当汛期水沙条件有利时,桃汛对汛后潼关高程的累计影响较小;当汛期水沙条件不利时,桃汛期累计影响相对较大。从冲淤量及其分布来看,两个不同桃汛过程与1995 年不利水沙过程组合后,汛期冲刷量和全试验时段冲刷量两方案差值,均大于与2005 年有利水沙组合的相应差值,说明桃汛洪水过程的冲刷作用对不利水沙年份的累计影响大于对有利年份的影响。

第 7 章 万家寨水库控制指标

7.1 流量及洪量控制指标

为满足桃汛期潼关高程冲刷条件,根据洪水传播和区间水量变化情况,通过实测资料分析和洪水演进模型计算综合推求万家寨水库出库流量和水量控制指标。

7.1.1 实测资料分析

根据实测资料分析,万家寨水库运用前头道拐到河曲桃汛洪峰流量平均为增大,但增加值较小,府谷受天桥水库泄水排沙的影响瞬时最大流量增值较大,从府谷到潼关均为衰减过程,与河曲相比潼关洪峰流量平均增大 219 m^3/s(见表 3-4);从最大日均流量过程看,1978～1998 年河曲平均为 2 007 m^3/s,府谷平均增至 2 289 m^3/s,受区间支流汇入的影响到潼关平均为 2 367 m^3/s,较河曲增大 360 m^3/s;相应最大 10 日洪量潼关为 12.81 亿 m^3,较河曲增加 2.91 亿 m^3。

万家寨水库的运用不仅削减了洪峰,也直接影响了河曲河段的槽蓄水增量,补给水量减少,桃汛期最大瞬时流量从河曲到潼关减少。1999～2005 年河曲瞬时最大流量平均为 1 794 m^3/s,较头道拐洪峰平均值减小 357 m^3/s,经过区间变化到潼关为 1 687 m^3/s,平均减少 107 m^3/s。最大日均流量从河曲到潼关增加 90 m^3/s,远小于之前的增加值。最大 10 日洪量河曲为 8.59 亿 m^3,较头道拐减少 3.41 亿 m^3;潼关为 9.67 亿 m^3,较河曲增加 1.08 亿 m^3,小于 1998 年以前的平均值。

根据 2006～2009 年试验过程,万家寨水库站出库河曲最大瞬时流量平均为 2 800 m^3/s,最大日均流量平均为 2 563 m^3/s,传播到潼关最大瞬时流量和最大日均流量平均值分别为 2 650 m^3/s 和 2 430 m^3/s,分别减小 150 m^3/s 和 133 m^3/s。而最大 10 日洪量传播到潼关平均值为 12.82 亿 m^3,较河曲增加 0.6 亿 m^3,区间来水增加量更少。区间水量的减少,除降雨因素外,还与支流水利工程建设和水保工程措施密切相关。

因此,要满足潼关洪峰流量 2 500 m^3/s 的要求,区间洪峰变化按 2006～2009 年演进过程考虑,万家寨水库出库洪峰流量要控制在 2 600 m^3/s 以上,但不超过 2 800 m^3/s。根据区间水量沿时序的变化趋势,河曲段槽蓄水增量和区间支流来水补给减少,河床条件与 2006～2009 年更接近,桃汛 10 日洪量从万家寨水库出库传播到潼关断面会略有增加,增加值按 2006～2009 年相应增加值 0.6 亿 m^3 考虑,要满足潼关断面洪量 13.0 亿 m^3 以上的要求,万家寨水库出库洪量应达到 12.4 亿 m^3 以上。考虑到洪水传播洪峰坦化过程,万家寨水库按 9 日过程控制,补水应尽可能集中在涨水阶段和洪峰期。

根据满足潼关高程冲刷降低的水沙条件,近期北干流河段桃汛洪水演进规律、区间加水、万家寨水库调蓄能力,综合分析确定万家寨水库控制指标为:最大日平均出库流量为2 600 m^3/s以上，但瞬时最大流量不超过 2 800 m^3/s，历时 1 d 以上；最大 9 日水量达 12.4 亿 m^3 以上。

7.1.2 洪水演进数学模型计算

本项目建立了黄河北干流府谷—潼关河段一维非恒定流水沙数学模型，该模型通过验证，与实测资料基本符合，可以应用于洪水传播分析，由潼关的水沙过程反推万家寨水库的出库水沙过程。

根据潼关站优化后的桃汛洪水过程（见表 4-13），利用近期黄河北干流河段桃汛期洪水演进规律，对万家寨水库出库洪水过程设计三个不同方案进行洪水演进计算，对比分析计算结果与潼关站优化洪水过程的吻合情况。

以万家寨水库出库流量过程作为府谷站计算条件，三个不同方案的进口流量条件和模拟计算结果见图 7-1。由图 7-1 可以看出，万家寨水库三种出库洪水过程演进到潼关，从峰型、洪峰大小以及洪峰出现时间看，方案 1 的计算洪水过程与潼关站优化洪水过程比较接近，方案 2 和方案 3 传播到潼关后流量过程更接近于正态分布形式。因此，可以认为设计方案 1 的万家寨水库出库洪水过程演进到潼关后与潼关优化洪水过程的对应关系最好。另外，通过洪水演进模型计算，府谷到潼关洪峰流量衰减约 50 m^3/s，较实测资料分析的衰减值（100 ~ 200 m^3/s 流量）要小；计算到潼关的洪峰传播时间约 50 h，比实测资料分析传播时间约 60 h 快 10 h 左右。

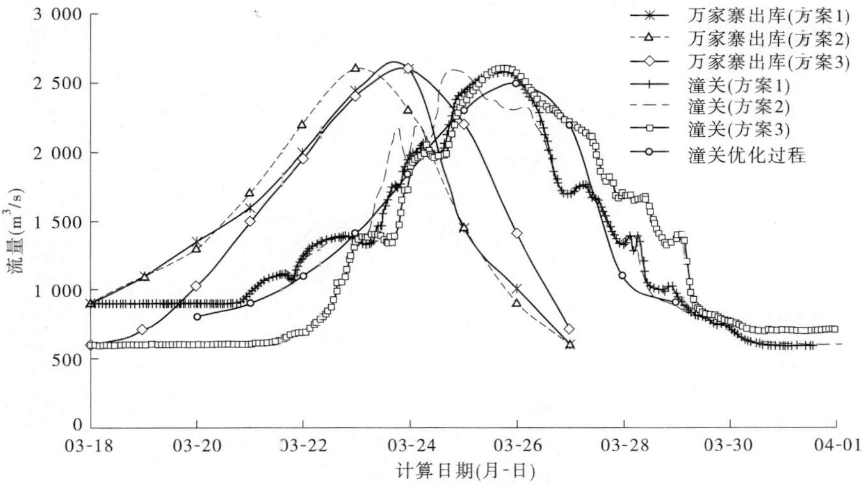

图 7-1 模拟演进计算结果

7.2 万家寨水库和天桥水库排沙控制指标

7.2.1 万家寨水库桃汛期排沙分析

根据 1999 ~ 2005 年头道拐水文站与河曲水文站实测资料分析，万家寨水库年均排沙量为0.059 9 亿 t，平均排沙比为 19.9%；桃汛期年均排沙量为 0.025 6 亿 t，平均排沙比为

51.4%;桃汛期10日排沙量占全年的43%。桃汛期排沙主要集中在低水位运用期,1999年3月3~9日和2000年的3月18~25日万家寨运用水位较低(940~945 m),两次排沙比分别达到200%和300%。最大10日统计结果表明,入库平均含沙量为4.2 kg/m³,变幅较小,出库含沙量只有2000年大于入库的含沙量,为10.4 kg/m³,其他年份均较小,2002年、2003年等桃汛期基本没有排沙,见表7-1。

表7-1　万家寨水库桃汛期(最大10日)排沙情况

年份	头道拐沙量(亿t)	头道拐含沙量(kg/m³)	河曲沙量(亿t)	河曲含沙量(kg/m³)	排沙比(%)
1999	0.052 0	4.2	0.012 3	1.3	23.7
2000	0.074 3	4.9	0.118 8	10.4	159.8
2001	0.050 7	4.4	0.027 0	3.8	53.2
2002	0.052 6	4.9	0.001 4	0.2	2.7
2003	0.041 6	5.0	0.003 7	0.7	8.9
2004	0.037 9	2.9	0.010 2	1.0	27.0
2005	0.039 8	3.1	0.005 6	0.5	14.0
平均	0.049 8	4.2	0.025 6	3.0	51.4

水库的排沙与库区的淤积形态、库水位、来流过程以及泄流孔洞的开启情况有关。从2009年10月万家寨水库淤积形态看,淤积面已经达到排沙底孔底槛高程912 m以上(见图7-2),若打开底孔,至少可以将坝区泥沙冲刷出库,形成冲刷漏斗;在较大的入库流量下,降低水位运用,淤积三角洲将发生冲刷,三角洲洲面高程下降,三角洲顶点将向坝前推进,水库排沙量将会增加;随着水库的逐步淤满,出库含沙量也会逐步增大。

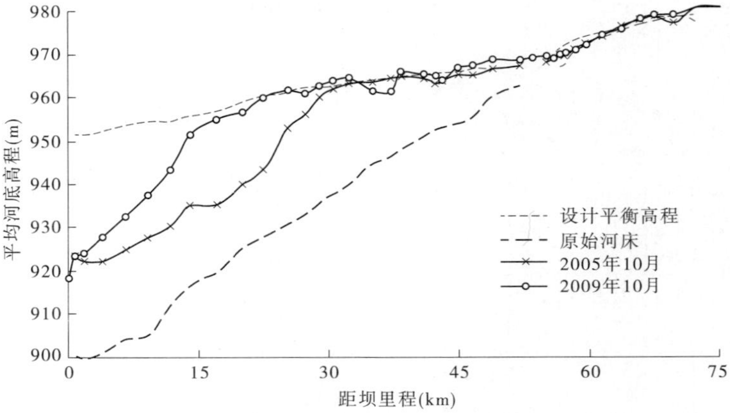

图7-2　万家寨水库纵剖面图

7.2.2　天桥水库桃汛期排沙分析

表7-2统计了1978~2005年天桥水库桃汛期最大10日水沙量以及水库排沙情况(河曲水文站为天桥水库的进库站,府谷水文站为天桥水库的出库站),由表可以看出,天

桥水库历年桃汛期排沙比为70%～480%，平均约为208%。万家寨水库运用之前的1978～1998年，桃汛期库区冲刷量最大为1 600万t，多年平均约680万t；出库平均流量为835～1 700 m^3/s，多年平均值约为1 250 m^3/s；平均含沙量在3.5～22 kg/m^3，多年平均约为11.8 kg/m^3。1998年万家寨水库投入运用后出库沙量减少，桃汛期库区冲刷量最大为490万t，多年平均值约150万t；出库平均流量在730～1 590 m^3/s，平均值为1 047 m^3/s；平均含沙量在0.69～12.2 kg/m^3，平均为4.5 kg/m^3。

根据天桥水库库容变化过程（见图4-17），1990～1995年汛前库容变化不大，平均约为3 700万 m^3，1997年库容最小，约为1 651万 m^3，1997～2000年逐步恢复库容，2000～2003年库容变化不大，到2003年汛前约为2 630万 m^3。由于库区淤积严重，不管是停机冲沙时的溯源冲刷，还是大流量时的沿程冲刷都难以恢复建坝前的天然河床，距坝10 km以上库区冲刷效果已不明显，溯源冲刷强度衰减很快，当流量小于1 000 m^3/s 时，坝上2 km以内淤积的泥沙也难以全部冲刷。如1993年5月排沙时流量较小，溯源冲刷只冲出左岸边一条沟槽，坝上游300 m以上淤积的泥沙也没有冲完。

表7-2　天桥水库桃汛期（最大10日）排沙情况

年份	河曲			府谷			天桥排沙比（%）	库区冲淤量（亿t）	平均出库含沙量（kg/m^3）
	水量（亿 m^3）	平均流量（m^3/s）	沙量（亿t）	水量（亿 m^3）	平均流量（m^3/s）	沙量（亿t）			
1978	9.24	1 069	0.055	8.66	1 002	0.061	112	-0.007	7.09
1979	9.07	1 049	0.061	9.11	1 054	0.163	267	-0.102	17.90
1980	10.60	1 227	0.077	10.99	1 272	0.238	309	-0.161	21.66
1981	9.90	1 146	0.080	10.77	1 247	0.162	203	-0.082	15.06
1982	8.85	1 024	0.063	8.46	979	0.085	134	-0.021	9.99
1983	10.43	1 208	0.078	11.34	1 312	0.092	118	-0.014	8.11
1984	12.03	1 393	0.109	11.89	1 377	0.104	95	0.005	8.77
1985	8.85	1 024	0.073	9.85	1 140	0.123	170	-0.051	12.51
1986	10.42	1 207	0.056	11.47	1 327	0.194	346	-0.138	16.88
1987	7.22	835	0.036	7.67	888	0.027	74	0.010	3.49
1988	8.93	1 033	0.059	8.99	1 041	0.190	319	-0.130	21.12
1989	8.70	1 007	0.046	11.77	1 362	0.156	341	-0.110	13.24
1990	9.00	1 042	0.031	11.23	1 300	0.088	287	-0.057	7.84
1991	8.72	1 010	0.048	11.79	1 364	0.117	243	-0.069	9.90
1992	9.15	1 059	0.036	10.10	1 170	0.035	96	0.001	3.44
1993	13.19	1 527	0.052	13.13	1 520	0.105	202	-0.053	8.01
1994	11.17	1 293	0.030	10.57	1 223	0.130	429	-0.100	12.28
1995	12.31	1 425	0.069	14.69	1 700	0.071	104	-0.003	4.86
1996	9.84	1 139	0.054	11.69	1 354	0.185	341	-0.131	15.80
1997	9.21	1 066	0.066	10.38	1 201	0.191	290	-0.125	18.37
1998	11.08	1 282	0.068	11.73	1 358	0.164	242	-0.097	14.02

续表 7-2

年份	河曲			府谷			天桥排沙比（%）	库区冲淤量（亿 t）	平均出库含沙量（kg/m^3）
	水量（亿 m^3）	平均流量（m^3/s）	沙量（亿 t）	水量（亿 m^3）	平均流量（m^3/s）	沙量（亿 t）			
1999	9.20	1 065	0.012	9.36	1 083	0.015	119	-0.002	1.56
2000	11.38	1 317	0.119	13.74	1 591	0.167	141	-0.049	12.17
2001	7.07	818	0.027	7.72	894	0.032	117	-0.005	4.10
2002	6.19	717	0.001	7.01	811	0.006	394	-0.004	0.81
2003	5.57	645	0.004	6.33	732	0.018	483	-0.014	2.83
2004	10.03	1 161	0.010	8.88	1 028	0.040	391	-0.030	4.51
2005	10.72	1 241	0.006	10.26	1 188	0.007	130	-0.001	0.69
1978～1998 年平均	9.90	1 146	0.059	10.78	1 247	0.128	215	-0.068	11.85
1999～2005 年平均	8.59	995	0.026	9.04	1 047	0.041	159	-0.015	4.50
1978～2005 年平均	9.57	1 108	0.051	10.34	1 197	0.106	208	-0.055	10.24

考虑到天桥水库多年的淤积以及试验的流量级，其排沙的影响可能达到 1995 年汛前的库容范围，同时考虑冲刷以主槽为主，根据天桥水库滩、槽的淤积分布分析，主槽淤积量占全断面淤积量的 90% 左右，估算最大冲刷量约为 963 万 m^3，按库区淤积物干容重 1.3 t/m^3 折算为 1 252 万 t。

7.2.3 水库排沙控制指标

7.2.3.1 万家寨水库排沙控制指标

随着万家寨水库运用时间的延长，库区淤积量不断增加，淤积三角洲不断向坝前推进，在有利的水沙条件下，可以将淤积在库区的泥沙较多地冲刷出库。但是，为了满足潼关高程冲刷下降的水沙条件，万家寨水库的出库含沙量不宜太高，尽量不要超过建库前多年平均含沙量 6 kg/m^3。考虑到 6 台机组满发时最大泄流量约为 1 800 m^3/s，在涨水阶段，当泄流量大于 1 800 m^3/s 时打开排沙洞或底孔泄洪排沙。同时，排沙尽量控制在大流量期间，以满足沙峰与洪峰同步的要求。

7.2.3.2 天桥水库排沙控制指标

根据对天桥水库排沙的分析，在试验期间，天桥水库排沙控制在 1 000 万 t 以内，出库站府谷平均含沙量小于多年平均值 12 kg/m^3，瞬时最大含沙量尽量不超过 150 kg/m^3。由于天桥水库为径流式电站，为保证天桥水库正常运用，当入库流量超过 2 000 m^3/s 时进行排沙，排沙历时 2 ~ 3 d，当万家寨水库出库流量开始减小时控制排沙。

7.3 万家寨水库控制指标综合分析

实测资料分析结果表明，2006 ~ 2009 年河曲到潼关洪峰流量沿程衰减，平均为 150 m^3/s 左右，模型计算结果衰减 50 m^3/s 左右，为实现潼关优化桃汛洪水过程，根据满足潼关高程冲刷降低的水沙条件、近期北干流河段桃汛洪水演进规律、区间加水、万家寨水库调蓄能力、水库排沙情况等，综合分析确定万家寨水库出库控制指标为：最大日平均流量为 2 600 m^3/s 左右（瞬时最大流量不超过 2 800 m^3/s），历时不少于 1 d；最大 9 日水量为 12.4 亿 m^3 左右；洪水峰型为缓涨陡落，尽可能延长大流量持续时间；对应于潼关站的万家寨出库逐日平均流量过程涨水阶段分别为 900 m^3/s、1 100 m^3/s、1 350 m^3/s、1 600 m^3/s、2 000 m^3/s、2 450 m^3/s、2 600 m^3/s，落水阶段分别为 1 450 m^3/s、1 000 m^3/s、600 m^3/s；水库排沙时间应控制在涨水期流量大于 1 800 m^3/s 的情况和洪峰期，在落水阶段适当关闭排沙孔和底孔，尽量避免落水期排沙。

7.4 小 结

（1）综合分析后认为，满足潼关高程明显冲刷的万家寨水库控制指标为：最大日平均流量为 2 600 m^3/s 左右，历时不少于 1 d；最大 9 日水量达 12.4 亿 m^3 以上；洪水峰型为缓涨陡落，尽可能延长大流量持续时间，并给出了用于水库调度方式研究的出库流量控制过程；水库排沙时间应控制在涨水期和洪峰期，尽量避免落水期排沙。

（2）试验期间，天桥水库出库流量按进、出库平衡运用，当入库流量超过 2 000 m^3/s 时可以进行排沙，排沙历时 2 ~ 3 d；当万家寨水库出库流量开始减小时应控制排沙，排沙总量应控制在 1 000 万 t 以内。

第 8 章　桃汛期万家寨水库运行方式优化研究

8.1　入库桃汛洪水过程设计

为满足潼关高程冲刷条件,桃汛期水库调度的原则为:桃汛期万家寨水库不进行蓄水运用,尽可能恢复桃汛洪水的天然过程;当头道拐洪水较小时,在保证凌汛安全的情况下为桃汛补水。不同的洪水过程需要制定不同的运用方案。为此,对头道拐站桃汛洪水频率进行分析,选定代表桃汛洪水偏丰、平水、偏枯的代表年份。

根据 1986 年龙羊峡水库运用以来的资料,对桃汛期头道拐站 10 日洪量进行统计,多年平均洪量为 10.95 亿 m^3,最大洪量为 15.19 亿 m^3(2000 年),最小洪量为 7.71 亿 m^3(1987 年)。大于某一洪量出现的频率见图 8-1,相应 $C_v=0.17$,$C_s/C_v=0.94$。1987 年以来,洪量大于 12.0 亿 m^3 的出现频率为 25%,代表偏丰洪量;洪量大于 10.6 亿 m^3 的出现频率为 50%,代表中等洪量;洪量大于 9.5 亿 m^3 的出现频率为 75%,代表偏枯洪量。选择与上述特征洪量接近的年份,同时考虑到各级洪量存在洪峰流量大、中、小等情况,最后确定不同洪量和洪峰情况下的桃汛洪水入库过程,共选取 11 个典型年作为设计入库洪水过程,其特征值见表 8-1,以此为基础进行水库调度、方案计算分析。

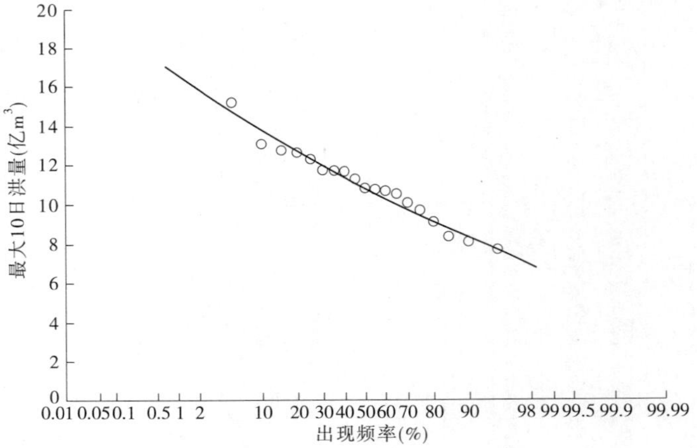

图 8-1　头道拐站最大 10 日洪量频率图

表 8-1　头道拐站不同频率的桃汛洪水特征及代表年份

频率(%)	相应最大10日洪量值(亿 m^3)	代表年份	对应洪量值(亿 m^3)	最大日均流量(m^3/s)	特征	序号	方案编号
97	7.71	1987	7.71	1 570	最小洪量	1	一
75	9.5	1991	9.69	2 230	偏枯洪量中等洪峰	2	二(1)
		1992	9.13	1 900	偏枯洪量较小洪峰	3	二(2)
50	10.6	1997	10.66	2 850	平水洪量较大洪峰	4	三(1)
		1990	10.50	2 040	平水洪量中等洪峰	5	三(2)
		1994	10.79	1 790	平水洪量较小洪峰	6	三(3)
25	12	1996	11.74	2 600	偏丰洪量较大洪峰	7	四(1)
		2001	11.64	2 280	偏丰洪量中等洪峰	8	四(2)
		1999	12.30	1 780	偏丰洪量较小洪峰	9	四(3)
		2006	11.39	1 380	偏丰洪量平水过程	10	四(4)
2.9	15.19	2000	15.19	2 180	最大洪量	11	五

8.2　水库调度方案研究

8.2.1　调度原则

根据7.3中万家寨水库控制指标分析结果,并适当考虑万家寨水库、天桥水库防凌运用与排沙运用的结合,对不同频率条件下的设计桃汛洪水过程提出水库调度运用方案。利用万家寨水库补水过程中尽量不破坏水库发电,由于万家寨水库最低发电水位为952 m,因此水库补水过程中水位尽量不低于952 m。受凌汛期水库蓄水运用水位及有限库容的影响,首先考虑从965 m到952 m之间的库容(约1.6亿 m^3)进行补水,对应水库出库控制指标,不能满足要求时,在确保防凌安全的情况下,可以预先蓄水到970 m,然后利用970 m至952 m之间的库容(约2.53亿 m^3)进行补水运用。同时由于库容有限,在补水量不够的情况下,以优先满足洪峰流量大小要求,在洪峰和洪量均能满足指标要求的情况下,尽量优化出库洪水过程。

满足调控指标的补水量:$W_{补} = W_{指} - W_{入}$

$$Q_{补i} = Q_{指i} - Q_{入i}$$

$$V = W_{补} + V_{952\ m}$$

式中:$W_{补}$、$W_{指}$、$W_{入}$ 分别为水库需要补水量、设计指标水量和入库水量;$Q_{补i}$、$Q_{指i}$、$Q_{入i}$分别为水库需要补泄的流量、指标流量和入库流量;V、$V_{952\ m}$分别为补水前水库蓄水量和952 m高程下的水库蓄水量。

由所需补水量和当年库容曲线确定水库运用水位,结合当年凌情、开河流量过程和补水量，确定水库的运用方式：微调，一般蓄水，先蓄后放，先泄再蓄后放等。

万家寨水库出库含沙量可通过水库各孔洞调度方式来控制：洪峰之前，当出库流量大于发电流量后，首先开启排沙洞，然后开启其他孔洞满足出库流量要求；洪峰过后的落水期关闭排沙洞，减少出库泥沙。

天桥水库原则上按进出库平衡运用。当入库流量超过 2 000 m^3/s 时进行排沙，排沙历时 2 ~ 3 d，当万家寨水库出库流量开始减小时控制排沙。为了不影响万家寨水库出库流量过程，在天桥水库泄空排沙期避免水量集中排放，控制瞬时出库流量不超过 3 000 m^3/s。

实际上，当万家寨水库运用水位降低到一定程度后，出库含沙量很难控制，试验期间万家寨水库应与天桥水库联合运用。万家寨水库补水结束后库水位一般降到 952 m 左右，三角洲顶部将露出水面，并发生溯源冲刷，排沙量增大，往往形成出库沙峰过程，此时出库洪水过程进入落水阶段，在向下的演进过程中将会出现沙峰滞后现象，并随着流程延长、沙峰滞后时间增长。为避免潼关出现沙峰滞后现象，天桥水库应进行配合运用，在涨水阶段和洪峰期可以尽可能排沙，洪水后期滞蓄万家寨水库出库较大含沙量过程，等待以后大流量过程或汛期再排沙。通过两库联合运用，优化进入中游含沙量过程，改善沙峰与洪峰的相对关系，尽量避免潼关沙峰滞后于洪峰的现象。

8.2.2 调度方案

根据 2005 年汛后万家寨水库库容曲线，以不影响发电的控制水位 952 m 为底线，蓄水过程中最高水位不超过 970 m，970 m 相应库容为 4.51 亿 m^3，降到 952 m 可以补水 2.53 亿 m^3；965 m 相应库容为 3.58 亿 m^3，降到 952 m 可以补水 1.60 亿 m^3。为了防凌安全，一般情况下桃汛前万家寨水库要降低水位运用，根据近几年万家寨水库实际运用情况，桃汛开始时运用水位一般为 965 m 左右。因此，万家寨水库试验调度时一般考虑从 965 m 开始为桃汛洪水补水。当 965 m 补水不能满足出库指标要求时，再启用 970 m 补水方案。同时所有的补水调度方案都是在确保内蒙古河段、万家寨水库库区以及河曲河段等防凌安全的情况下进行。

8.2.2.1 各方案调度分析

1) 方案一——最小洪量

该方案桃汛来水洪量最小，头道拐最大日均流量为 1 570 m^3/s，最大 10 日水量只有 7.71 亿 m^3，9 日水量为 7.08 亿 m^3，为了满足万家寨水库 9 日出库水量 12.48 亿 m^3 的要求，万家寨水库需要补水 5.40 亿 m^3 左右。一种补水试验方案是从 965 m 直接补水到 952 m，补水量只有 1.60 亿 m^3，无法满足指标要求，仅能将有限的水量补充到洪峰附近，首先满足洪峰流量指标要求，补水之后万家寨出库 9 日水量只有 8.68 亿 m^3。另一种补水试验方案是在确保内蒙古河段及万家寨水库库区防凌安全的情况下，预先将万家寨水库水位蓄至 970 m，然后再补水到 952 m，可以补水 2.53 亿 m^3，仍然无法满足出库洪量指标要求，但是 9 日出库洪量可以补充到 9.62 亿 m^3，也是将水量尽量补充到洪峰附近，先满足出库洪峰指标要求。进、出库流量过程见图 8-2。以上两种方案补水之后，水库最低水位降至 952 m，洪峰流量可满足指标要求，10 日洪量相差较大。

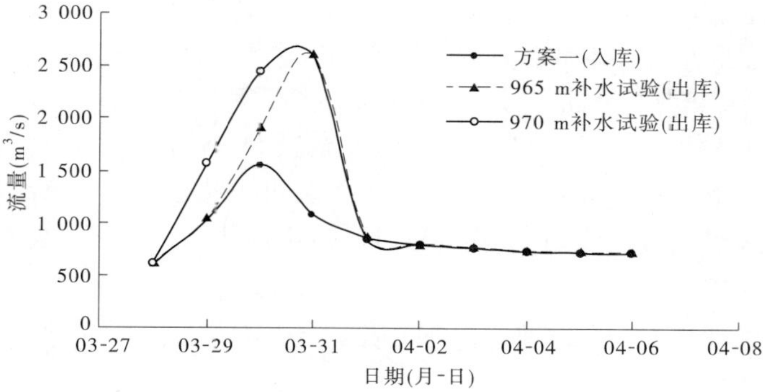

图 8-2　方案一万家寨水库进、出库流量过程

2)方案二(1)——偏枯洪量中等洪峰

该方案桃汛来水洪量偏枯,头道拐最大10日水量为9.69亿m^3,9日水量为9.11亿m^3,最大日均流量为2 230 m^3/s,较出库流量指标少370 m^3/s。为了满足万家寨水库9日出库水量12.48亿m^3的要求,万家寨水库需要补水3.37亿m^3。一种补水试验方案是从965 m直接补水到952 m,补水量只有1.60亿m^3,无法满足指标要求,仅能将有限的水量补充到洪峰附近,首先满足洪峰流量指标要求,补水之后万家寨水库出库9日水量为10.71亿m^3。另一种补水试验方案是在确保内蒙古河段及万家寨水库库区防凌安全的情况下,预先将万家寨水库水位蓄至970 m,然后再补水到952 m,可以补水2.53亿m^3,仍然无法满足出库洪量指标要求,但是9日出库洪量可以补充到11.64亿m^3,也是将水量尽量补充到洪峰附近,以满足出库洪峰指标要求。进、出库流量过程见图8-3。经以上两种方案补水之后,水库最低水位降至952 m,洪峰流量可满足指标要求,970 m补水方案10日洪量仍偏少0.78亿m^3。

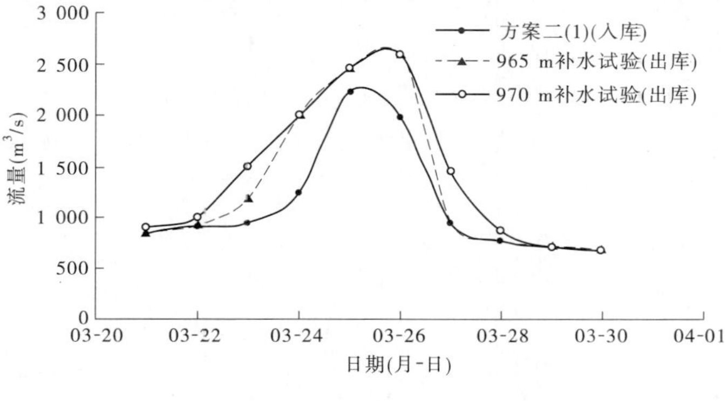

图 8-3　方案二(1)万家寨水库进、出库流量过程

3)方案二(2)——偏枯洪量较小洪峰

该方案桃汛来水洪量偏枯,头道拐最大10日水量为9.13亿m^3,9日水量为8.47亿m^3,最大日均流量为1 900 m^3/s,较出库流量指标偏少较多。为了满足万家寨水库9日出库水量12.48亿m^3的要求,万家寨水库需要补水4.01亿m^3。一种补水试验方案是从965 m直接补水到952 m,补水量只有1.60亿m^3,无法满足指标要求,仅能将有限的水量补充到洪峰附近，以满足洪峰流量指标要求，补水之后万家寨出库 9 日水量为 10.07 亿 m^3。另一种补水试验方案是在确保内蒙古河段及万家寨水库库区防凌安全的情况下，预先将万家寨水库水位蓄至 970 m，然后再补水到 952 m，可以补水 2.53 亿 m^3，仍然无法满足出库洪量指标要求，但是 9 日出库洪量可以补充到 11.00 亿 m^3，也是将水量尽量补充到洪峰附近，以满足出库洪峰指标要求。进、出库流量过程见图 8-4。经以上两种方案补水之后，水库最低水位降至 952 m，洪峰流量可满足指标要求，10 日洪量偏少较多。

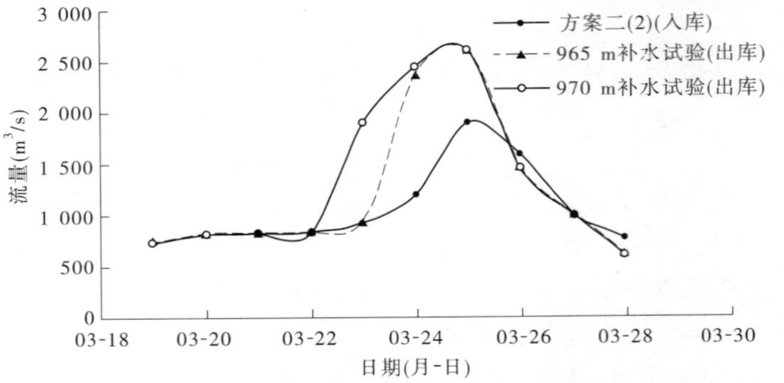

图 8-4　方案二(2)万家寨水库进、出库流量过程

4)方案三(1)——平水洪量较大洪峰

该方案桃汛来水量为平均情况，头道拐最大 10 日水量为 10.66 亿 m^3，9 日水量为 10.14 亿 m^3，洪峰流量较大，最大日平均流量为 2 850 m^3/s，大于出库最大流量指标 2 600 m^3/s，属于比较有利的洪水过程。为了满足出库最大流量指标要求，在洪峰期间需要万家寨水库拦蓄部分水量。但是为了同时满足万家寨水库 9 日出库水量 12.48 亿 m^3 的要求，需要万家寨水库补水 2.34 亿 m^3。一种补水试验方案是从 965 m 直接补水到 952 m，补水量只有 1.60 亿 m^3，无法满足 9 日洪量指标要求，仅能将有限的水量补充到洪峰附近，向出库流量指标靠近，以接近潼关高程冲刷效果较好的洪水过程，补水之后万家寨出库 9 日水量为 11.74 亿 m^3，水库最低水位降至 952 m。由于该进库洪水过程洪峰流量较大，因此在洪峰附近补水过程中尽量满足优化的出库流量指标。该补水方案进、出库流量过程见图 8-5。

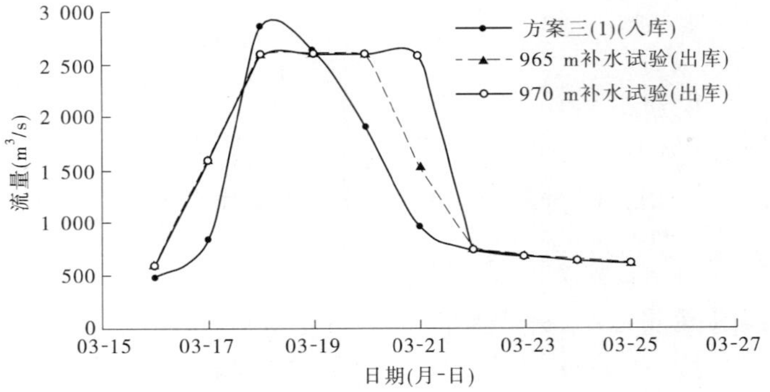

图 8-5　方案三(1)万家寨水库进、出库流量过程

另一种补水试验方案是在确保内蒙古河段及万家寨水库库区防凌安全的情况下，预先将万家寨水库水位蓄至 970 m，然后再补水到 952 m，可以补水 2.53 亿 m^3，满足出库水量指标要求，9 日出库洪量可以补充到 12.67 亿 m^3，在出库洪量满足要求的情况下，尽量优化出库洪水过程。以上两种试验方案补水之后，水库最低水位降至 952 m，洪峰和洪量均满足出库指标要求。

5）方案三(2)——平水洪量中等洪峰

该方案桃汛来水量为平均情况，头道拐最大 10 日水量为 10.50 亿 m^3，9 日水量为 9.95 亿 m^3，洪峰流量中等，最大日平均流量为 2 040 m^3/s。为了满足万家寨水库 9 日出库水量12.48 亿 m^3 的要求，万家寨水库需要补水 2.53 亿 m^3。一种补水试验方案是从 965 m 直接补水到 952 m，补水量只有 1.60 亿 m^3，无法满足洪量指标要求，仅能将有限的水量补充到洪峰附近，以满足洪峰流量指标要求，补水之后万家寨出库 9 日水量 11.55 亿 m^3，水库最低水位降至 952 m。该补水方案进、出库流量过程见图 8-6。另一种补水试验方案是在确保内蒙古河段及万家寨水库库区防凌安全的情况下，预先将万家寨水库水位蓄至 970 m，然后再补水到 952 m，可以补水 2.53 亿 m^3，出库水量基本满足指标要求，9 日出库洪量可以补充到 12.48 亿 m^3，尽量优化出库洪水过程。以上两种试验方案补水之后，水库最低水位降至 952 m。

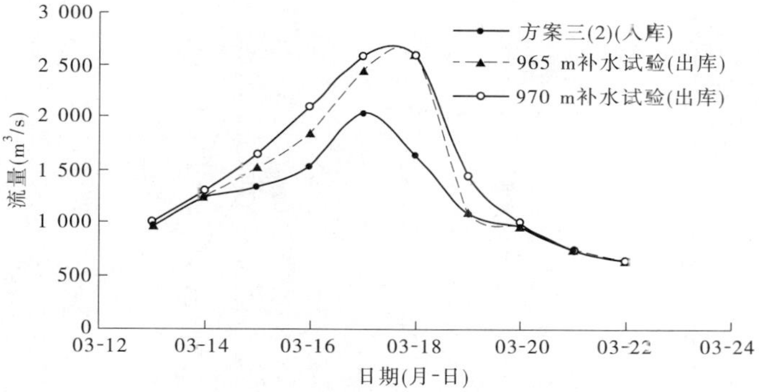

图 8-6　方案三(2)万家寨水库进、出库流量过程

6）方案三(3)——平水洪量较小洪峰

该方案桃汛来水量为平均情况，头道拐最大 10 日水量为 10.79 亿 m^3，9 日水量为 10.02 亿 m^3，洪峰流量较小，最大日平均流量为 1 790 m^3/s。为了满足万家寨水库 9 日出库水量 12.48 亿 m^3 的要求，万家寨水库需要补水 2.46 亿 m^3。一种补水试验方案是从 965 m 直接补水到 952 m，补水量只有 1.60 亿 m^3，无法满足洪量指标要求，仅能将有限的水量补充到洪峰附近，以满足洪峰流量指标要求，补水之后万家寨出库 9 日水量 11.62 亿 m^3，水库最低水位降至 952 m。该补水方案进、出库流量过程见图 8-7。另一种补水试验方案是在确保内蒙古河段及万家寨水库库区防凌安全的情况下，预先将万家寨水库水位蓄至 970 m，然后再补水到 952 m，可以补水 2.53 亿 m^3，出库水量满足指标要求，9 日出库洪量可以补充到 12.56 亿 m^3，可以满足最优化的出库洪水过程。经以上两种试验方案补水之后，水库最低水位降至 952 m。

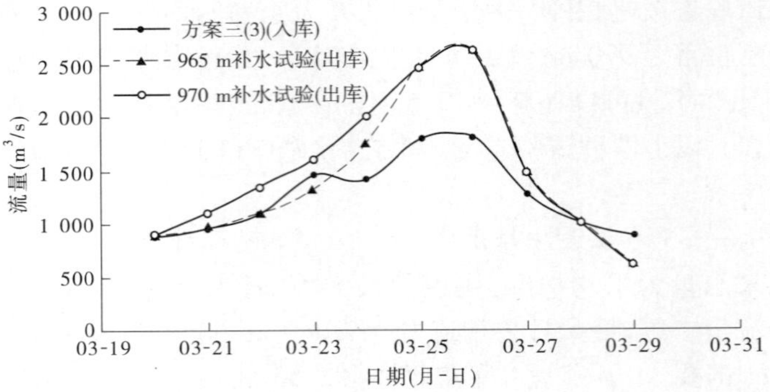

图 8-7　方案三(3)万家寨水库进、出库流量过程

7)方案四(1)——偏丰洪量较大洪峰

该方案桃汛来水量偏丰,头道拐最大 10 日水量为 11.74 亿 m^3,9 日水量为 11.10 亿 m^3,洪峰流量较大,最大日平均流量为 2 600 m^3/s,属于比较有利的来水过程。要满足万家寨水库 9 日出库水量 12.48 亿 m^3 的要求,万家寨水库只需补水 1.38 亿 m^3。从 965 m 补水即可满足出库水量指标要求。可以按最优化的出库流量洪水过程泄水。该补水方案进、出库流量过程见图 8-8。

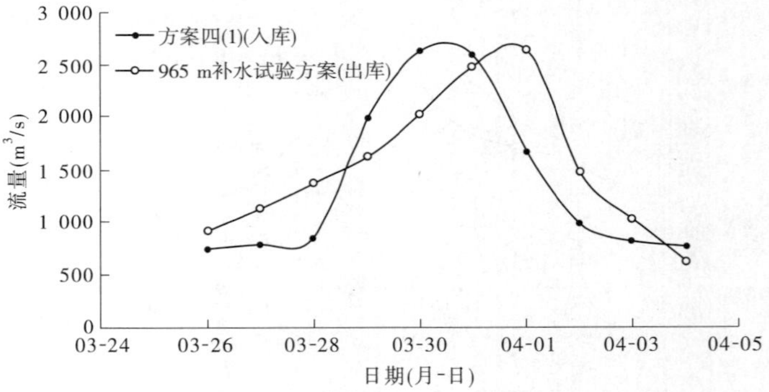

图 8-8　方案四(1)万家寨水库进、出库流量过程

8)方案四(2)——偏丰洪量中等洪峰

该方案桃汛来水量偏丰,头道拐最大 10 日水量为 11.64 亿 m^3,9 日水量为 11.03 亿 m^3,洪峰流量中等,最大日平均流量为 2 280 m^3/s,也属于比较有利的来水过程。但涨水速度快,洪峰期大流量持续时间长,但小于出库最大流量,可以利用水库调节、优化峰型,同时满足洪峰和洪量指标要求。要满足万家寨水库 9 日出库水量 12.48 亿 m^3 的要求,万家寨水库只需补水 1.45 亿 m^3,从 965 m 补水即可满足出库水量指标要求。可以按最优化的出库流量洪水过程泄水。该补水方案进、出库流量过程见图 8-9。

9)方案四(3)——偏丰洪量较小洪峰

该方案桃汛来水量偏丰,头道拐最大 10 日水量为 12.30 亿 m^3,9 日水量为 11.42 亿 m^3,洪峰流量较小,最大日平均流量为 1 780 m^3/s,该设计来水过程虽然洪量较多,但由于

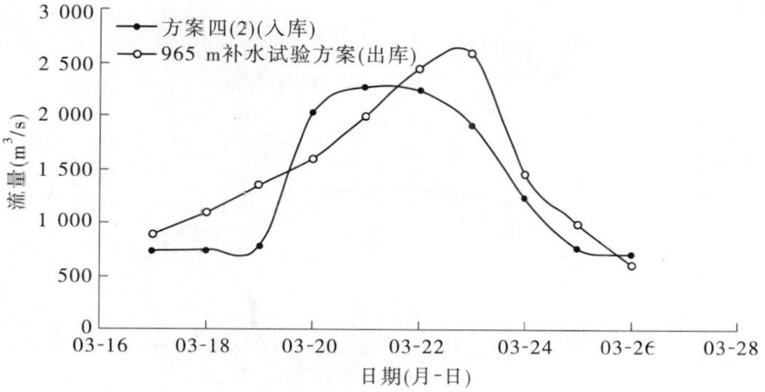

图 8-9　方案四(2)万家寨水库进、出库流量过程

洪峰流量较小,因此从965 m补水到952 m,补水过程中若按最优化过程泄水,补水过程中会有蓄水,最高可以蓄水到967 m左右。该补水方案进、出库流量过程见图8-10。

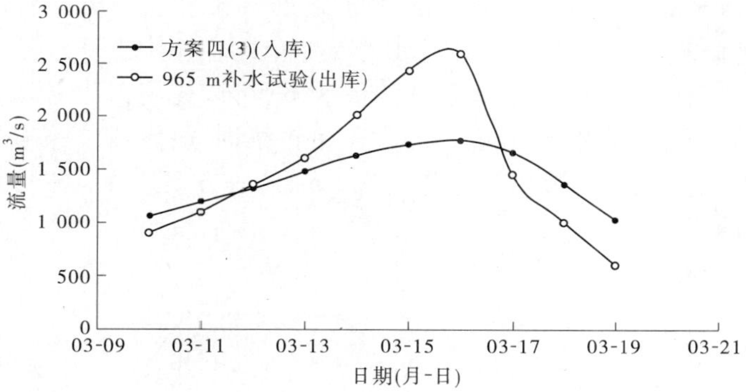

图 8-10　方案四(3)万家寨水库进、出库流量过程

10)方案四(4)——偏丰洪量平水过程

该方案桃汛来水量偏丰,头道拐最大10日水量为11.39亿 m^3,9日水量为10.21亿 m^3,但是洪水过程非常平坦,基本没有洪峰,最大日平均流量只有1 380 m^3/s,略大于9日或10日平均流量(约1 310 m^3/s)。该设计来水过程虽然洪量较多,但洪峰流量小,基本需要依靠水库补水来塑造峰型,万家寨水库从965 m补水到952 m,可以满足出库洪量要求,但是可调水量小,出库过程无法优化,只能优先满足出库最大流量指标。该补水方案进、出库流量过程见图8-11。若是在内蒙古河段及万家寨水库库区防凌安全允许的情况下,可以先将万家寨水库水位蓄至970 m,然后再补水,也只能在洪峰附近补水,优化涨水过程,使出库大流量持续时间多一些,补水后出库洪峰和洪量均可达到指标要求,但洪水过程难以达到最优化效果。

11)方案五——最大洪量

该方案中桃汛期头道拐最大10日水量为15.19亿 m^3,9日水量为13.83亿 m^3,为1974年以来洪量最大的年份;最大日平均流量为2 180 m^3/s,洪峰流量属中等水平。该设

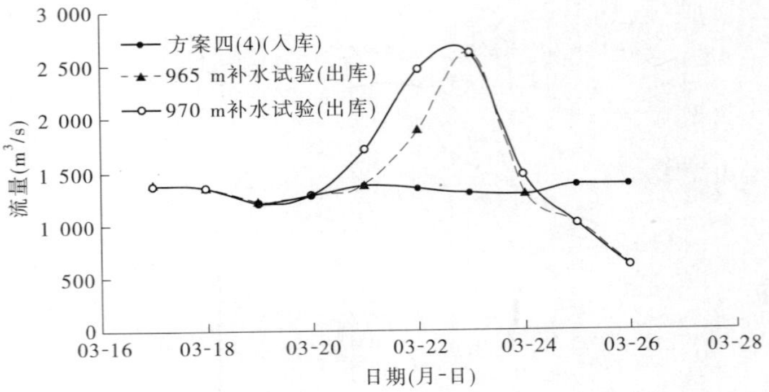

图 8-11　方案四(4)万家寨水库进、出库流量过程

计来水过程洪量较丰,9 日洪量已经满足出库设计指标要求,但是洪峰流量较小,洪水过程比较平坦,不满足出库指标要求,需要给洪峰过程补水,尽量满足洪峰和流量过程要求。水库调度仍然从 965 m 开始补水到 952 m,补水之后万家寨水库出库 9 日水量 15.43 亿 m^3,水库最低水位降至 952 m 左右。该补水方案进、出库流量过程见图 8-12。若是在内蒙古河段及万家寨水库库区防凌安全允许的情况下,可以先将万家寨水库水位蓄至 970 m,然后再补水,在洪峰附近补水,延长出库大流量持续时间,这种方案补水之后万家寨 9 日水量达到 16.36 亿 m^3,水库最低水位降至 952 m,这一方案洪峰流量持续时间可达 4 d,增强了对河床的冲刷能力。

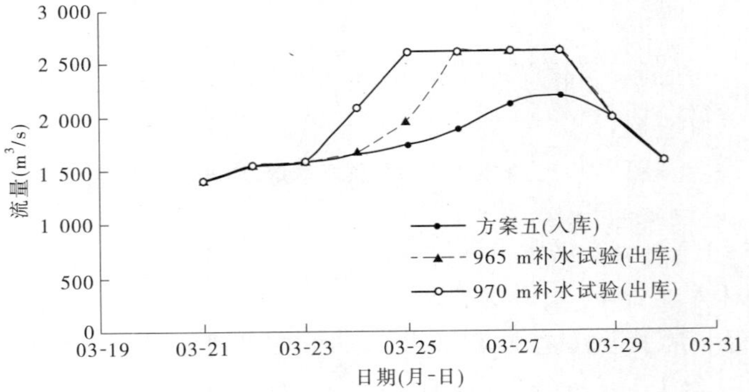

图 8-12　方案五万家寨水库进、出库流量过程

8.2.2.2　调度结果分析

各方案调度结果表明,按调度原则进行补水运用,最大洪峰流量均可以满足出库最大流量指标要求,但要满足洪量和洪水过程指标有较大的难度。

如果万家寨水库从 965 m 开始补水,只有方案四和方案五洪量偏峰的情况可以满足出库洪量指标。当入库洪峰流量较大时,可以优化出库流量过程(方案四(1)～四(3))或延长洪峰流量持续时间(方案五);当入库洪水过程平坦、没有明显峰型时,只能利用水库蓄水量塑造洪峰过程,但是难以达到优化的效果。

如果万家寨水库从 970 m 开始补水，除方案四和方案五外，方案三中等洪水过程均可以满足出库洪量指标。当入库洪峰流量较大时，可以适当优化出库流量过程（方案三（2）、方案三（3））或延长洪峰流量持续时间（方案三（1））；当入库洪水过程没有明显峰型时，可以调整流量过程指标，维持缓涨快落的洪峰过程，补水在洪峰附近。

对于方案一和方案二洪量偏少的情况，通过水库补水运用仍无法满足洪量指标要求，调度时尽可能维持出库控制流量过程的洪水形态，或者延长洪峰持续时间。

8.3 不同调度方案计算分析

利用万家寨水库和天桥水库一维恒定流水沙数学模型，对不同设计水沙过程条件下万家寨水库优化后的调度方案进行计算，给出了各个方案的出库流量和含沙量过程，估算各方案两水库的冲淤量。这里仅以万家寨水库从 965 m 开始为桃汛洪水补水为例分析水库排沙和库区冲淤情况，详细的出库流量和含沙量过程见表 8-2。

8.3.1 各方案计算结果

8.3.1.1 方案一——最小洪量

该方案万家寨水库入库水量、沙量分别为 7.71 亿 m^3、0.021 亿 t。在相应水库补水调度模式下，万家寨水库出库最大日均流量为 2 600 m^3/s，最大含沙量为 8.81 kg/m^3，出库沙量为0.030 亿 t，排沙比为 1.43，库区冲刷 0.009 亿 t。

万家寨水库的出库水沙过程即视为天桥水库的入库水沙过程。天桥水库出库最大含沙量9.66 kg/m^3，沙量为 0.049 亿 t，库区共冲刷 0.019 亿 t。

8.3.1.2 方案二（1）——偏枯洪量中等洪峰

该方案万家寨水库入库水量、沙量分别为 9.69 亿 m^3、0.053 亿 t。在相应水库补水调度模式下，万家寨水库出库最大日均流量为 2 600 m^3/s，最大含沙量为 9.42 kg/m^3，出库沙量为0.049 亿 t，排沙比为 0.92，库区淤积 0.004 亿 t。

万家寨的出库水沙过程即视为天桥水库的入库水沙过程，计算得天桥水库出库最大含沙量 10.19 kg/m^3，沙量为 0.069 亿 t，库区冲刷 0.020 亿 t。

8.3.1.3 方案二（2）——偏枯洪量较小洪峰

该方案万家寨入库水量、沙量分别为 9.13 亿 m^3、0.034 亿 t。在相应水库补水调度模式下，万家寨水库出库最大日均流量为 2 600 m^3/s，最大含沙量为 9.25 kg/m^3，出库沙量为0.042 亿 t，排沙比为 1.23，库区冲刷 0.008 亿 t。

万家寨水库的出库水沙过程即视为天桥水库的入库水沙过程。天桥水库出库最大含沙量10.104 kg/m^3，沙量为 0.062 亿 t，库区冲刷 0.020 亿 t。

8.3.1.4 方案三（1）——平水洪量较大洪峰

该方案万家寨水库入库水量、沙量分别为 10.66 亿 m^3、0.077 亿 t。在相应水库补水调度模式下，万家寨水库出库最大日均流量为 2 600 m^3/s，最大含沙量为 7.68 kg/m^3，出库沙量为 0.057 亿 t，排沙比为 0.74，库区淤积 0.020 亿 t。

万家寨水库的出库水沙过程即视为天桥水库的入库水沙过程。天桥水库出库最大含

表 8-2　不同设计方案万家寨水库和天桥水库出库流量和含沙量过程（流量单位：m^3/s，含沙量单位：kg/m^3）

时间	头道拐		万家寨水库出库		天桥出库
	流量	含沙量	流量	含沙量	含沙量
方案一　最小洪量					
1987-03-28	602	1.53	602	0.03	3.25
1987-03-29	1 030	1.65	1 030	0.33	2.95
1987-03-30	1 570	1.07	1 900	2.58	4.30
1987-03-31	1 080	1.92	2 600	8.81	9.66
1987-04-01	876	5.43	876	1.98	4.28
1987-04-02	801	4.59	801	1.56	4.04
1987-04-03	770	3.42	770	1.40	3.95
1987-04-04	737	3.38	737	1.24	3.87
1987-04-05	729	3.03	729	1.20	3.85
1987-04-06	725	2.92	725	1.18	3.85
水、沙量	7.71 亿 m^3	0.021 亿 t	9.31 亿 m^3	0.030 亿 t	0.049 亿 t
方案二(2)　偏枯洪量较小洪峰					
1992-03-19	733	2.03	733	0.07	3.10
1992-03-20	824	2.25	824	0.12	3.03
1992-03-21	822	3.10	822	0.12	3.03
1992-03-22	836	3.62	836	0.13	3.03
1992-03-23	917	5.31	917	0.20	2.98
1992-03-24	1 200	6.16	2 350	5.84	7.14
1992-03-25	1 900	5.55	2 600	9.25	10.04
1992-03-26	1 580	2.74	1 450	4.96	6.31
1992-03-27	995	2.09	1 000	2.44	4.53
1992-03-28	756	1.98	600	0.51	3.55
水、沙量	9.13 亿 m^3	0.034 亿 t	10.48 亿 m^3	0.042 亿 t	0.062 亿 t

时间	头道拐		万家寨水库出库		天桥出库
	流量	含沙量	流量	含沙量	含沙量
方案二(1)　偏枯洪量中等洪峰					
1991-03-21	835	2.18	835	0.13	3.03
1991-03-22	917	3.53	917	0.20	2.97
1991-03-23	939	5.20	1 180	0.63	3.07
1991-03-24	1 230	6.11	2 000	4.34	5.72
1991-03-25	2 230	7.53	2 450	7.24	8.32
1991-03-26	1 980	8.99	2 600	9.42	10.19
1991-03-27	944	4.00	944	2.37	4.51
1991-03-28	768	3.32	768	1.39	3.95
1991-03-29	704	2.06	704	1.08	3.81
1991-03-30	673	1.69	673	0.94	3.75
水、沙量	9.69 亿 m^3	0.053 亿 t	11.29 亿 m^3	0.049 亿 t	0.069 亿 t
方案三(1)　平水洪量较大洪峰					
1997-03-16	483	0.68	600	0.03	3.26
1997-03-17	840	0.68	1 600	2.42	4.28
1997-03-18	2 850	3.65	2 600	5.84	7.10
1997-03-19	2 630	19.44	2 600	6.41	7.59
1997-03-20	1 910	8.37	2 600	7.68	8.68
1997-03-21	958	4.74	1520	5.15	6.44
1997-03-22	743	2.83	743	1.26	3.89
1997-03-23	685	2.69	685	0.99	3.77
1997-03-24	635	1.84	635	0.77	3.67
1997-03-25	605	2.09	605	0.65	3.63
水、沙量	10.66 亿 m^3	0.077 亿 t	12.26 亿 m^3	0.057 亿 t	0.077 亿 t

续表 8-2

方案三(2)　平水洪量中等洪峰						方案三(3)　平水洪量较小洪峰					
时间	头道拐		万家寨水库出库		天桥出库	时间	头道拐		力家寨水库出库		大桥出库
	流量	含沙量	流量	含沙量	含沙量		流量	含沙量	流量	含沙量	含沙量
1990-03-13	960	3.94	960	0.24	2.96	1994-03-20	882	1.29	882	0.17	2.99
1990-03-14	1 230	5.95	1 230	0.64	3.04	1994-03-21	961	1.65	961	0.24	2.96
1990-03-15	1 330	5.47	1 500	1.33	3.47	1994-03-22	1 080	2.45	1 080	0.39	2.95
1990-03-16	1 530	7.06	1 840	2.78	4.49	1994-03-23	1 450	5.98	1 300	0.72	3.05
1990-03-17	2 040	6.67	2 450	5.89	7.17	1994-03-24	1 400	8.57	1 730	1.87	3.79
1990-03-18	1 640	6.77	2 600	9.14	9.94	1994-03-25	1 780	9.10	2 450	5.65	6.96
1990-03-19	1 090	5.92	1 090	3.21	5.05	1994-03-26	1 790	6.31	2 600	8.79	9.65
1990-03-20	952	4.56	952	2.41	4.53	1994-03-27	1 260	4.20	1 450	5.06	6.38
1990-03-21	743	3.22	743	1.27	3.89	1994-03-28	1 000	2.79	1 000	2.68	4.70
1990-03-22	637	3.00	637	0.78	3.68	1994-03-29	888	2.80	600	0.55	3.58
水、沙量	10.50 亿 m^3	0.060 亿 t	12.10 亿 m^3	0.046 亿 t	0.068 亿 t	水、沙量	10.79 亿 m^3	0.055 亿 t	12.14 亿 m^3	0.045 亿 t	0.067 亿 t
方案四(1)　偏丰洪量较大洪峰						方案四(2)　偏丰洪量中等洪峰					
1996-03-26	736	2.35	900	0.20	2.99	2001-03-17	733	1.21	900	0.20	2.99
1996-03-27	768	2.50	1 100	0.62	3.10	2001-03-18	750	1.33	1 100	0.62	3.10
1996-03-28	832	3.63	1 350	1.99	4.00	2001-03-19	784	2.17	1 350	2.09	4.08
1996-03-29	1 950	10.56	1 600	2.86	4.63	2001-03-20	2 040	5.64	1 600	2.81	4.59
1996-03-30	2 600	7.92	2 000	3.06	4.67	2001-03-21	2 280	6.97	2 000	3.47	5.01
1996-03-31	2 560	4.26	2 450	3.65	5.24	2001-03-22	2 250	4.58	2 450	5.00	6.40
1996-04-01	1 630	3.15	2 600	6.01	7.24	2001-03-23	1 920	4.52	2 600	7.39	8.43
1996-04-02	968	2.74	1 450	3.55	5.21	2001-03-24	1 240	3.63	1 450	3.90	5.49
1996-04-03	803	2.94	1 000	2.06	4.24	2001-03-25	767	2.99	1 000	2.20	4.35
1996-04-04	745	2.58	600	0.42	3.50	2001-03-26	703	2.76	600	0.50	3.55
水、沙量	11.74 亿 m^3	0.061 亿 t	13.00 亿 m^3	0.040 亿 t	0.064 亿 t	水、沙量	11.64 亿 m^3	0.051 亿 t	13.00 亿 m^3	0.047 亿 t	0.070 亿 t

续表 8-2

方案四(3)　偏丰洪量较小洪峰						方案四(4)　偏丰洪量平水过程					
时间	头道拐		万家寨水库出库		天桥出库	时间	头道拐		万家寨水库出库		天桥出库
	流量	含沙量	流量	含沙量	含沙量		流量	含沙量	流量	含沙量	含沙量
1999-03-10	1 050	2.72	900	0.18	2.98	2006-03-17	1 360	4.66	1 360	0.90	3.16
1999-03-11	1 190	3.74	1 100	0.34	2.89	2006-03-18	1 350	5.47	1 350	0.88	3.15
1999-03-12	1 320	6.52	1 350	0.69	3.01	2006-03-19	1 210	6.29	1 210	0.61	3.03
1999-03-13	1 480	4.89	1 600	1.26	3.36	2006-03-20	1 280	7.23	1 280	0.74	3.08
1999-03-14	1 630	4.67	2 000	2.80	4.46	2006-03-21	1 360	7.57	1 360	0.91	3.17
1999-03-15	1 740	4.49	2 450	5.94	7.20	2006-03-22	1 330	7.14	1 870	2.84	4.53
1999-03-16	1 780	4.22	2 600	9.07	9.88	2006-03-23	1 290	5.87	2 600	9.01	9.83
1999-03-17	1 670	4.24	1 450	4.62	6.04	2006-03-24	1 280	5.07	1 280	4.29	5.76
1999-03-18	1 360	3.4	1 000	1.61	3.92	2006-03-25	1 360	6.21	1 000	2.20	4.35
1999-03-19	1 020	2.39	600	0.17	3.35	2006-03-26	1 360	6.54	600	0.21	3.37
水、沙量	12.30 亿 m^3	0.052 亿 t	13.00 亿 m^3	0.048 亿 t	0.071 亿 t	水、沙量	11.39 亿 m^3	0.071 亿 t	12.02 亿 m^3	0.036 亿 t	0.059 亿 t
方案五　最大洪量											
2000-03-21	1 400	3.63	1 400	0.98	3.20						
2000-03-22	1 540	3.99	1 540	1.29	3.42						
2000-03-23	1 570	4.04	1 570	1.37	3.46						
2000-03-24	1 640	4.57	1 640	1.54	3.57						
2000-03-25	1 730	6.42	1 940	2.60	4.31						
2000-03-26	1 870	6.58	2 600	6.33	7.52						
2000-03-27	2 110	6.54	2 600	8.22	9.15						
2000-03-28	2 180	4.77	2 600	9.36	10.13						
2000-03-29	1 970	4.13	1 970	7.53	8.35						
2000-03-30	1 570	3.31	1 570	5.74	6.90						
水、沙量	15.19 亿 m^3	0.074 亿 t	16.79 亿 m^3	0.086 亿 t	0.109 亿 t						

沙量为8.68 kg/m^3,沙量为0.077 亿 t,库区冲刷0.020 亿 t。

8.3.1.5 方案三(2)——平水洪量中等洪峰

该方案万家寨水库入库水量、沙量分别为10.50 亿 m^3、0.060 亿 t。在相应水库补水调度模式下,万家寨水库出库最大日均流量为2 600 m^3/s,最大含沙量为9.14 kg/m^3,出库沙量为0.046 亿 t,排沙比为0.77,库区淤积0.014 亿 t。

万家寨水库的出库水沙过程即视为天桥水库的入库水沙过程。天桥水库出库最大含沙量9.94 kg/m^3,沙量为0.068 亿 t,库区冲刷0.022 亿 t。

8.3.1.6 方案三(3)——平水洪量较小洪峰

该方案万家寨水库入库水量、沙量分别10.79 亿 m^3、0.055 亿 t。在相应水库补水调度模式下,万家寨水库出库最大日均流量为2 600 m^3/s,最大含沙量为8.79 kg/m^3,出库沙量为0.045 亿 t,排沙比为0.82,库区淤积0.010 亿 t。

万家寨水库的出库水沙过程即视为天桥的入库水沙过程。天桥电站出库最大含沙量9.65 kg/m^3,沙量为0.067 亿 t,库区冲刷0.022 亿 t。

8.3.1.7 方案四(1)——偏丰洪量较大洪峰

该方案万家寨水库入库水量、沙量分别为11.74 亿 m^3、0.061 亿 t。在相应水库补水调度模式下,万家寨水库出库最大日均流量为2 600 m^3/s,最大含沙量为6.01 kg/m^3,出库沙量为0.040 亿 t,排沙比为0.65,库区淤积0.021 亿 t。

万家寨水库的出库水沙过程即视为天桥水库的入库水沙过程。天桥水库出库最大含沙量7.24 kg/m^3,沙量为0.064 亿 t,库区冲刷0.024 亿 t。

8.3.1.8 方案四(2)——偏丰洪量中等洪峰

该方案万家寨水库入库水量、沙量分别为11.64 亿 m^3、0.051 亿 t。在相应水库补水调度模式下,万家寨水库出库最大日均流量为2 600 m^3/s,最大含沙量为7.39 kg/m^3,出库沙量为0.047 亿 t,排沙比为0.92,库区淤积0.004 亿 t。

万家寨水库的出库水沙过程即视为天桥水库的入库水沙过程。天桥水库出库最大含沙量为8.43 kg/m^3,沙量为0.070 亿 t,库区冲刷0.023 亿 t。

8.3.1.9 方案四(3)——偏丰洪量较小洪峰

该方案万家寨水库入库水量、沙量分别为12.30 亿 m^3、0.052 亿 t。在相应水库补水调度模式下,万家寨水库出库最大日均流量为2 600 m^3/s,最大含沙量为9.07 kg/m^3,出库沙量为0.048 亿 t,排沙比为0.92,库区淤积0.004 亿 t。

万家寨水库的出库水沙过程即视为天桥水库的入库水沙过程。天桥水库出库最大含沙量为9.88 kg/m^3,沙量为0.071 亿 t,库区冲刷0.023 亿 t。

8.3.1.10 方案四(4)——偏丰洪量平水过程

该方案万家寨水库入库水量、沙量分别为11.39 亿 m^3、0.071 亿 t。在相应水库补水调度模式下,万家寨水库出库最大日均流量为2 600 m^3/s,最大含沙量为9.01 kg/m^3,出库沙量为0.036 亿 t,排沙比为0.51,库区淤积0.035 亿 t。

万家寨水库的出库水沙过程即视为天桥水库的入库水沙过程。天桥水库出库最大含沙量9.83 kg/m^3,沙量为0.059 亿 t,库区冲刷0.023 亿 t。

8.3.1.11 方案五——最大洪量

该方案万家寨水库入库水量、沙量分别为 15.19 亿 m^3、0.074 亿 t。在相应水库补水调度模式下，万家寨水库出库最大日均流量为 2 600 m^3/s，最大含沙量为 9.36 kg/m^3，出库沙量为 0.086 亿 t，排沙比为 1.16，库区冲刷 0.012 亿 t。

万家寨水库的出库水沙过程即视为天桥水库的入库水沙过程。天桥水库出库最大含沙量10.13 kg/m^3，沙量为 0.109 亿 t，库区冲刷 0.023 亿 t。

8.3.2 计算结果分析

计算结果表明，万家寨水库的排沙量与入库的流量含沙量过程、以及尽可能满足出库流量指标的补水时机和出库水量等关系密切，如方案一和方案二(2)万家寨水库入库水量偏少，沙量分别只有 0.021 亿 t 和 0.034 亿 t，平均含沙量分别为 2.72 kg/m^3 和 3.72 kg/m^3，补水之后出库沙量增加；方案五入库洪量最大，补水后洪峰持续 3 d，出库洪量也最大，虽然入库沙量较大为 0.074 亿 t，库区仍然发生冲刷；其他方案入库沙量多在 0.05 ~ 0.07 亿 t，水库排沙量差异较小，平均为 0.046 亿 t，库区发生不同程度的淤积。

天桥水库排沙量主要取决于入库沙量，入库沙量多时水库排沙量也多，桃汛洪水期库区发生冲刷，平均冲刷量 0.022 亿 t。

万家寨水库目前还处于拦沙运用期，随着淤积的发展，相同的流量过程库区的冲淤会发生变化，排沙量将会增加；当万家寨水库死库容淤满后，洪水期水库会发生冲刷，水库排沙比大于 1.0，对塑造有利于潼关高程冲刷的优化桃汛洪水过程不利。

8.4 试验效果及风险分析

8.4.1 试验效果预估

调度方案四(3)中头道拐洪量偏丰、洪峰流量较小，与近几年实际情况相近，通过水库补水后可以满足给定的出库流量过程控制指标。以该方案为例，根据表 8-2 中天桥水库出库计算结果，通过府谷—潼关河段一维非恒定流水沙数学模型计算得到潼关站流量、含沙量过程，其中最大日均流量为 2 503 m^3/s，10 日水量为 13.2 亿 t，最大含沙量为 16.2 kg/m^3，10 日沙量为 0.149 亿 t，见图 8-13。然后利用三门峡库区一维恒定流泥沙数学模型，计算潼关高程变化和库区冲淤调整。计算范围为上塬头到三门峡大坝，地形和初始床沙级配采用 2005 年汛后资料，坝前水位桃汛期按 313 m 控制，其他时段按 2006 年实际水位控制。

8.4.1.1 潼关高程下降

计算结果表明，桃汛期潼关高程冲刷下降了 0.20 m。与 4.3 中优化方案 3 相比，洪峰流量相同，洪水峰型由万家寨水库出库的缓涨快落到潼关涨水时间缩短、接近正态，10 日洪量略偏大，10 日沙量较优化方案 3 减少约 35%，流量在 2 000 m^3/s 以上为 3 d，相应计算的潼关高程冲刷效果大于优化方案 3。

受万家寨水库调节能力的限制，不同的入库洪水过程需要不同的补水调度方案，出库

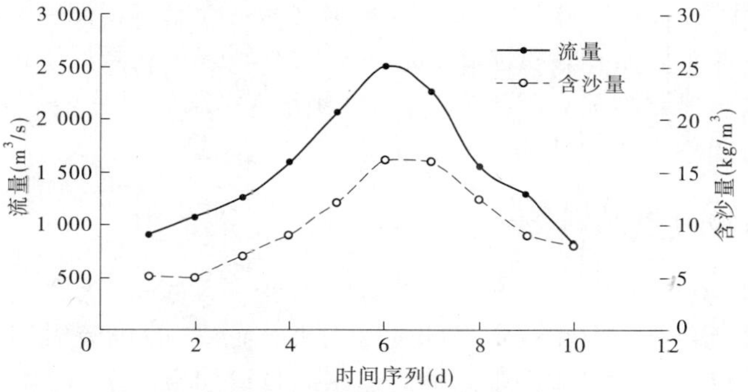

图 8-13　潼关计算流量、含沙量过程

流量过程也不完全相同，从洪峰和洪量看，洪峰流量均可满足指标要求，但 9 日洪量有一定差距，流量在 2 000 m^3/s 以上持续时间在 1 ~ 4 d 不等，演进到潼关断面，流量和含沙量过程也存在差异，对河床的冲刷作用也不同。

由于潼关高程演变极其复杂，影响因素众多，除三门峡水库运用水位和来水来沙条件外，桃汛期潼关高程的下降值还与潼关河段的前期淤积量、潼关(六)断面形态、汇流区河势、桃汛洪水前的潼关高程等有关。

从潼关河段的淤积变化看，黄淤 36—黄淤 41 和黄淤 41—黄淤 45 河段从 1985 ~ 2002 年基本为累计淤积过程，2003 年后转变为累计冲刷，在累计冲刷河床条件下，河床阻力增加，同样的水流条件冲刷强度减弱，从 2006 ~ 2009 年桃汛试验期情况看，潼关平均洪峰流量为 2 650 m^3/s、三门峡起调水位低于 313 m，潼关高程冲刷下降值平均为 0.11 m，各年下降值均没有达到 1998 年以前三门峡水库起调水位相近、洪峰流量相近下的下降值。基于以上分析，在现状水沙条件和河道边界条件下，预计各试验调度方案潼关高程下降值为 0.1 ~ 0.2 m。

8.4.1.2　库区淤积形态调整

表 8-3 给出了桃汛期潼关以下库段冲淤量分布，可以看出，黄淤 30 以下河段以淤积为主，淤积主要集中在黄淤 12—黄淤 22 河段；以上河段以冲刷为主。可见，该水沙条件下桃汛期三门峡库区冲淤分布的调整对潼关高程的稳定下降是有利的。

表 8-3　桃汛期潼关以下分河段冲淤量　　（单位：亿 t）

河段	坝址—黄淤 12	黄淤 12—黄淤 22	黄淤 22—黄淤 30	黄淤 30—黄淤 36	黄淤 36—黄淤 41	坝址—黄淤 41
冲淤量	0.036	0.181	0.016	-0.077	-0.021	0.135

试验期间，万家寨水库补水运用蓄水位降低，库水位在 960 ~ 952 m 时低于三角洲顶点，在较大入库流量下，库区发生溯源冲刷和沿程冲刷，三角洲顶坡段将发生冲刷调整，淤积三角洲顶点将向坝前推进，库区淤积形态将得到改善。同时，万家寨水库出库较大流量过程将增加天桥水库排沙量，有利于天桥水电站正常运行。

不同方案进入潼关的沙量不等，流量越大潼关沙量也越大，将增加三门峡库区的淤积量。但是，潼关站桃汛洪水从 1 000 m^3/s 起涨至回落到 1 400 m^3/s 期间，三门峡水库运用水位控制不超过313 m,可将大禹渡以上的淤积物向下推移,桃汛洪水期黄淤26断面以上将发生冲刷,泥沙主要淤积在黄淤22断面以下,有利于汛期降低水位冲刷,保持库区年内冲淤平衡,有利于遏制潼关高程抬升。同时,桃汛期的低含沙水流有利于增加小北干流河段冲刷,改善长期小水造成的不利河势。

8.4.2 试验风险分析及对策

开展优化桃汛洪水过程试验,在一定程度上改变了万家寨、天桥、三门峡水库运用方式,在桃汛期间可能会造成枢纽一定量的发电损失,对库区及内蒙古河段的防凌、水库后期蓄水、小北干流漫滩等均可能产生影响。但试验将增加水库排沙,调整三个水库的淤积形态,有利于保持长期有效库容,发挥枢纽长期综合效益。

8.4.2.1 防凌安全问题

万家寨水库修建后,由于水库蓄水,水面比降仅有0.1‰,库区回水末端流速很小,输冰能力降低,具有阻冰作用且容易卡冰,开河时容易壅水形成冰塞冰坝。如果遇到枯水年,水库需要补水凑足潼关河段冲刷水量,经过计算约需控制水位在965 m以上,如果出现严重凌情则可能影响到库区末端安全。

天桥库区,在开河期前预先降低水位,防止在坝前壅冰,万家寨水库加大出库流量过程时,降低水位至822~824 m,保持主河槽畅流排凌排沙。另外,如果河曲段开河晚,万家寨水库预泄过程中也容易造成下游的开河,形成对天桥水库库区的威胁。

一般情况下,河曲开河时间在先,多年平均开河日期为3月15日;宁蒙河段开河时间在后,多年平均开河日期为3月19日。但也出现过宁蒙河段开河在先,河曲开河时间在后的现象,如1995~1996年,1996年宁蒙河段最早开河时间为3月1日,至3月28日全部开通,而河曲段开河期从3月20日至3月30日,约10 d,到3月30日全河段才全部开通,开河形式为“武开河”。

若头道拐以下河段发生严重冰塞、冰堆积、冰坝,迅速降低万家寨库水位至960 m以下,如果降至952 m仍不能满足要求,则机组停机,开启底孔继续降低水位运用。若河曲河段发生严重冰塞、冰堆积、冰坝,为保证天桥水电站安全,天桥水电站机组停机,开启泄洪闸降低水位排冰。天桥水电站出现严重冰凌堆积或闸门开启受阻,危及大坝安全,万家寨枢纽关闸停止试验。

在防凌安全运用原则下进行桃汛试验(一般凌情按965 m控制,凌情严重时按960 m控制,更加严重时按952 m控制),对防凌安全不会产生影响。为了满足试验补水要求,头道拐断面封河开通后,万家寨水库再蓄水到970~972 m,同时保证出库流量缓涨或保持稳定过程。

8.4.2.2 对枢纽发电的影响

试验在一定程度上改变了万家寨、天桥、三门峡水库运用方式,可能会造成枢纽弃水和一定量的发电损失,但试验将调整水库的淤积形态,有利于保持长期有效库容,发挥枢纽长期综合效益。

1)万家寨枢纽

枢纽发电损失主要包括两部分,即弃水损失和水头损失。万家寨电厂机组最大过流能力为 1 800 m^3/s(6 台机组,每台过流能力为 300 m^3/s),也就是说,当万家寨水库出库流量超过 1 800 m^3/s 时,水库就要弃水。同时,万家寨水库为调峰电站,不是用电高峰时也可能产生弃水。而优化桃汛洪水拟定的万家寨出库控制流量,有 4 d 在 1 800 m^3/s 以上,洪峰流量按 2 600 m^3/s 控制,遭遇不同典型年水库有不同弃水量。

试验运用和水库正常运用相比,还有一定的水头损失。万家寨机组出力 - 水头 - 耗水率相关表见表 8-4。按照水库正常水位为 970 m 时耗水率为 5.55 m^3/kWh,水库水位为 955 m 时耗水率为 6.97 m^3/kWh,比正常水位 970 m 耗水量增加 26%。因此,开展桃汛试验,由于要塑造满足潼关高程冲刷下降的洪峰和洪量要求,万家寨水库必然产生弃水和低水位运用,势必造成一定的发电损失。

表 8-4　万家寨机组出力 - 水头 - 耗水率相关表　　(单位:m^3/kWh)

出力(kW)	水位(m)					
	955	960	965	970	975	980
100	7.13	6.62	6.26	5.90	5.87	5.62
120	7.14	6.42	6.00	5.70	5.52	5.34
140	6.97	6.48	5.99	5.55	5.35	5.19
160	7.16	5.96	5.90	5.50	5.27	5.04
180		6.38	5.92	5.40	5.12	4.96
200			5.94	5.44	5.00	4.90

2006 ~ 2008 年桃汛试验期间,由于在试验前积极与山西、内蒙古电力调度中心协调,以电调服从水调为原则,负责安排试验期间万家寨水电站机组负荷,在试验期间尽量安排万家寨水电站机组满负荷运行,减少弃水造成的损失;同时加大上游刘家峡水库调度力度,在桃汛试验后期增大泄量,保证万家寨水库蓄水要求,弥补万家寨水库弃水造成的发电损失。实际调度结果表明,2006 ~ 2008 年 3 月水库产生了明显的弃水,弃水量为2 亿 ~ 3 亿 m^3, 4 月没有弃水,但 3 年平均 3、4 月发电总量较 2002 ~ 2005 年同期平均有所增加,平均多发电 0.461 亿度和 0.882 亿度,见表 8-5。

表 8-5　万家寨水库发电及弃水情况

年份	发电量(亿 kWh)		来水量(亿 m^3)		非发电泄水量(亿 m^3)	
	3 月	4 月	3 月	4 月	3 月	4 月
2002	2.550	2.360	19.15	11.76	0	0
2003	2.020	1.140	14.80	5.82	0	0
2004	2.957	1.722	22.26	9.89	0.01	0
2005	3.202	2.901	23.11	14.99	0.05	0
2006	3.484	3.488	26.08	24.82	3.19	0
2007	2.572	2.024	22.33	12.34	2.96	0
2008	3.373	3.226	24.08	19.10	2.21	0
2002 ~ 2005 年平均	2.682	2.031	19.83	10.62	0.02	0
2006 ~ 2008 年平均	3.143	2.913	24.16	18.75	2.79	0

可见,加强与电网协商,使电站满负荷发电,实施上中游水库联合调度,可以实现发电总量不减少,同时满足万家寨水库蓄水要求。

2)天桥水电站

天桥水电站为径流电站,桃汛期降低水位停机拉沙,属于正常运用调度,一般不考虑其发电损失。随着万家寨水库运行方式的调整,天桥水电站进行排凌排沙,时间为2~3 d。期间会有620万~930万kWh的电量损失,但由于天桥水电站泥沙淤积,丧失水库调节功能,正常运用时经常发生弃水,利用桃汛期间的洪水冲刷将恢复调节库容800万~1 000万m^3,可以增加电站防汛库容,利于后期运用,同时估算可增加年发电量约600万kWh。

从天桥水电站管理局统计的近期3、4月发电和弃水情况来看(见表8-6),2006~2008年桃汛试验期间,天桥水电站3月的发电量与1995~2004年同期平均情况相比没有减少,反而增加了13%,4月的发电量较1995~2004年同期平均增加约40%。这主要是试验后通过上游水库群联合补水调度运用,增加了4月份的来水量,从而保证了水库发电总量不减少。因此,桃汛试验不会对天桥电站产生不利影响。

表8-6 天桥水库发电及弃水情况

年份	发电量(亿kWh)		来水(亿m^3)		非发电泄水(亿m^3)	
	3月	4月	3月	4月	3月	4月
2006	0.680	0.781	25.90	19.57	10.75	1.97
2007	0.545	0.480	19.78	10.75	7.57	0.23
2008	0.605	0.708	23.48	16.36	10.63	1.04
1995~2004年平均	0.539	0.469				
2006~2008年平均	0.610	0.656	23.05	15.56	9.65	1.08

3)三门峡水电站

为了充分发挥桃汛洪水对潼关高程的冲刷作用,桃汛试验期间要求三门峡水库运用水位控制不超过313 m,这样由于来水流量较大以及库水位保持不抬高,水库就存在弃水和发电损失。2006~2008年原型试验结果表明,与1998~2005年平均情况相比,桃汛试验期间3、4月虽然存在弃水现象,但是,期间的发电量不但没有减少,反而还有所增加(见表8-7)。因此,桃汛试验弃水对三门峡电站的影响很小。

表8-7 三门峡水库发电及弃水情况

年份	发电量(亿kWh)		来水(亿m^3)		非发电泄水(亿m^3)	
	3月	4月	3月	4月	3月	4月
2006年	2.123	1.718	29.36	24.53	3.42	0.03
2007年	1.801	1.098	25.22	13.08	2.83	0
2008年	2.191	1.820	28.36	20.63	2.27	0
1998~2005年平均	1.709	1.441	22.17	17.15	0.35	0.36
2006~2008年平均	2.038	1.545	27.65	19.41	2.84	0.01

8.4.2.3 **漫滩及工程险情**

1）漫滩预估

黄河小北干流河段为无堤防控制河段，滩区起着削峰和滞沙的作用，汛期洪水期和桃汛洪水期经常发生漫滩。据统计，万家寨水库建成运用前，桃汛洪水期漫滩面积一般为667 hm^2 左右。根据万家寨水库试验控制指标，预计黄河小北干流河段桃汛洪峰流量为2 500 m^3/s 左右。在实施过程中，流量调控指标要考虑当年小北干流河槽过流能力，一般不会发生大范围漫滩。按照目前河道平滩流量、主溜河势及近几年洪水漫滩情况分析，试验期间部分处于整治制导线以内的低滩可能发生漫滩，漫滩面积约883 hm^2。其中，左岸漫滩面积约467 hm^2，右岸漫滩面积约367 hm^2。漫滩区域内主要种植树木、小麦和芦笋。

由于长期的小水作用，小北干流部分河段出现河势坐湾现象。如果主流顶冲淘刷工程空当，可能出现因河势坐湾引起较大范围的漫滩。

由于确定的试验调控流量指标和洪水流量过程接近历史一般桃汛洪水过程，造成一定低滩洪水漫滩属正常自然情况，并未加重滩区灾害损失。

2）工程险情预估

黄河小北干流河段内防洪工程均为河道控导工程，每年桃汛期间，受桃汛洪水主溜顶冲的工程一般会发生根石或坦石坍塌、墩蛰、坝体滑动坍塌等险情。试验期间，桃汛洪水经万家寨水库调节后，大流量持续历时较自然桃汛洪水有所增加，出险次数和持续历时较往年同期可能略有增加，但工程险情仍为桃汛期常见的根石或坦石坍塌、墩蛰、坝体滑动坍塌等一般险情。主溜顶冲工程空当时，可能会引起河势变化或局部塌滩。

试验期间要加强巡坝查险工作，发现险情时按防汛抢险预案执行。

8.4.2.4 **头道拐桃汛期出现两次洪峰分析**

由于开河时受气温变化等因素的影响，桃汛期头道拐站常出现两次洪峰过程，1986年以来出现了5次，分别为1991年、1995年、1999年、2000年和2005年，除1991年洪峰流量大于2 500 m^3/s 外，其他均小于2 500 m^3/s，具体洪水特征见表8-8、图8-14。

双峰的出现使开河期槽蓄水量释放不集中，即使槽蓄水量大，往往形成的凌峰流量也较小。以2000年为例，槽蓄水量为1987年以来次大水量，但最大洪峰流量仅2 220 m^3/s。

表8-8 头道拐站桃汛洪水特征值

较大洪峰出现时间	第一次洪峰流量（m^3/s）	第二次洪峰流量（m^3/s）	槽蓄水量（亿 m^3）
1988-04-01T00:00	1 270	2 410	
1991-03-25T21:30	1 080	2 660	14.1
1995-03-22T20:00	2 130	2 170	16.33
1999-03-16T08:00	963	1 790	15.39
2000-03-28T16:00	2 040	2 220	18.17
2005-03-30T08:00	1 530	1 990	14.15

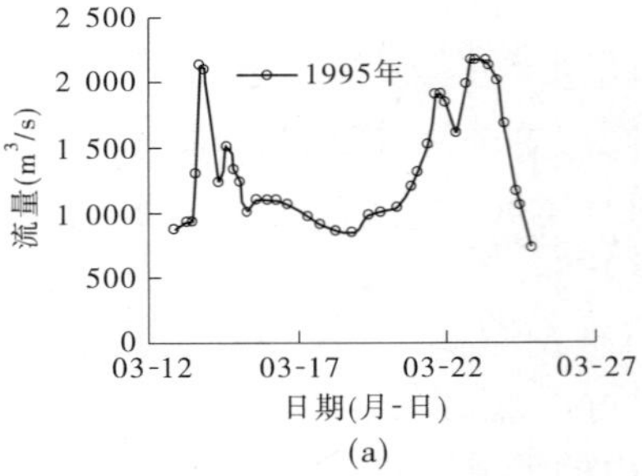

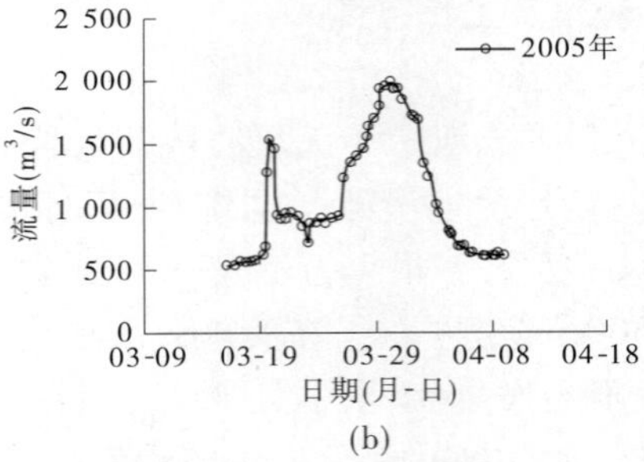

图 8-14　头道拐 1995 年和 2005 年桃汛洪水过程图

根据资料统计，双峰的洪水过程历时较长，第一场洪水峰低量小，第二场洪水峰和量均较大。在实时预报和调度中，要考虑双峰情况，原则上利用第二场洪水过程进行调节。

8.5　小　结

（1）通过对头道拐站桃汛洪水进行频率分析，选定分别代表桃汛洪水丰、平、枯的 10 日洪量，同时考虑不同频率洪量存在洪峰流量大、中、小等情况，选取代表不同洪量和洪峰情况的 11 个典型年桃汛洪水，作为设计入库洪水过程，以此为基础进行水库调度方案计算分析。

（2）万家寨水库补水调度原则是：在确保内蒙古河段、万家寨库区以及河曲河段等防凌安全的情况下，适当调整万家寨水库运用方式，首先满足出库洪峰流量指标，其次满足出库洪水水量指标，在洪峰和洪量均能满足指标要求的情况下，尽量优化出库洪水过程。

（3）在对万家寨水库进行优化运用方式的基础上，利用两库模型对不同设计水沙过程进行了计算，给出了各方案万家寨水库和天桥水库可能的出库流量、含沙量过程以及万家寨水库和天桥水库可能的冲淤量。

（4）根据万家寨水库出库控制过程，通过排沙模型和洪水演进数学模型计算，给出了潼关站流量和含沙量过程，并通过三门峡库区一维泥沙数学模型计算分析了试验效果。结果表明，在给定的控制指标和边界条件下，洪水期前后潼关高程下降 0.20 m。三门峡库区淤积量为 0.136 亿 t，但黄淤 30 断面以上冲刷，淤积主要在黄淤 22 断面以下。

由于各方案补水情况不同，演进到潼关的水沙过程也存在差异，不同洪水方案潼关高程下降值为 0.1 ~0.2 m。

（5）开展优化桃汛洪水过程试验，对水库蓄水、发电、小北干流防洪安全等存在一定风险，但是，通过水库联合调度和协调，可以得到解决或预防，同时试验将增加水库排沙、调整水库的淤积形态，有利于保持长期有效库容，发挥枢纽长期综合效益。

第 9 章　主要成果和应用前景

本项目围绕桃汛洪水对潼关高程的影响，通过理论分析及实测资料研究、原型试验效果分析、数学模型方案计算和实体模型模拟等方法，开展了桃汛期潼关高程演变成因、4年原型试验效果总结、桃汛洪水对汛期潼关高程冲淤影响、桃汛洪水演进机理、洪水过程优化及万家寨水库优化调度运用方式等研究，达到了预期目标，取得了多项具有创新性的研究成果。

9.1　主要成果

（1）建立了桃汛期潼关高程变化与三门峡水库起调水位和洪峰流量的响应关系。

对 1974～1998 年的资料分析表明，桃汛期平均洪峰流量为 2 624 m^3/s，潼关高程平均冲刷下降 0.18 m，其下降值与三门峡水库起调水位、潼关洪峰流量等关系密切。在同一洪峰流量下，起调水位越高对潼关高程冲刷越不利，起调水位高到一定值还会加速潼关高程抬升，起调水位较低时潼关高程下降值较大；在同一起调水位下，潼关高程下降值与洪峰流量成正相关，洪峰流量大时潼关高程冲刷下降值大，当洪峰流量小到一定值时，即使起调水位很低，潼关高程也难以发生冲刷下降。

1998 年以来，万家寨水库在桃汛洪水期具有蓄水削峰作用，平均削峰比为 16.6 %，洪水期蓄水量为 3.41 亿 m^3，削减了到潼关的洪峰和洪量，潼关站洪峰流量减至 1 687 m^3/s，多峰机会增加，潼关高程下降值减小。

（2）构建了 3 套数学模型。

由于研究问题的复杂性，构建了三门峡库区一维泥沙水动力学模型、万家寨水库和天桥水库排沙模型、以及府谷—潼关一维非恒定流水沙模型框架。通过三门峡库区一维泥沙水动力学模型，对桃汛洪水过程不同优化方案进行计算和对比分析，研究了优化桃汛洪水过程特征，深化了对潼关高程影响因子敏感性的认识，提出了有利于潼关高程冲刷的桃汛洪水过程；同时通过不同组合方案的计算分析，探索了桃汛洪水冲刷对汛期潼关高程变化的影响，论证了 2006～2008 年原型试验的效果。通过北干流非恒定流水沙演进模型的方案比选，为研究万家寨水库控制指标体系提供了依据；利用万家寨、天桥水库排沙模型，分析预测了不同方案的排沙情况。

（3）提出了潼关高程冲刷条件。

潼关高程冲刷条件包括三门峡水库运用水位和洪水条件。从桃汛期潼关高程变化与三门峡水库起调水位的直接关系和回水影响范围综合分析，提出了适宜的三门峡水库起调水位应控制在 313 m 左右。当水库起调水位为 316～312 m 时，潼关高程升降的临界条件为洪峰流量 1 500 m^3/s；随着洪峰流量的增大，潼关高程下降值增大；洪峰流量大于 2 500 m^3/s后，流量继续增大，潼关高程下降值增幅减小。根据三门峡水库起调水位

316 ~ 312 m时潼关高程变化与洪峰流量的关系,初步提出了潼关高程下降值大于0.20 m的水流条件为洪峰流量2 500 m^3/s,10 日洪量13 亿 m^3,持续时间10 d。

(4)总结了4年原型试验效果。

2006 ~ 2009 年连续开展了利用并优化桃汛洪水过程冲刷降低潼关高程的原型试验,利用万家寨水库972 ~ 952 m之间的调节能力,以设计的控制流量过程为依据进行补水运用,增大了出库洪峰流量和潼关站洪峰流量,桃汛期潼关高程得到一定程度的冲刷,进一步深化了桃汛洪水对潼关高程冲刷作用的认识;改善了万家寨、天桥、三门峡水库淤积形态;探索了降低潼关高程最优的水沙过程,对沙峰滞后与潼关高程冲刷的关系有了新的认识。

试验也检验了潼关高程冲刷的水沙条件和试验指标的合理性,证实了水库调控技术的可操作性,对遏制汛前和汛后潼关高程抬升起到重要作用。

(5)分析了优化桃汛洪水过程试验对潼关高程的累积效应。

2006 ~ 2008 年试验和不试验情况的模拟计算结果表明,各年桃汛期试验方案潼关高程下降幅度均明显大于不试验方案,虽然桃汛后潼关高程回升幅度随桃汛期下降幅度增大而增大,对于整个非汛期试验方案抬升幅度减小0.02 ~ 0.06 m;试验方案非汛期库区淤积分布有利于汛期冲刷,相应汛期潼关高程下降值也略大。试验方案和不试验方案潼关高程差幅逐年扩大,到2008年汛后试验方案偏低0.19 m,说明桃汛期进行优化调度对潼关高程的有利作用具有累积效应。

(6)提出了优化桃汛洪水过程特征。

通过数学模型方案计算和实体模型试验,在实测资料研究成果和4年原型试验效果总结的基础上,综合提出了有利于桃汛期潼关高程冲刷下降的优化洪水过程应具有以下特点:单一峰型的洪水过程;洪峰流量达到一定值(2 500 m^3/s)以上,但不大于当时小北干流河段平滩流量;保持缓涨陡落的洪水峰型,尽量延长2 000 m^3/s以上流量或洪峰的持续时间;沙峰与洪峰尽可能同步,避免沙峰滞后现象;具有一定的洪量和持续时间,10日洪量尽可能保持不低于多年平均值13 亿 m^3 左右;平均含沙量不超过17 kg/m^3。

(7)探索了桃汛洪水过程的冲刷作用对汛期潼关高程的影响。

数学模型方案计算和实体模型试验模拟结果表明,首先是桃汛优化对汛后潼关高程具有有利影响,桃汛期潼关高程下降值大时,汛后潼关高程值也较低;其次,与有利汛期水沙过程组合,桃汛洪水过程的差异对汛期的影响较小;反之,与不利汛期水沙过程组合,桃汛过程的差异对汛期的影响较大。说明桃汛洪水过程的冲刷作用对不利水沙年份的影响大于对有利年份的影响。

(8)深化了桃汛洪水演进机理的认识。

桃汛洪水演进受多种因素影响,不同时期变化特点不同。1977年以前人为干扰影响相对较小的情况下,桃汛期头道拐洪峰流量平均为2 205 m^3/s,经过沿程变化到潼关洪峰流量为2 532 m^3/s,流量增加集中在吴堡—潼关河段;最大含沙量沿程增大主要集中在头道拐—吴堡区间,吴堡—潼关略有增加。天桥水库运用后,头道拐—河曲受河曲段冰凌开河发展影响,各年洪峰有增加也有减少,平均略有增加,河曲—府谷受天桥水库泄水排沙的影响,洪峰流量显著增加,府谷—潼关基本为衰减过程;最大含沙量的变化主要是天桥水库的排沙和沿程坦化调整的过程。而桃汛期的洪量和沙量均为沿程增加。

(9)提出了万家寨水库控制指标。

考虑近年来万家寨—潼关区间洪峰、洪量、含沙量的沿程演进过程，实现潼关站优化桃汛洪水过程，满足潼关高程冲刷降低的水沙条件，万家寨水库出库控制指标为：最大日平均流量2 600 m^3/s 左右(瞬时最大流量不超过2 800 m^3/s)，历时不少于1 d；最大9日水量12.4亿 m^3 左右；洪水峰型为缓涨陡落，尽可能延长大流量持续时间；水库排沙时应控制在涨水期和洪峰期，在落水阶段适当关闭排沙孔和底孔，尽量避免落水期排沙。

(10)优化了桃汛期万家寨水库调度运用方式。

优化桃汛洪水过程需要调整万家寨水库凌汛期调度运用方式、进行洪峰期补水运用。基本运用模式为先蓄后补，在确保防凌安全的情况下，万家寨水库尽可能蓄水，以满足试验补水要求；控泄原则为，优先满足出库洪峰流量指标要求，其次要满足出库洪水水量指标，在洪峰和洪量均能满足指标要求的情况下，尽量优化出库洪水过程；调度方式为，首先满足机组过流要求，出库流量大于机组泄流能力时，再开启排沙洞，然后打开其他孔洞，满足出库流量指标的同时，尽可能控制不集中排沙。

(11)提出了天桥水库与万家寨水库联合运用模式。

为避免潼关站出现沙峰滞后现象，试验期间万家寨水库与天桥水库联合运用。当万家寨水库补水结束后，库水位降到952 m左右，此时洪水过程进入落水阶段、排沙量达到最大，在向下演进过程中沙峰滞后现象会逐渐突出。为此，天桥水库进行配合运用，在涨水阶段尽可能排沙，洪峰后期滞蓄万家寨出库沙峰过程，等待大流量过程或汛期再排沙。通过两库联合运用，优化进入黄河中游的含沙量过程，避免潼关站沙峰滞后于洪峰。

9.2 研究成果的应用前景

(1)成果应用情况。

本项目紧密结合治黄实践，是黄河综合治理的迫切需求，其研究成果对治黄有着重大的作用。在项目研究过程中取得的部分成果已先后被应用于治黄实践，产生了巨大的社会、经济效益和环境效益。

项目提出了有利于潼关高程冲刷降低的桃汛洪水过程和三门峡水库控制水位，以及万家寨水库控制指标，在2008年和2009年利用并优化桃汛洪水过程冲刷降低潼关高程的原型试验中得到了应用，对试验预案的制定和方案实施发挥了重要作用。试验有效降低了潼关高程，改善了三门峡库区淤积分布，增加了万家寨水库和天桥水库自身排沙，遏制了潼关高程的抬升，同时，原型试验又为优化桃汛洪水过程的研究提供了宝贵的基础资料，深化了对潼关高程演变规律的认识，试验指标体系得到了进一步的完善。

(2)成果应用前景展望。

本项目研究不仅提出了有利于潼关高程冲刷的优化桃汛洪水过程；确立了万家寨水库控制指标；还提出了万家寨水库桃汛期优化调度方式，基于桃汛试验的万家寨水库、天桥水库联合运用模式；构建了北干流洪水演进数学模型框架和水库排沙模型，建立了三门峡库区一维恒定流泥沙数学模型，取得了丰富的研究成果，促进了相关学科的发展，深化了对黄河的认识，并具有广泛的生产应用价值和潜在的社会经济效益。

关于提出的桃汛期潼关高程冲刷条件和控制指标，不仅直接应用于桃汛试验，还可以为中游水库联合调度以及全河调水调沙提供决策依据，对于枢纽工程的环境影响评价具有重要推动作用。关于水库运用模式研究成果，直接提高了黄河流域水资源综合利用效率，对将来古贤水库的调水调沙运用方式具有指导意义，对多沙河流的水库调控和河道治理将起到积极的指导作用；关于数学模型的建立，虽然还存在很多不足，需要进一步改进和完善，但是填补了北干流河段非恒定流水沙模型的空白，为黄河中游水沙演进提供了重要的计算分析方法，可以应用于黄河调水调沙洪水演进分析。本项目研究成果对于构建黄河流域水沙调控体系、促进治黄科技进步具有广阔的应用前景。

责任编辑：隋　军
装帧设计：张鸿豪

注册土木工程师(水利水电工程)资格考试指定辅导教材配套用书

水利水电工程专业案例应试辅导与习题集(水土保持篇)

(2009年版)

《水利水电工程专业案例应试辅导与习题集(水土保持篇)》编委会 编

黄河水利出版社

·郑州·

图书在版编目(CIP)数据

水利水电工程专业案例应试辅导与习题集:2009年版.水土保持篇/《水利水电工程专业案例应试辅导与习题集.水土保持篇》编委会编.—郑州:黄河水利出版社,2010.7

注册土木工程师(水利水电工程)资格考试指定辅导教材配套用书

ISBN 978-7-80734-867-2

Ⅰ.①水… Ⅱ.①水… Ⅲ.①水利工程-工程技术人员-资格考核-自学参考资料②水力发电工程-工程技术人员-资格考核-自学参考资料③水土保持-工程技术人员-资格考核-自学参考资料 Ⅳ.①TV

中国版本图书馆CIP数据核字(2010)第140287号

出 版 社:黄河水利出版社

地址:河南省郑州市顺河路黄委会综合楼14层　　邮政编码:450003

发行单位:黄河水利出版社

发行部电话:0371-66026940、66020550、66028024、66022620(传真)

E-mail:hhslcbs@126.com

承印单位:黄河水利委员会印刷厂

开本:787 mm×1 092 mm　1/16

印张:14.25

字数:330千字　　印数:3 001—6 000

版次:2008年7月第1版　　印次:2008年7月第1次印刷

2010年7月第2版　　2010年7月第2次印刷

定价:54.00元